孟子集註 備旨 懸吐 完譯

孟子集註 備旨(Ⅵ)

孟子集註 備旨 懸吐 完譯

孟子集註 備旨(Ⅵ)

인쇄 | 2020년 12월 25일
발행 | 2020년 12월 31일

저자 | 曉明 金慶國·木仁 朴相澤
발행인 | 정병석
발행처 | 전남대학교출판문화원

등록 | 1981. 5. 21. 제53호
주소 | 61186 광주광역시 북구 용봉로 77
전화 | (062) 530-0571~2, 마케팅부 530-0573
팩스 | (062) 530-0579
홈페이지 | http://www.cnup.co.kr
이메일 | cnup0571@hanmail.net

값 25,000원

ISBN 978-89-6849-189-4 (94820) 세트
ISBN 978-89-6849-807-7 (94820)

孟子集註 備旨 懸吐 完譯

孟子集註 備旨(Ⅵ)

曉明 金慶國
木仁 朴相澤
譯註

전남대학교출판문화원

鄒國亞聖公

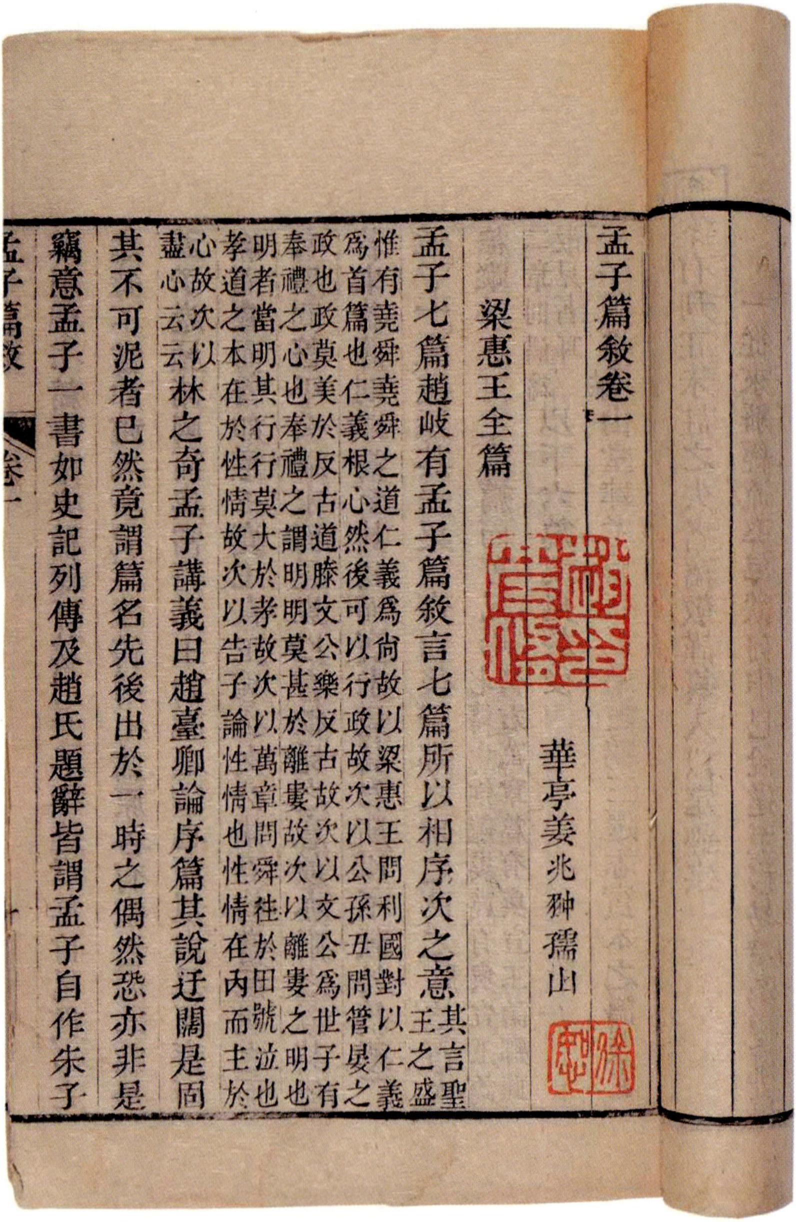

孟子篇敘卷一

梁惠王全篇

華亭姜兆翀孺山

孟子七篇趙岐有孟子篇敘言七篇所以相序次之意其言聖王之盛惟有堯舜堯舜之道仁義爲尚故以梁惠王問利國對以仁義爲首篇也仁義根心然後可以行政故次以公孫丑問管晏之政也政莫美於反古道滕文公樂反古故次以文公爲世子有奉禮之心也奉禮之謂明明莫甚於離婁故次以離婁之明也明者當明其行行莫大於孝故次以萬章問舜往於田號泣也孝道之本在於性情故次以告子論性情也性情在內而主於心故次以盡心云云林之奇孟子講義曰趙臺卿論序篇其說迂闊是固其不可泥者已然竟謂篇名先後出於一時之偶然恐亦非是竊意孟子一書如史記列傳及趙氏題辭皆謂孟子自作朱子

孟子篇敘　卷一

孟子篇敘

孟子故里(亞聖殿)

일러두기

❶ 譯註의 底本은 《新訂四書補註備旨》(鄧林 著, 鄧煜 編次, 祁文友 重校, 杜定基 增訂, 上海天寶書局, 1915), 《經書: 大學 論語 孟子 中庸》(庚辰新刊 內閣藏板本 影印本, 成均館大大東文化硏究院, 1965), 《四書章句集注》(中華書局, 1983) 등이다.

❷ 原文의 懸吐는 《四書諺解》(保景文化社, 1984)와 《論語(附諺解)》(學民文化社)를 기본으로 삼았고, 集註와 備旨는 譯註者가 직접 懸吐하였다.

❸ 번역은 축자식逐字式 번역을 원칙으로 하되, 필요에 따라 일부 현대식 표기법도 병행하여 일반 독자들의 이해를 높이도록 했다.

❹ 본문의 배열은 原文, 한글 譯, 註解의 순으로 했고, 독자들의 이해를 위해 어려운 한자들의 訓과 音을 표기했다.

❺ 集註의 내용만 가지고 이해하기 힘든 부분은 《孟子集註大全疏註》의 일부 내용을 인용하여 번역하고 원문을 함께 실었다.

❻ 《 》는 書名에 〈 〉는 篇名에 사용하였다.

머리말

宋代의 巨儒 朱熹(1130~1200)는 중국 儒學의 집대성자이자 우리나라 性理學에 가장 큰 영향을 미친 인물이다. 朱熹가 일생동안 정리하고 연구한 儒家經傳들은 주로 五經과 四書 및 北宋의 주돈이周敦頤(1017~1073)·정호程顥(1032~1085)·정이程頤(1033~1107)·소옹邵雍(1011~1077)·장재張載(1020~1077) 등의 著作들이다.

이들 儒家經傳들에 대해 朱子는 "四子는 六經의 입문서이고, 《近思錄》은 四子의 입문서이다.[四子, 六經之階梯. 《近思錄》, 四子之階梯.]"(《朱子語類》 卷105)라고 했는데, 여기에서 四子는 '四書'를, 六經은 '五經'을, 《近思錄》은 朱子와 여조겸呂祖謙이 북송 諸子들의 학설을 공동으로 편찬한 성리학 해설서를 각각 의미한다. 朱子의 이 말은 四書의 지위가 북송 諸子들의 저작보다 높고 五經의 지위가 四書보다 높기 때문에 배우는 자들이 마땅히 《近思錄》에서 시작하여 四子에 이르고, 다시 四子로부터 五經에 이르러야 한다는 말이다.

六經의 입문서인 '四書'는 곧 《大學》·《論語》·《中庸》·《孟子》 등을 말한다. 이 四書의 중요성에 대해서 朱子는 그의 〈書臨漳所刊四子後〉에서 다음과 같이 강조하고 있다. "河南 程氏는 사람을 가르칠 때 반드시 먼저 《大學》·《論語》·《中庸》·《孟子》 등의 책에 힘을 쏟은 후에 六經을 공부하도록 했다. 이는 대개 그 난이難易와 원근遠近과 대소大小의 차례가 진실로 이와 같으면 배움에 어지럽지 않기 때문일 것이다.[河南程夫子

之教人, 必先使之用力乎《大學》·《論語》·《中庸》·《孟子》之書, 然後及乎六經. 蓋其難易, 遠近, 大小之序, 固如此而不可亂也.]" 이런 이유로 朱子는 二程사상을 계승하여 《大學》·《論語》·《孟子》·《中庸》 등에 심혈을 기울여 註解를 함으로써 《四書章句集註》를 완성한 것이다.

四書를 공부하는 순서에 대해서 程子는 "《大學》은 孔氏의 遺書이며 처음 배우는 사람이 德에 들어가는 문이다.[大學, 孔氏之遺書, 而初學入德之門也.]"라고 했고, 朱子는 이를 계승하여 "《大學》을 처음과 끝을 완전히 관통하여 모두 의심난 바가 없게 된 후에 가히 《論語》와 《孟子》에 미칠 수 있고, 또 의심난 바가 없게 된 후에 가히 《中庸》에 미칠 수가 있다.[大學首尾貫通, 都無所疑然後,可 及語孟, 又無所疑然後, 可及中庸.]"(大全註疏)고 하였다. 곧 학문의 처음과 끝을 꿰뚫어 말한 《大學》을 먼저 읽고, 이어서 《論語》와 《孟子》를 읽어야만 학문의 길에 쉽게 들어갈 수 있으며, 나아가 학문의 大體가 갖추어져 나머지 공부가 저절로 된다는 말이다.

저자는 오래전부터 經書硏究와 經書講讀에 종사하면서 《四書集註》와 《四書備旨》에 대한 註解 작업을 추진해 왔다. 그 결과 지난 2009년에 처음으로 《大學章句 備旨》를 출간하였고, 이어서 《論語集註 備旨(Ⅰ)》(2010)·《論語集註 備旨(Ⅱ)》(2011)·《論語集註 備旨(Ⅲ)》(2012)·《論語集註 備旨(Ⅳ)》(2013)·《中庸章句 備旨》(2014)·《孟子集註 備旨(Ⅰ)》(2015)·《孟子集註 備旨(Ⅱ)》(2016)·《孟子集註 備旨(Ⅲ)》(2017)·《孟子集註 備旨(Ⅳ)》(2018)·《孟子集註 備旨(Ⅴ)》(2019)를 차례로 세상에 선보였으며, 이번에 다시 《孟子集註 備旨(Ⅵ)》을 출간함으로써 마침내 《孟子集註 備旨》 全六卷을 모두 완간하게 되었다.

譯註의 底本으로 삼은 《四書補註備旨》는 朱子의 《四書集註》에 明代 鄧林이 章節마다 要旨를 撰述하고, 鄧煜이 編次하여 《四書備旨》라고 명명한 다음, 다시 淸代 祁文友의 重校와 杜定基의 補註를 거쳐 增訂

하여 완성된 것이다. 書名을 〈備旨〉라고 말한 것은 聖賢의 立言에 매 章마다 각각 매 章의 宗旨가 실려 있기 때문에 배우는 자들이 潛心研究해야 한다는 의미를 담고 있다.

끝으로 본 書의 출간을 위해 그 동안 자상한 가르침을 베풀어주신 弦齋 金永雄 선생님, 본문의 험난한 한자변환 작업을 해준 李鎬俊 선생님, 원고 교정에 힘써준 李恩珍 선생님, 表紙題字를 써주신 翠亭 任春植 선생님께 진심으로 감사의 마음을 전한다.

아울러 본 書의 출판에 도움을 준 전남대학교 당국과, 편집과 출판을 위해 노고를 다해주신 전남대학교출판문화원 관계자 분들께도 이 자리를 빌어 깊은 감사의 마음을 전한다.

辛丑年 立春節

著者 謹識

목차

孟子集註

卷十三

盡心章句上

凡四十六章

모두 46장이다.

[13·1]

孟子曰 盡其心者는 知其性也니 知其性則知天矣니라

맹자 가라사대 "그 마음을 다하는 자는 그 본성本性을 알게 되니, 그 본성本性을 알면 곧 천명天命을 알게 되느니라."

心者는 人之神明이니 所以具衆理而應萬事者也라 性은 則心之所具之理요 而天은 又理之所從以出者也라

人有是心이 莫非全體나 然이나 不窮理면 則有所蔽而無以盡乎此心之量이라 故로 能極其心之全體而無不盡者는 必其能窮夫理而無不知者也라 旣知其理면 則其所從出이 亦不外是矣라 以大學之序로 言之면 知性은 則物格之謂요 盡心은 則知至之謂也니라

'심心'은 사람의 신명神明이니, 중리衆理를 갖추고 만사萬事에 응하는 것이다. '성性'은 곧 마음에 갖춰진 이치요, '천天'은 또한 이치가 좇아서 나오는 것이다.

사람이 이 마음을 지닌 것이 전체全體가 아님이 없으나, 그러나 이치를 궁구窮究하지 않으면 가린 바가 있어 이 마음의 도량을 다할 수 없다. 그러므로 능히 그 마음의 전체를 다하여 다하지 아니함이 없는 자는 반드시 그 능히 이치를 궁구하여 알지 못함이 없는 것이다. 이미 그 이치를 알면 그 좇아서 나오는 바가 또한 이에서 벗어나지 않는다. 〈대학지서大學之序〉로써 말하자면 본성을 아는 것은 곧 격물物格을 말하고, 마음을 다하는 것은 곧 '지지知至'를 말한다.

주해

- 신안진씨新安陳氏가 말했다. "心者, 神明之舍, 具衆理, 心之體也. 應萬事, 心之用也."(大全註疏)
- "盡者, 充滿其量毫髮無遺, 非作工夫之謂.(四書補註備旨)

【備旨】

孟子ㅣ示人以人合天之學曰 天下之理는 具於心하고 統於性하니 而原於天者也라 人惟性有未知면 則心有不盡하여 而欲以知天也나 難矣라 故로 能盡其心之全體大用者는 必其於吾心之性에 卽物窮理而無不知者也니 旣知其性이면 則性之仁義禮智는 卽天之元亨利貞이니 有不知天者乎아 此造理之學也니라

맹자께서 사람들에게 사람이 천명에 부합되는 학문을 보여 가라사대 "천하의 이치는 마음에 갖추어져 본성에 통솔되니 하늘에 근원

한 것이다. 사람이 본성을 알지 못하면 마음에 다하지 못하여 천명을 알고자 하나 어려운 일이다. 그러므로 능히 그 마음의 전체대용全體大用을 다하는 자는 반드시 그 우리 마음의 본성에 대해서 사물에 나아가 이치를 궁구하여 알지 못하는 것이 없게 된다. 이미 그 본성을 알면 본성의 인의예지仁義禮智는 곧 하늘의 원형이정元亨利貞이니, 천명을 알지 못하는 자가 있겠는가? 이는 이치에 나아가는 학문이다."

存其心하여 養其性은 所以事天也요

"그 마음을 보존하여 그 본성本性을 기르는 것이 하늘을 섬기는 바요."

存은 謂操而不舍요 養은 謂順而不害라 事는 則奉承而不違也라

'존存'은 잡고 놓지 않는 것을 말한다. '양養'은 순順하여 해치지 않는 것을 말한다. '사事'는 받들어 어기지 않는 것이다.

주해

- "心性卽是天. 存養卽是事."(四書補註備旨)
- 경원보씨慶源輔氏가 말했다. "心是活物, 須是操則存, 不然便放去矣. 性是實理, 須當順之而不害."(大全註疏)

【備旨】

然이나 心雖盡矣나 猶慮出入之無常하나니 必操存其心하여 而常守吾神明之舍요 性雖知矣나 猶慮作輟之或

間하나니 必順養其性하여 而渾全吾繼善之長이니 夫心也性也는 卽天也요 存之養之는 正所以事天而不違也니 此履事之學也라

그러나 심心을 비록 다하였으나 여전히 일정하지 않게 출입出入할까 염려되니, 반드시 그 마음을 잡아 보존하여 항상 나의 신명神明의 집을 지켜야 한다. 본성을 비록 알았으나 여전히 자주 작철作輟할까 염려되니, 반드시 그 본성을 순히 길러 나의 계선繼善의 우두머리를 완정完整하게 해야 한다.

무릇 심心과 성性은 곧 천리요, 이를 보존하고 기르는 것은 정히 하늘을 섬겨 어기지 아니한 바니, 이는 일을 처리하는 학문이다.

주해

- 작철(作輟) : 때로 일을 하고 때로 그치다. 輟(그칠 철)
  한漢나라 양웅揚雄의 《법언法言·효지孝至》에 "或曰何以處僞? 曰有人則作, 無人則輟之謂僞. 觀人者, 審其作輟而已矣."라고 했다.
- 혹간(或間) : 항상. 매번. 자주.
- 혼전(渾全) : 완정完整하다. 완전完全하다.
  《주자전서朱子全書》 卷22에 나온다. "龜山說伊尹樂堯舜之道雲 : 日用飮食, 出作入息, 便是樂堯舜之道. 這箇似說得渾全."

殀壽에 不貳하여 修身以俟之는 所以立命也니라

"요절殀折과 장수長壽에 마음이 흔들리지 않고, 몸을 닦아 천명을 기다리는 것이 안심입명安心立命하는 바이다."

殀壽는 命之短長也라 貳는 疑也라 不貳者는 知天之至요 修身以俟死는 則事天以終身也라 立命은 謂全其天之所付하여 不以人爲害之라

程子曰 心也性也天也는 一理也니 自理而言이면 謂之天이요 自稟受而言이면 謂之性이요 自存諸人而言이면 謂之心이니라

張子曰 由太虛하여 有天之名하고 由氣化하여 有道之名하고 合虛與氣하여 有性之名하고 合性與知覺하여 有心之名이니라

愚謂盡心知性而知天은 所以造其理也요 存心養性以事天은 所以履其事也니 不知其理면 固不能履其事라 然이나 徒造其理하고 而不履其事면 則亦無以有諸己矣라 知天而不以殀壽貳其心은 智之盡也요 事天而能修身以俟死는 仁之至也니 智有不盡이면 固不知所以爲仁이라 然이나 智而不仁이면 則亦將流蕩不法하여 而不足以爲智矣니라

'요수殀壽'는 목숨이 짧고 긴 것이다. '이貳'는 의심함이다. '불이不貳'는 천명을 아는 것이 지극한 것이다. '수신이사사修身以俟死'는 곧 천명을 섬겨 몸을 마치는 것이다. '입명立命'은 그 하늘이 부여한 바를 온전히 하여 인위적으로 해치지 않는 것을 말한다.

정자程子 가로되 "심心과 성性과 천天은 한 가지 이치이다. 이치로 말하면 이를 '천天'이라 말하고, 품수稟受로 말하면 이를 성性이라 말하고, 사람에게 보존된 것으로 말하면 이를 심心이라 말한다."

장자張子 가로되 "태허太虛로 말미암아 '천天'의 명칭이 있고, 기화氣化로 말미암아 '도道'의 명칭이 있고, 태허와 기화를 합하여 '성性'의 명칭이 있고, 성性과 지각知覺을 합하여 '심心'의 명칭이 있는 것이다."

내 생각하건대, 마음을 다하고 본성을 알아서 천명을 아는 것은 그 이치에 나아가는 바요, 마음을 보존하고 본성을 길러서 천명을 섬기는 것은 그 일을 실천하는 바이니, 그 이치를 알지 못하면 진실로 능히 그 일을 실천할 수 없다. 그러나 다만 그 이치에 나아가기만 하고 그 일을 실천하지 못하면 또한 자신에게 간직할 수 없다. 천명을 알아 요수殀壽로써 그 마음이 흔들리지 않는 것은 지혜가 지극한 것이요, 천명을 섬겨 능히 그 몸을 닦아 천명을 기다리는 것은 어짊이 지극한 것이다. 지혜가 다하지 못하면 진실로 인仁을 실천할 바를 알지 못한다. 그러나 지혜롭되 어질지 못하면 또한 장차 불법에 빠져 지혜롭다고 할 수 없다.

주해

- 요수(殀壽) : 요절殀折과 장수長壽. 殀(일찍죽을 요) 壽(목숨 수)
  "殀壽是人之氣數. 不貳方見智之盡."(四書補註備旨)
  주자가 말했다. "殀壽之不齊, 盖氣之所稟有不同者. 不以悅戚二其心, 而惟修身以俟之, 則天之正命自我, 而氣稟之短長非所論矣."(大全註疏)
- 신안진씨新安陳氏가 말했다. "命之短長此命字, 以氣言. 立命此命字, 兼理與氣言."(大全註疏)
- 불이(不貳) : 두 마음이 아니다. 전일專一하다. 貳(두 이)
  《좌전左傳·소공13년昭公十三年》 條에 나온다. "君苟有信, 諸侯不貳, 何患焉?"
- 유당불법(流蕩不法) : 불법에 빠지다. '유탕流蕩'은 방탕放蕩'과 같으며, 구속되지 않는다는 뜻이다.
  진晉나라 원굉袁宏의 《후한비後漢紀·안제기일安帝紀一》에 나온다. "恣其嗜欲, 而莫之禁禦, 性氣旣成, 不可變易, 情意流蕩, 不可收復."
  송宋나라 나대경羅大經의 《학림옥로鶴林玉露》 권4에 나온다. "今觀列國之風, 大抵流蕩昏淫, 有日趨於亡之勢."

【備旨】

猶未也라 心有所疑 而或動於殀壽之數는 非知天之至也요 身有不修 而或移於終身之久면 非事天之至也니 必其盡心知性之功이 愈精愈明하여 初不以殀壽之不齊로 而貳其心하고 一惟修身以俟之하여 而所以存心養性者는 直至死而後已니 則知天事天之功이 已至而天之所以命於我者ㅣ有以植立之而不墜矣니 乃所以立命也라 是則知天者는 知也요 事天者는 仁也요 立命者는 仁智各造其極也니 學至면 是不有其全功乎哉아

여전히 미진하니, 마음에 의심한 바가 있어 혹 요수殀壽의 운수에 마음이 흔들린다면 이는 천명을 아는 것이 지극하지 못한 것이다. 몸이 닦이지 아니하여 혹 종신토록 오래 마음을 보존하지 못한다면 이는 하늘을 섬기는 것이 지극하지 못한 것이다.

그러므로 반드시 그 진심盡心과 지성知性의 공功이 갈수록 정밀하고 분명해져 애초에 요수殀壽가 같지 않다고 해서 그 마음이 흔들리지 아니하고, 한결같이 오직 몸을 닦아 천명을 기다리고 존심양성存心養性한 자는 다만 죽음에 이른 후에야 그치니, 지천사천知天事天의 공功이 이미 지극하여 하늘의 나에게 명한 바가 식립植立되어 실추되지 않을 것이다. 이것이 바로 천명을 세우는 바이다.

이는 곧 하늘을 아는 데 지혜롭고, 하늘을 섬기는 데 어질고, 천명을 세우는 데 인仁과 지智가 각각 그 지극함에 나아간 것이다. 그러므로 배움이 지극하면 이에 그 전공全功이 있지 않겠는가?

주해

● 유미(猶未) : 여전히 부족하다. 아직 끝나지 않다.
한유韓愈의 〈답이익서答李翊書〉에 나온다. "愈之所爲, 不自知其至猶未也."

[13·2]

孟子曰 莫非命也나 順受其正이니라

맹자 가라사대 "명운命運이 아님이 없으나, 그 정명正命을 순리에 맞게 받아야 한다."

人物之生이 吉凶禍福이 皆天所命이라 然이나 惟莫之致而至者ㅣ乃爲正命이라 故로 君子ㅣ修身以俟之는 所以順受乎此也니라

사람과 만물이 살아가는데 길흉吉凶과 화복禍福은 모두 하늘이 명한 바이다. 그러나 오직 억지로 이르게 하지 않아도 저절로 이르는 것이 바로 정명正命이다. 그러므로 군자가 몸을 닦아 천명을 기다리는 것은 이를 순리에 맞게 받는 바이다.

주해

● 명(命) : 여기서는 기수氣數나 명운命運을 말한다.
"命指氣數."(四書補註備旨)
● 정(正) : 여기서는 정명正命을 말한다.
"正是正命."(四書補註備旨)
● 운봉호씨雲峯胡氏가 말했다. "莫非命也, 凡有生者之所同. 順受其正, 能修身者之所獨."(大全註疏)

【備旨】

孟子ㅣ承上章立命之說而發也曰 凡人之吉凶禍福이 皆有一定之數니 莫非天所命也라 然이나 惟在我莫之致而至者ㅣ乃爲正命이니 君子ㅣ當盡其在我하여 以聽其在天이라 凡吉凶禍福을 一順受其正 而無計較之私焉이니라

맹자께서 상장上章의 '입명立命'의 말을 이어 발명하여 가라사대 "무릇 사람의 길흉화복吉凶禍福은 모두 일정한 운수運數가 있으니, 하늘이 명한 바가 아님이 없다. 그러나 오직 나에게 있어 억지로 이르게 하지 않아도 저절로 이르는 것이 바로 정명正命이니, 군자는 마땅히 그것이 나에게 있는 것을 다하여 그 하늘에 있는 것을 들어야 한다. 무릇 길흉화복을 하나같이 그 정명正命을 순리대로 따르고 사사로이 계교計較하는 일이 없어야 한다."

주해

- 계교(計較) : 비교하다. 계산하여 따지다.

是故로 知命者는 不立乎巖牆之下하느니라

"이런 연고로 정명正命을 아는 자는 암장巖牆 아래에 서지 아니한다."

命은 謂正命이라 巖牆은 牆之將覆者라
知正命이면 則不處危地以取覆壓之禍니라

'명命'은 정명正命을 말한다. '암장巖牆'은 담장이 장차 넘어지려고 하는 것이다.

정명正命을 알면 위험한 곳에 처하여 담장이 전복顚覆되어 압사壓死하는 재앙을 당하지 않을 것이다.

주해

● 암장(巖牆) : 위험한 담장. 巖(바위 암) 牆(담 장).
경원보씨慶源輔氏가 말했다. "立乎巖墻之下, 以致覆壓而死, 則乃是人所自取耳, 非天爲之也."(大全註疏)
신안진씨新安陳氏가 말했다. "巖墻下, 理不當立. 立而壓死, 人所自取, 非正命也."(大全註疏)

【備旨】

> 夫當順受其正이니 是故로 知正命者는 必不肯行險而立乎巖牆之下하여 以自取禍也니라

무릇 마땅히 그 정명正命을 순리대로 받아야 한다. 이런 까닭에 정명正命을 아는 자는 반드시 위험한 길을 기꺼이 가서 암장巖牆 아래에 서서 스스로 화를 초래하지는 않는다.

주해

● 행험(行險) : 험한 길을 가다. 모험적인 일을 하다.

盡其道而死者는 正命也요

"그 도道를 다하고 죽는 자는 정명正命이요."

盡其道면 則所値之吉凶이 皆莫之致而至者矣니라

그 도道를 다하면 만난 바의 길흉吉凶이 모두 억지로 이르게 하지 않아도 저절로 이르게 된다.

주해

- "盡其道卽修身以俟矣."(四書補註備旨)

【備旨】

然이나 必何如而後에 爲正命哉리오 人能存心養性하여 盡其修身之道나 而不免於死者는 此是莫之致而至니 則其死ㅣ爲正命也라

그러나 반드시 어떻게 한 이후에 정명正命이 되는가? 사람이 능히 마음을 보존하고 본성을 길러 그 수신修身의 도를 다했으나 죽음을 면하지 못하는 것은, 이는 억지로 이르게 하지 않았으나 저절로 이른 것이니, 바로 그 죽음이 정명正命인 것이다.

桎梏死者는 非正命也니라

"질곡桎梏으로 죽는 자는 정명正命이 아니다."

桎梏은 所以拘罪人者라

言犯罪而死는 與立巖牆之下者로 同하니 皆人所取요 非天

所爲也라 此章與上章은 蓋一時之言이니 所以發其末句未盡之意니라

'질곡桎梏'은 죄인을 구속하는 것이다.

죄를 범하여 죽는 것은 암장巖牆 아래에 서있는 것과 같으니, 모두 사람이 초래한 것이요 하늘이 명한 바가 아니다. 이 장章과 상장上章은 대개 같은 시기에 나온 말이니, 그 말구末句의 미진未盡한 뜻을 발명한 것이다.

주해

- 질곡(桎梏) : 옛 형구刑具인 차꼬와 수갑을 말한다.
  桎(차꼬 질) 梏(쇠고랑 곡)
  "桎, 手械. 梏, 足械."(四書補註備旨)

【備旨】

又必何如而後에 爲非正命哉리오 蓋爲惡犯罪하여 陷於桎梏之刑而死者는 乃其所自取요 非正命也니 非正命이어늘 又安可以言命哉아 夫命之修短은 雖制於天이나 而死之善惡은 則係於己니 故로 君子ㅣ貴乎立命之學矣라

또한 반드시 어떻게 한 후에 정명正命이 아닌 것이 되는가? 대개 악한 짓을 하고 죄를 범하여 질곡桎梏의 형벌에 빠져 죽은 자는 바로 그가 스스로 초래한 것이요 정명正命이 아니다. 정명正命이 아닌데, 또한 어찌 가히 천명이라 말할 수 있겠는가? 무릇 목숨의 길고 짧음이 비록 천명으로 제한되나, 죽음의 선악善惡은 곧 자신에게 달려있다. 그러므

로 군자는 입명立命의 학문을 귀하게 여긴다.

주해

- 수단(修短) : 장단長短. 곧 사람의 수명이 길고 짧은 것을 의미한다.
  《한서漢書·곡영전谷永傳》에 나온다. "加以功德有厚薄, 期質有修短, 時世有中季, 天道有盛衰."
  당唐나라 두보杜甫의 〈기설삼랑중거寄薛三郎中據〉에도 나온다. "餘今委修短, 豈得恨命屯."

[13·3]

孟子曰 求則得之하고 舍則失之하나니 是求는 有益於得也니 求在我者也일새니라

맹자 가라사대 "구하면 얻게 되고 버리면 잃게 된다. 이렇게 구하면 얻는 데 유익함이 있으니, 나에게 있는 것을 구하기 때문이다."

在我者는 謂仁義禮智 凡性之所有者라

'재아자在我者'는 인의예지仁義禮智 등 모두 본성이 지니고 있는 것을 말한다.

주해

- 구즉득지(求則得之) : 구하면 얻는다.
  "有隨求隨得意."(四書補註備旨)

【備旨】

孟子ㅣ示人審所求也하여 若曰 求一也로되 而有益無益分焉하나니 彼求則得之하여 而隨有於我하고 舍則失之하여 而不爲我得하니 夫得失係於求不求ㅣ如此라 是所求는 有益於得也니 蓋以所求者ㅣ在我所性而有者也니 惟其在我라 故로 求而可得也어늘 而人乃不知求之는 何哉오

맹자께서 사람들에게 구할 바를 살피도록 보여주며 이같이 가라사대 "구하는 것은 똑같으나 유익有益과 무익無益으로 나뉜다. 저것을 구하면 얻게 되어 따라서 나에게 있게 되고, 저것을 버리면 잃게 되어 내가 얻지 못하니, 얻고 잃음이 구하고 구하지 않는데 관계됨이 이와 같다.

이렇게 구하는 바는 얻는데 유익하게 되니, 대개 구하는 바가 나에게 있는 본성에 있기 때문이다. 오직 그것이 나에게 있기 때문에 구하면 얻을 수 있거늘, 사람들이 이에 구할 줄을 모르니 무엇 때문인가?"

求之有道하고 得之有命하니 是求는 無益於得也니 求在外者也일새라

"구하는 데 방법이 있고, 얻는 데 천명이 있다. 이렇게 구하면 얻는데 유익함이 없으니, 밖에 있는 것을 구하기 때문이다."

有道는 言不可妄求요 有命은 則不可必得이라 在外者는 謂

富貴利達이니 凡外物이 皆是라
趙氏曰 言爲仁由己요 富貴在天하니 如不可求인댄 從吾所好니라

'유도有道'는 망령되이 구할 수 없다는 말이다. '유명有命'은 반드시 얻는다고 할 수는 없다는 말이다. '재외자在外者'는 부귀富貴와 이달利達을 말하니, 무릇 외물外物이 모두 이것이다.

조씨趙氏 가로되 "인仁을 행하는 것은 자신으로 말미암고 부귀富貴는 하늘에 있으니, 만일 구할 수 없다면 내가 좋아하는 바를 따라야 한다는 말이다."

주해

- "道, 當然之道理."(四書補註備旨)
- "命, 自然之氣數."(四書補註備旨)
- 남헌장씨南軒張氏가 말했다. "言求在我者有益於得, 所以擴天理也. 言求在外者無益於得, 所以遏人慾也."(大全註疏) 擴(넓힐 확) 遏(막을 알)

【備旨】

若求之有道하니 不可妄求요 得之有命하니 不可必得이라 夫得失이 係於道與命이 如此하니 是所求無益於得也라 蓋以所求者ㅣ求在外之物者也어늘 而人乃切切以求之는 何哉오 世之舍有益 而求無益者ㅣ亦惑矣니라

이처럼 구하는 데 방법이 있으니 망령되이 구할 수 없고, 얻는 데 천명이 있으니 반드시 얻을 수 있는 것만은 아니다.

무릇 얻고 잃는 것이 방법과 천명에 관계됨이 이와 같으니, 이는 구하는 바가 얻는 데 무익한 것이다.

대개 구하는 바가 밖에 있는 물건을 구하기 때문이거늘, 사람들이 이에 절절切切하게 구하는 것은 무엇 때문인가? 세상에 유익有益을 버리고 무익無益을 구하는 자가 또한 미혹된 것이다.

[13·4]

孟子曰 萬物이 皆備於我矣니

맹자 가라사대 "만물이 모두 나에게 갖추어졌으니,"

此는 言理之本然也라

大則君臣父子요 小則事物細微가 其當然之理ㅣ無一不具於性分之內也니라

이는 이치의 본연을 말한 것이다.

크게는 군신君臣과 부자父子요, 작게는 사물의 세미함으로 그 당연한 이치가 하나라도 성분性分 안에 갖추어지지 않은 것이 없다.

주해

- "萬物是萬物之理 備是完足意. 我字指性分."(四書補註備旨)
- 성분(性分) : '본성(本性)' 또는 '천성(天性)'과 같다.
  《후한서後漢書·일민전서逸民傳序》에 나온다. "然觀其甘心畎畝之中, 憔悴江海之上, 豈必親魚鳥樂林草哉, 亦云性分所至而已."
  《신당서新唐書·이상은전李尙隱傳》에도 나온다. "及還, 人或袖金以贈, 尙隱曰 '吾自性分不可易, 非畏人知也.'"

【備旨】

孟子ㅣ勉人以盡性之學曰 天下之物이 凡大而綱常倫理요 小而事物細微가 其當然之理ㅣ皆備於我性分之內矣니 此則誠之原이요 仁之本也라

맹자께서 사람들에게 진성盡性의 학문을 권면하여 가라사대 "천하의 사물이 무릇 크게는 강상윤리綱常倫理요 작게는 사물의 세미細微함으로 그 당연한 이치가 모두 내 성분性分 안에 갖추어져 있으니, 이는 곧 성誠의 근원이요 인仁의 근본이다."

주해

- 진성(盡性) : 본성을 다하다. 곧 자신의 본성을 충분히 발휘한다는 뜻이다. 《예기禮記·중용中庸》에 "唯天下至誠, 爲能盡其性, 能盡其性, 則能盡人之性. 能盡人之性, 則能盡物之性."라고 했고, 이에 대해 동한東漢의 정현鄭玄은 "盡性者, 謂順理之使不失其所也." (《禮記·中庸注》)라고 했으며, 북송北宋의 장재張載는 "聖人盡性, 不以見聞梏其心, 其視天下.無一物非我."(《正蒙·大心》)라고 풀이했다.

反身而誠이면 樂莫大焉이요

"몸에 돌이켜 성실하게 하면 즐거움이 이보다 큰 것이 없고,"

誠은 實也라
言反諸身而所備之理를 皆如惡惡臭好好色之實然이면 則其行之ㅣ不待勉强하여 而無不利矣니 其爲樂이 孰大於是리오

'성誠'은 성실함이다.

'몸에 돌이켜 갖추어져 있는 이치를 모두 악취惡臭를 싫어하고 호색好色을 좋아하는 것처럼 확실하게 한다면, 그 행함이 억지로 힘쓰기를 기다리지 않고도 이롭지 아니함이 없으니, 그 즐거움이 이보다 큰 것이 무엇이겠는가'라고 말한 것이다.

주해

- 실연(實然) : 확실히 그러하다. 곧 현실적으로 존재하는 실제 상태를 말한다.
  《한서漢書·양운전楊惲傳》에 나온다. "縣官實然, 蓋司隸、韓馮翊皆盡力吏也, 俱坐事誅." 翊(노울 익)
  《주자어류朱子語類》 권69에도 나온다. "吾心以爲實然, 從此做去, 即是進德修辭處."
- 운봉호씨雲峯胡氏가 말했다. "此一反字, 只是自點檢過, 不是湯武反之之反." (大全註疏)

【備旨】

> 夫人之盡性은 何如오 其或反之於身에 私意不萌하고 物欲이 無累於所備之理하여 果能盡其當然 而無一之不實이면 則理與心俱融하고 行亦與理俱適하여 初無待於勉强而達之하여 自無不利니 其爲樂이 孰大於是焉이리오

무릇 사람이 본성을 다한다는 것은 무엇인가? 그가 혹 이를 몸에 돌이켜 사사로운 생각이 싹트지 아니하고 물욕이 갖추어져 있는 이치에 해가 되지 않아서, 결과적으로 능히 그 당연함을 다하여 하나라도

성실하지 아니함이 없게 되면, 이치와 마음이 함께 융화되고 행실과 이치가 모두 적합하여, 애초에 억지로 힘쓰기를 기다리지 않아도 그곳에 도달하여 저절로 이룹지 아니함이 없을 것이니, 그 즐거움이 이보다 큰 것이 무엇이겠는가?

强恕而行하면 求仁이 莫近焉이니라

"서恕를 힘써 행하면, 인仁을 구하는데 이 보다 가까운 방법이 없느니라."

强은 勉强也라 恕는 推己以及人也라 反身而誠則仁矣니 其有未誠은 則是猶有私意之隔 而理未純也라 故로 當凡事勉强하여 推己及人이면 庶幾心公理得而仁不遠也리라

此章은 言萬物之理ㅣ具於吾身하니 體之而實이면 則道在我而樂有餘하고 行之以恕면 則私不容而仁可得이니라

'강强'은 힘씀이다. '서恕'는 자기를 미루어 남에게 미치는 것이다.

자신에 돌이켜 성실하게 하는 것이 인仁이니, 그 성실하지 못함이 있으면 이는 오히려 사사로운 뜻에 막혀 이치가 순수하지 못한 것이다. 그러므로 마땅히 모든 일에 힘써 자기를 미루어 남에게 미친다면, 거의 마음이 공정하고 이치가 얻어져 인仁이 멀지 않을 것이다.

이 장章은 만물의 이치가 내 몸에 갖추어져 있으니, 이것을 체행體行하여 성실하게 하면 도道가 내 몸에 있어 즐거움이 남고, 서恕로써 행하면 사사로움이 용납되지 않아 인仁을 얻을 수 있다고 말한 것이다.

주해

● 강서(强恕) : 서도恕道에 힘쓰다.

손석孫奭의 소疏에 "言勉强以忠恕之道而行之, 以求仁之術最近."이라 했다.

"强恕是磨礱私欲的工夫."(四書補註備旨) 礱(갈 롱)

朱子가 말했다. "强恕不言忠, 無忠何以爲恕. 蓋有心爲恕, 則忠固在其中矣."(大全註疏)

운봉호씨雲峯胡氏가 말했다. "强恕求仁, 卽誠之之事."(大全註疏)

【備旨】

人能反身而誠이면 則仁矣니 其未至於此者는 則是猶有私意間隔하여 而尚遠乎仁也니 必凡事加强恕之功하여 推己及物하여 以去其有我之私하고 而力行以求乎皆備之理면 庶幾心漸公 而理漸得하여 求仁이 莫近於此焉이니라

夫能由恕而仁이면 則誠身之樂이 在我하고 所備之理ㅣ不虧하여 君子之能事ㅣ畢矣리라

사람이 능히 몸에 돌이켜 성실하게 하면 곧 인仁이 되니, 그가 아직 여기에 이르지 못한 것은 이는 여전히 사사로운 뜻에 가로막혀 아직도 인仁에서 멀기 때문이다. 그러므로 반드시 범사凡事에 서恕를 힘쓰는 공부를 더하고, 자기를 미루어 사물에 미쳐서 내게 있는 그 사사로움을 제거하며, 힘써 행하여 모두 갖추어져 있는 이치를 구한다면, 거의 마음이 점점 공정해지고 이치가 점점 얻어져서 인仁을 구하는데 이보다 가까운 방법이 없을 것이다.

무릇 능히 서恕로 말미암아 인仁을 행하면, 몸을 성실하게 하는 즐거움이 나에게 있고 갖추어진 이치가 어긋나지 않아 군자의 능사能事가

이루어질 것이다.

[13·5]

孟子曰 行之而不著焉하며 習矣而不察焉이라 終身由之而不知其道者ㅣ衆也니라

맹자 가라사대 "이를 행하면서도 그 연유를 밝게 알지 못하며, 습관이 되었는데도 그 습관을 살피지 못하니, 종신토록 행하면서도 그 도道를 알지 못하는 자가 많은 것이다."

著者는 知之明이요 察者는 識之精이라
言方行之而不能明其所當然하고 旣習矣而猶不識其所以然이라 所以終身由之 而不知其道者ㅣ多也니라

'저著'는 밝게 아는 것이요, '찰察'은 정밀하게 아는 것이다.

바야흐로 이를 행하면서도 능히 그 '소당연所當然'을 밝게 알지 못하고, 이미 습관이 되었는데도 여전히 그 '소이연所以然'을 알지 못하기 때문에, 종신토록 행하면서 그 도道를 알지 못하는 자가 많다는 말이다.

주해

- 경원보씨慶源輔氏가 말했다. "著則明之而已. 察則又加精焉."(大全註疏)
- 소당연(所當然) : 마땅히 그래야 하는 것. 곧 한 사물이 마땅히 따라야 할 기준 또는 표준을 의미하며 '소당연지칙(所當然之則)'이라고도 한다.
- 소이연(所以然) : 그렇게 되는 까닭. 곧 사물 생성의 원인과 도리를 의미하

며, '소이연지고(所以然之故)'라고도 한다.
경원보씨慶源輔氏가 말했다. "所當然是就事上說. 所以然是就理上說. 凡事皆有所當然, 必有理之所以然. 人能於方行之時, 明其事之所當然. 旣習之後, 又識其理之所以然, 則能知夫道矣."(大全註疏)

- 신안진씨新安陳氏가 말했다. "天下事物有當然之則, 必有所以然之故. 行而不明當然之則, 習而不察所以然之故."(大全註疏)

【備旨】

孟子ㅣ慨世不明道曰 道之不明於天下는 非道之晦也니 由不知者晦之也라 人但行之而不能著其事之所當然焉하고 習矣而不能察其理之所以然焉이라 不著則行爲粗하고 不察則習爲迹하니 所以終其身行하고 且習於斯道之中하여 而不知其道之所當然與所以然者ㅣ固衆也라 於凡民엔 可無責矣로되 學者엔 豈當然哉리오

맹자께서 세상에 도道가 밝지 못함을 개탄慨嘆하여 가라사대 "도道가 천하에 밝지 못한 것은 도가 어두운 것이 아니라, 도를 알지 못한 자로 말미암아 어두워진 것이다. 사람들이 다만 이를 행하되 능히 그 일의 소당연所當然을 밝게 알지 못하고, 습관이 되어 능히 이 그 이치의 소이연所以然을 살피지 못한다. 밝게 알지 못하면 행실이 거칠고 살피지 못하면 습관이 진적陳迹이 되니, 그 몸을 마치도록 도를 행하고 또한 이 道 가운데에 습관이 되어 그 도의 소당연所當然과 소이연所以然을 알지 못하는 자가 진실로 많다. 범민凡民에게는 책무가 없으나 배우는 자에게는 어찌 마땅히 그러하겠는가."

[13·6]

孟子曰 人不可以無恥니 無恥之恥면 無恥矣리라

맹자 가라사대 "사람이 가히 부끄러움이 없을 수 없으니, 부끄러움이 없는 것을 부끄러워하면 부끄러운 일이 없을 것이다."

趙氏曰 人能恥己之無所恥면 是能改行從善之人이니 終身無復有恥辱之累矣니라

조씨趙氏 가로되 "사람이 능히 자신의 부끄러움이 없는 바를 부끄러워한다면, 이는 능히 행실을 고쳐 선善을 따를 수 있는 사람이니, 종신토록 다시는 치욕恥辱의 허물이 없을 것이다."

주해

- 남헌장씨南軒張氏가 말했다. "恥者, 羞惡之心所推也. 恥吾之未能進於善則善可遷. 恥吾之未能遠於過則過可消. 苟惟漠然無所恥則爲無所忌憚而已矣. 故人當以無所恥爲恥也."(大全註疏)
- 경원보씨慶源輔氏가 말했다. "恥者, 改過遷善之機也. 人能以己之無恥爲恥, 則思去其恥而恥可無. 否則安於其恥, 而恥終不可免."(大全註疏)

【備旨】

孟子ㅣ勉人存羞惡之心曰 恥者는 羞惡之心所由推也니 恥吾之未能進於善이면 則善可遷이요 恥吾之未能遠於過면 則過可改라 故로 人不可以無所恥也니 人若能以

無所耻爲耻면 則終身無復有耻辱之累矣니라 夫無可耻는 由於有所耻ㅣ如此하니 信乎라 人之不可無耻也로다

맹자께서 사람들에게 수오지심羞惡之心을 보존하도록 권면하여 가라사대 "부끄러움은 수오羞惡의 마음에서 말미암아 나온 것이니, 내가 능히 선善에 나아가지 못함을 부끄러워하면 곧 선善에 옮겨갈 수 있고, 내가 능히 허물을 멀리할 수 없음을 부끄러워하면 곧 허물을 가히 고칠 수 있다. 그러므로 사람이 가히 부끄러워하는 바가 없어서는 안 되니, 사람이 만약 능히 부끄러워하는 바가 없는 것으로써 부끄러움을 삼는다면 몸을 마치도록 다시는 치욕의 허물이 없을 것이다.

무릇 가히 부끄러워할 일이 없는 것이 부끄러워하는 바로 말미암음이 이와 같으니, 진실로 사람이 가히 부끄러움이 없어서는 안 된다."

[13·7]

孟子曰 恥之於人에 大矣라

맹자 가라사대 "부끄러워하는 마음은 사람에게 매우 중요하다."

恥者는 吾所固有羞惡之心也니 存之則進於聖賢이요 失之則入於禽獸라 故로 所繫爲甚大니라

부끄러움은 내가 본디 지니고 있는 수오지심羞惡之心이니, 이것을 보존하면 성현聖賢에 나아가고, 이것을 잃으면 금수禽獸에 들어간다. 그러므로 관계된 바가 매우 크다.

주해

● 경원보씨慶源輔氏가 말했다. "存之則有所不爲, 故可進於聖賢. 失之則無所不爲, 故至入於禽獸. 讀之使人凜凜."(大全註疏) 凜(두려워할 늠)

【備旨】

孟子ㅣ戒人不可失其羞惡之心曰 耻者는 羞惡之心也니 人能存之면 則有所不爲而進於聖賢이요 若其失之면 則無所不爲而入於禽獸니 其係於人品心術이 誠大矣哉인저

맹자께서 사람들에게 가히 그 수오지심羞惡之心을 잃지 말 것을 경계하여 가라사대 "부끄러움이란 수오지심羞惡之心이니, 사람이 능히 이를 보존하면 행하지 않는 바가 있어 성현聖賢에 나아가고, 만약 이를 잃으면 행하지 않는 바가 없어 금수禽獸에 들어갈 것이니, 그 인품과 심술에 관계된 것이 진실로 크도다!"

주해

● 심슬(心術) : 내심內心.
《예기禮記·악기樂記》에 나온다. "姦聲亂色不留聰明, 淫樂慝禮不接心術." 慝(사특할 특)

爲機變之巧者는 無所用耻焉이니라

"기변機變으로 교묘한 일을 행하는 자는 부끄러워하는 마음을 쓸 곳이 없다."

爲機械變詐之巧者는 所爲之事가 皆人所深恥 而彼方且自以爲得計라 故로 無所用其愧恥之心也니라

기계機械와 변사變詐의 교묘한 짓을 행하는 자는 행하는 바의 일들이 모두 남들이 크게 부끄러워하는 바인데, 저는 바야흐로 스스로 계책을 얻었다고 여긴다. 그러므로 그 부끄러워하는 마음을 쓸 곳이 없는 것이다.

주해

- 기변(機變) : 기모機謀와 권사權詐.
  《송사宋書·무제기하武帝紀下》에 나온다. "謝晦屢從征伐, 頗識機變, 若有同異, 必此人也."
  "機械有制服人意, 權詐有誆誘人意."(四書補註備旨) 誆(속일 광) 誘(꾈 유)
- 경원보씨慶源輔氏가 말했다. "陷溺其心於機械變詐之巧, 則是無所不爲者也. 故人雖以爲深恥, 而己方自以爲得計. 其愧恥之心, 雖其固有, 亦自窒塞而不復發見矣."(大全註疏)

【備旨】

何以見耻之於人에 大矣오 彼爲機械變詐之巧者는 此其人이 於人所深耻에 而自喜爲得計하니 是羞惡之心이 雖其固有나 而恬然無所用之焉이니라

부끄러워하는 마음이 사람에게 매우 중요하다는 것을 어떻게 알 수 있는가? 저 기계機械와 변사變詐의 교묘한 일을 행하는 자는 이런 사람은 남들이 크게 부끄러워하는 일에 스스로 계책을 얻었다고 기뻐한다. 이는 수오지심羞惡之心을 비록 그가 본디 지니고 있으나, 편안하게 그것을 쓸 곳이 없는 것이다.

주해

● 염연(恬然) : 편안한 모양. '안연安然'·'태연泰然'과 같다. 恬(편안할 념) 《순자荀子·강국强國》 편에 나온다. "觀其朝廷, 其朝閑, 聽決百事不留, 恬然如無治者, 古之朝也."

不恥丨不若人이면 何若人有리오

"부끄러워하지 않는 일이 남만 같지 못하면, 어찌 남과 같은 것이 있으리오."

但無恥一事丨不如人이면 則事事丨不如人矣라 或曰 不恥其不如人이면 則何能有如人之事리오하니 其義丨亦通이라
或問 人有恥不能之心이 如何니잇고
程子曰 恥其不能而爲之는 可也요 恥其不能而掩藏之는 不可也니라

다만 부끄러워하지 않는 한 가지 일이 남만 같지 못하면 일마다 남만 같지 못할 것이다. 혹자或者가 가로되 '남만 같지 못함을 부끄러워하지 않으면 어찌 능히 남과 같은 일이 있겠는가?'라고 하니, 그 뜻이 또한 통한다.

혹자가 묻기를 "사람에게 능하지 못함을 부끄러워하는 마음이 있는 것은 어떻습니까?"

정자程子 가로되 "그 능하지 못함을 부끄러워하여 행하는 것은 옳지만, 그 능하지 못함을 부끄러워하여 숨기는 것은 옳지 못하다."

주해

- 신안진씨新安陳氏가 말했다. "前說以不恥爲無恥, 不如後說之明順其意. 蓋曰恥不如人則漸能如人, 不恥其不如人則何能如人之有."(大全註疏)
- 掩(가릴 엄) 藏(감출 장)

【備旨】

> 夫不以機變之巧爲耻면 是無耻一事ㅣ已不若人矣라 無耻不若人이면 則良心旣喪하여 無所不至하여 將不惟無望於聖賢之域이요 且日入於禽獸ㅣ不難矣니 何一事可以若人哉아 信乎라 耻之於人에 大矣로다

무릇 기계機械와 변사變詐의 교묘한 일을 부끄럽게 여기지 않으면, 이는 부끄러워하지 않는 한 가지 일이 이미 남만 같지 못한 것이다. 남만 같지 못한 것을 부끄러워하지 않으면 양심良心을 이미 잃게 되어 이르지 않는 바가 없으며, 장차 오직 성현聖賢의 자리를 바랄 수 없을 뿐만 아니라, 또한 날로 금수禽獸에 들어가는 일도 어렵지 않을 것이다. 그러므로 어떤 한 가지 일이 남과 같을 수 있겠는가? 진실로 부끄러워하는 마음이 사람에게 매우 중요하도다.

[13·8]

> 孟子曰 古之賢王이 好善而忘勢하더니 古之賢士何獨不然이리오 樂其道而忘人之勢라 故로 王公이 不致敬盡禮 則不得亟見之하니 見

且由不得亟어든 而況得而臣之乎아

맹자 가라사대 "옛날의 현명한 왕은 선善을 좋아하고 자신의 권세를 마음에 두지 않았다. 옛날의 어진 선비가 어찌 홀로 그렇지 않았겠는가? 자신의 도道를 즐기고 남의 권세를 마음에 두지 않았다. 그러므로 왕공王公이라도 공경을 지극히 하고 예禮를 다하지 않으면 그를 자주 만나보지 못하였다. 만나는 것도 자주하지 못했거늘 하물며 그를 얻어 신하로 삼았겠는가?"

言君當屈己以下賢이요 士不枉道而求利니 二者ㅣ勢若相反이나 而實則相成이니 蓋亦各盡其道而已니라

인군人君은 마땅히 자신을 굽혀 어진 이에게 몸을 낮추어야 하고, 선비는 도道를 굽혀 이익을 구하지 말아야 한다는 말이다.

두 가지는 형세가 상반되는 것 같으나 실제로는 서로 이루어주니, 또한 각기 그 도道를 다할 뿐이다.

주해

- "賢王指古善哲王. 善是賢人道德. 勢指賢王爵位."(四書補註備旨)
  경원보씨慶源輔氏가 말했다. "君好善則不知勢之在己, 士樂道則不知勢之在人. 兩盡其道則雖若相反而實相成. 不然君挾其勢而驕夫士, 士慴於勢而徇乎君, 則兩失其道矣. 尙何足與有爲哉."(大全註疏)
  慴(두려워할 섭) 徇(따를 순)
- "致敬是內盡誠. 盡禮兼禮貌禮物言."(四書補註備旨)
- 亟(자주 기)

【備旨】

孟子ㅣ卽古賢王賢士之相與以慨今也曰 今之君은 類皆自恃其勢하고 而今之士ㅣ亦多徇於人之勢로되 若古則不爾也라 古之賢王은 好人之善 而忘在己之勢하니 此在古之賢王則然이어니와 至於古之賢士하여 何獨無所好無所忘而不然哉리오 樂其在己之道 而忘其在人之勢하니 惟其樂道忘勢라 故로 王公이 待之ㅣ內焉不致敬하고 外焉不盡禮면 則王公이 不可得而亟見之하니 見且猶不可得而亟온 而況可得以爵祿役使而臣之乎아 此可見惟賢王이라야 方能遂賢士之高하고 惟賢士라야 方能成賢王之大니 此隆古泰交之盛을 所以不可及也라

맹자께서 옛날의 현명한 왕과 어진 선비가 서로 허여許與함에 나아가 지금 세상을 개탄慨嘆하여 가라사대 "지금의 왕은 대부분 모두가 스스로 그 권세를 믿고, 지금의 선비들도 또한 대부분 남의 권세를 따르지만, 옛날의 경우에는 그렇지 않았다.

옛날의 현명한 왕은 남의 선善을 좋아하여 자기에게 있는 권세를 잊었으니, 이는 옛날의 현명한 왕의 경우가 그러한 것이다. 옛날의 어진 선비의 경우에 어찌 홀로 좋아하는 바가 없고 잊는 바가 없이 그러하지 않았겠는가? 그 자기에게 있는 도道를 즐기고 그 남에게 있는 권세를 잊었으니, 오직 그 도道를 즐기고 권세를 잊은 것이다. 그러므로 왕공王公이 그를 대우하기를 안으로 공경을 다하지 않고 밖으로 예禮를 다하지 않으면 왕공王公이라도 가히 자주 만나보지 못했다. 만나보는 것도 또한 오히려 자주 볼 수 없었거늘, 하물며 작록爵祿으로 역사役使하여 그를 신하로 삼을 수 있었겠는가?

이에 가히 오직 현명한 왕이라야 바야흐로 능히 어진 선비의 고상함을 이룰 수 있고, 오직 어진 선비라야 바야흐로 능히 현명한 왕의 대업을 이룰 수 있음을 알 수 있다. 이는 상고시대 태교泰交의 성함에 미칠 수 없는 바이다."

주해

- 유개(類皆) : 대부분 모두. 거의 모두.
  송렴宋濂의 〈열강루기閱江樓記〉에 나온다. "自六朝迄于南唐, 類皆偏据一方, 无以應山川之王气."
- 불이(不爾) : 그렇지 않다. '불연不然'과 같다. 爾(그러할 이)
  《관자管子·해왕海王》에 나온다. "不爾而成事者, 天下無有."
  한漢나라 조엽趙曄의 《오월춘추吳越春秋·왕료사공자광전王僚使公子光傳》에도 나온다. "胥曰'報汝平王, 欲國不滅, 釋吾父兄. 若不爾者, 楚爲墟矣.'"
- 융고(隆古) : 태고시대太古時代. 원고시대遠古時代.
  당唐나라 소영사蕭穎士의 〈과하빈화문학장지윤過河濱和文學張志尹〉에 나온다. "隆古日以遠, 擧世喪其淳."
- 태교(泰交) : 천지의 기氣가 서로 통하여 사물이 크게 형통하다.
  《주역周易·태괘泰卦》에 나온다. "天地交, 泰."

[13·9]

孟子謂宋句踐曰 子ㅣ好遊乎아 吾ㅣ語子遊하리라

맹자께서 송구천宋句踐에게 일러 가라사대 "그대는 유세遊說를 좋아하는가? 내 그대에게 유세遊說하는 태도를 말해주리라."

宋은 姓이요 句踐은 名이라 遊는 遊說也라

'송宋'은 성姓이요, '구천句踐'은 이름이다. '유遊'는 유세遊說이다.

【備旨】

孟子ㅣ以遊說之道로 謂宋句踐曰 今列國策士ㅣ無不喜爲遊說矣니 子ㅣ亦好遊說乎아 吾ㅣ語子以遊之之道焉하리라

맹자께서 유세遊說의 도道로써 송구천宋句踐에게 일러 가라사대 "지금 열국列國의 책사策士들중에 유세를 좋아하지 않는 자가 없으니, 그대 또한 유세를 좋아하는가? 내 그대에게 유세의 道를 말해주리라."

人知之라도 亦囂囂하며 人不知라도 亦囂囂니라

"남이 알아주더라도 또한 효효囂囂하며, 남이 알아주지 않더라도 또한 효효囂囂해야 한다."

趙氏曰 囂囂는 自得無欲之貌라

조씨 가로되 "효효囂囂는 자득하여 욕심이 없는 모양이다."

주해

● 효효(囂囂) : 스스로 그 도를 얻어 만족해하는 모양. 囂(만족할 효)
조기趙岐의 註에 "囂囂, 自得無欲之貌."라고 했다.
명明나라 당인唐寅의 〈제자화동빈권題自畫洞賓卷〉시에 "我亦囂囂好遊者, 何

時得醉 岳陽樓."라고 했다.

● 경원보씨慶源輔氏가 말했다. "遊說之士大病, 是不識義理而惟欲其言之售. 故往往以人之知不知爲欣戚. 是以, 孟子語以自得無欲之說."(大全註疏)

● 신안진씨新安陳氏가 말했다. "自得於己而無所欲於人, 非內重而外輕者, 不能也."(大全註疏)

【備旨】

> 夫遊說而冀其言獲售인댄 往往以人之知不知로 爲欣戚하니 若子之遊也에 如其言이 見信而人之知之라도 亦囂囂然自得也하여 不因人之知而遽以爲喜하며 如其言이 見違而人不知之라도 亦囂囂然自得也하여 不因人之不知而遽以爲憂라 夫自足於己而置得失於兩忘하고 無求於人而任窮通於所遇면 則隨在無非順適之境이니 此遊之道也라

무릇 유세遊說를 하면 그 말이 받아들여지기를 바라는 법이니, 왕왕 남이 알아주고 알아주지 못함으로써 기쁨과 슬픔으로 여긴다. 예를 들어 그대가 유세를 하는데 만일 그 말이 믿음을 받아 남들이 자신을 알아줄지라도 또한 효효연囂囂然히 자득自得하여 남이 알아줌으로 인하여 갑자기 기뻐하지 말며, 만일 그 말이 받아들여지지 않아 남들이 자신을 알아주지 않을지라도 효효연囂囂然히 자득自得하여 남이 알아주지 않음으로 인하여 갑자기 근심하지 말아야 한다.

무릇 스스로 자신에게 만족하여 득실得失을 모두 잊고, 남에게 구하지 않고서 궁통窮通을 처한 바에 맡긴다면, 어디에 있더라도 순적順適하지 않는 곳이 없을 것이니, 이것이 바로 유세遊說의 도道이다.

주해

- 획수(獲售) : 뜻을 얻다. 과거시험에 합격하다. 여기서는 유세를 통해 제후에게 중용되는 것을 말한다. '득지得志'와 같다. 獲(얻을 획) 售(팔 수)
  청淸나라 원매袁枚의 《수원시화隨園詩話》 권3에 나온다. "合肥進士田實發, 庚戌會試……果以是科獲售."
- 궁통(窮通) : 곤액困厄과 현달顯達. 곧 불운不運과 출세出世를 말한다.
  《장자莊子·양왕讓王》에 나온다. "古之得道者, 窮亦樂, 通亦樂, 所樂非窮通也. 道德於此, 則窮通爲寒暑風雨之序矣."
  《여씨춘추呂氏春秋·고의高義》에도 나온다. "然則君子之窮通, 有異乎俗者也."
- 수재(隨在) : 도처. 곳곳. '수처隨處', '수지隨地'와 같다.
- 순적(順適) : 통순흡당通順恰當. 순수적응順隨适應. 무엇을 따르더라고 마땅하고 순조롭다.
  《사기史記》 권1 〈오제본기五帝本紀〉에 나온다. "舜順適不失子道, 兄弟孝慈."
  《한서漢書》 권98 〈원후전元後傳〉에 나온다. "欲順適其意, 乃令皇後擇後宮家人子可以虞侍太子者."
- 冀(바랄 기) 欣(기뻐할 흔) 戚(슬퍼할 척)

曰 何如라야 斯可以囂囂矣니잇고

曰 尊德樂義 則可以囂囂矣니라

가로되 "어떻게 해야 이에 가히 효효囂囂하다고 할 수 있습니까?" 가라사대 "덕德을 높이고 의義를 즐기면 가히 효효囂囂하다고 할 수 있다."

德은 謂所得之善이니 尊之則有以自重하여 而不慕乎人爵之榮이요

義는 謂所守之正이니 樂之則有以自安하여 而不殉乎外物之

誘矣리라

'덕德'은 자득自得한 선善을 말한 것이니, 높이면 스스로 중시함이 있어 인작人爵의 영화를 부러워하지 않을 것이요,

'의義'는 자수自守한 바름을 말한 것이니, 이를 즐기면 스스로 편안함이 있어 외물外物의 유혹에 빠지지 않을 것이다.

주해

- "德以心言, 義以行言."(四書補註備旨)
- 경원보씨慶源輔氏가 말했다. "尊如尊德性之尊, 樂如樂天知命之樂."(大全註疏)
- 신안진씨新安陳氏가 말했다. "能如此, 則自得無欲之氣象, 自然著見而不可掩矣."(大全註疏)

【備旨】

> 句踐이 問曰 囂囂는 未易能也니 不知何如라야 斯可以囂囂矣잇고
>
> 孟子曰 所得之善을 謂德이니 吾自尊之而不違하며 所守之正을 謂義니 吾自樂之而不厭이니 尊德則良貴在我하여 而不羨人爵之榮이요 樂義則眞趣在我하여 而不計得喪之迹이니 斯可以囂囂 而自得無欲之氣象을 不可掩矣리라

구천句踐이 물어 가로되 "효효囂囂는 쉽게 할 수가 없으니, 어떻게 해야 이에 가히 효효囂囂할 수 있는지 모르겠습니다."

맹자 가라사대 "자득自得한 선善을 덕德이라 하니 내가 스스로 이를 높여 어기지 않으며, 자수自守한 바름을 의義라 하니, 내가 스스로 이를 즐

겨하되 싫어하지 않아야 한다. 덕德을 높이면 양귀良貴가 나에게 있어 인작人爵의 영화를 부러워하지 않고, 의義를 즐기면 진취眞趣가 나에게 있어 득상得喪의 자취를 따지지 않는다. 그러므로 이에 가히 효효囂囂하여 자득무욕自得無欲을 가릴 수가 없을 것이다."

주해

- 양귀(良貴) : 사람마다 본래 갖추고 있는 덕성(德性)과 그 덕성을 자연스럽게 실현할 수 있는 능력.
  《맹자孟子·고자상告子上》에 나온다. "欲貴者, 人之同心也, 人人有貴於己者弗思耳." 이에 대해 주자는 "貴於己者, 天爵."이라 하였다.
- 진취(眞趣) : 진정한 의취意趣 또는 지취旨趣.
  남조南朝 양梁나라 강엄江淹의 《잡체시雜體詩·효은중문效殷仲文》에 나온다. "晨遊任所萃, 悠悠蘊眞趣." 萃(모일 췌) 蘊(쌓을 온)

故로 士는 窮不失義하며 達不離道니라

"그러므로 선비는 곤궁困窮하여도 의義를 잃지 아니하며, 영달榮達하여도 도道를 떠나지 않는다."

言不以貧賤而移하고 不以富貴而淫이니 此는 尊德樂義가 見於行事之實也니라

빈천貧賤 때문에 지조를 옮기지 않고 부귀富貴 때문에 음란하지 않는다는 말이다. 이는 덕德을 높이고 의義를 즐기는 것이 행사行事의 실제에 나타난 것이다.

【備旨】

夫囂囂本於尊德樂義ㅣ有如此라 故로 凡士之處窮也에 則不失義하니 窮而尊德樂義也요 其處達也에 則不離道하니 達而尊德樂義也니라

무릇 효효囂囂함이 덕德을 높이고 의義를 즐기는데 근본한 것이 이와 같다. 그러므로 무릇 선비가 곤궁에 처해도 의義를 잃지 아니하니 곤궁窮해도 덕德을 높이고 의義를 즐기는 것이요, 그 영달榮達에 처해도 도道를 떠나지 않으니 영달해도 덕德을 높이고 의義를 즐기는 것이다.

窮不失義라 故로 士得己焉하고 達不離道라 故로 民不失望焉이니라

"곤궁하여도 의義를 잃지 않기 때문에 선비는 자신이 지키는 바를 얻고, 영달하여도 의義를 떠나지 않기 때문에 백성들이 실망하지 않는 법이다."

得己는 言不失己也라
民不失望은 言人素望其興道致治러니 而今果如所望也라

'득기得己'는 자신이 지키는 바를 잃지 않는다는 말이다.

'백성들이 실망하지 않는다'는 것은 사람들이 평소에 그 도道를 일으켜 정사政事를 이루기를 바랐는데, 이제 과연 그 바라는 바와 같이 되었다는 말이다.

주해

- 득기(得己) : 자신의 뜻을 얻다. '자득自得'과 같다.
  조기趙岐의 주에 "得己之本性."이라 했고, 양백준楊伯峻은 '자득自得'과 같다고 했다.
- 치치(致治) : 정치를 잘하여 국가의 안정과 평화를 이루다. '치리治理'와 같다.
  《사기史記·범저채택열전范雎蔡澤列傳》에 나온다. "公孫鞅之事孝公也……設刀鋸以禁姦邪, 信賞罰以致治."
  《자치통감資治通鑒·진안제의희7년晉安帝義熙七年》 條에도 나온다. "隨時任才, 皆能致治."

【備旨】

> 如此則 焉往而不善哉리오 吾見窮不失義면 則士之所以立身行己者ㅣ今果有以得己焉하여 而窮可以囂囂矣요 達不離道면 則民之素望其興道致治者ㅣ今果不失其望焉하여 而達可以囂囂矣니라

이와 같으니 어디를 간들 선善하지 않겠는가? 내 보건대 곤궁하여도 의義를 잃지 않으면 선비의 입신행기立身行己가 이제 과연 그 자득自得하여 곤궁해도 효효囂囂할 수 있으며, 영달하여도 도道를 떠나지 아니하면 백성들이 평소에 그가 도道를 일으켜 정사政事를 일으킬 수 있다고 바란 것이 이제 과연 그 바람을 잃지 않게 되어 영달해도 효효囂囂할 수가 있는 것이다.

주해

- 입신행기(立身行己) : 입신행사立身行事. 몸을 세워 道를 행하다.
  《논어論語·공야장公冶長》에 나온다. "子謂子産有君子之道四焉. 其行己也恭,

其事上也敬, 其養民也惠, 其使民也義."
《논어論語·자로子路》에도 나온다.
"行己有恥, 使於四方, 不辱君命, 可謂士矣."

古之人이 得志하얀 澤加於民하고 不得志하얀 脩身見於世하니 窮則獨善其身하고 達則兼善天下니라

"옛 사람들은 뜻을 얻으면 은택이 백성에게 더해지고, 뜻을 얻지 못하면 몸을 닦아 세상에 드러낸다. 그러므로 곤궁하면 홀로 그 몸을 선善하게 하고, 영달하면 겸하여 천하를 선善하게 하는 것이다."

見은 謂名實之顯著也라
此는 又言士得己 民不失望之實하니라
此章은 言內重而外輕 則無往而不善이니라

'현見'은 명실名實이 밝게 드러난 것을 말한다.

이는 또한 선비의 자득自得과 백성들이 실망하지 않은 실제를 말한 것이다.

이 장章은 내면을 중시하고 외면을 가벼이 여기면 어디에서라도 선善하지 않음이 없음을 말한 것이다.

주해

- 고지인(古之人) : 옛 사람들.
  여기서는 삼대三代 성세盛世 때의 사람을 말한다.
  "指三代盛世之人."(四書補註備旨)

- 득지(得志) : 행도行道의 뜻을 얻다.
  "得志是得遂行道之志. 澤加是推德義於人."(四書補註備旨)
- "窮卽不得志. 以此善善其身, 故曰獨善."(四書補註備旨)
- "達卽得志. 以此善善天下, 故曰兼善."(四書補註備旨)
- 신안진씨新安陳氏가 말했다. "內盡修身之實, 而名自著見於世. 蓋實之不可掩者, 非君子願乎其外, 而欲以是自見也."(大全註疏)
- 신안진씨新安陳氏가 말했다. "得志兼善, 此民不失望之實. 不得志獨善, 此士得其志實也."(大全註疏)

【備旨】

又不言士得己民을 觀諸古人乎아 士之外輕이면 則無往而不尊德樂義人也니 當其得志하얀 則推此德義於人하여 而膏澤加於民하여 不至恩不下究也며 當其不得志하얀 則修此德義於身하여 而名實見於世하여 不至泯沒無聞也라

夫不得志ㅣ窮也나 而修身見於世하니 是窮則以德義自重하여 而獨善其身也니 所謂得己者ㅣ信矣요 得志者ㅣ達也나 而澤加於民하니 是達則以德義淑人하여 而兼善天下也니 所謂不失望者ㅣ信矣라

然則人知之亦囂囂하고 人不知亦囂囂하니 微古人이면 其誰與歸리오

또한 선비의 득기得己와 득민得民을 옛 사람들에게서 볼 수 있다고 말하지 않았는가? 선비가 외면을 가벼이 여기면 어디를 가더라도 덕德을 높이고 의義를 즐거워하지 않는 사람이 없을 것이다.

그 뜻을 얻게 되면 곧 이 덕의德義를 남에게 미루어 고택膏澤을 백성들에게 더하여 은혜가 아래로 전해지지 않음이 없으며, 그 뜻을 얻지

못하게 되면 곧 이 덕의德義를 몸에서 닦아 명실名實이 세상에 드러나 없어지고 소문나지 않는데 이르지 않는다.

뜻을 얻지 못한 자는 곤궁하나 몸을 닦아 세상에 이름을 드러내니, 이는 곤궁하면 덕의德義로써 자중自重하고 홀로 그 몸을 선하게 하는 것이니, 이른바 '득기得己'라는 것이 분명하다. 뜻을 얻은 자는 영달하나 은택을 백성들에게 베푸니, 이는 영달하면 덕의德義로써 사람을 선하게 하고 아울러 천하를 선하게 한 것이니, 이른바 백성들이 실망하지 않았다는 것이 분명하다.

그러므로 남이 자신을 알아주어도 또한 효효囂囂하고, 남이 자신을 알아주지 않아도 또한 효효囂囂하니, 옛 사람이 아니라면 그 누구에게 돌아가리오.

주해

- 득민(得民) : 민심을 얻다.
  《주역周易·둔괘屯卦》에 나온다. "以貴下賤, 大得民也." 이에 대해 공영달孔穎達의 소疏에 "屯難之世, 民思其主之時, 既能以貴下賤, 所以大得民心也." 라고 했다.
- 하구(下究) : 아래로 전달하다. '하달下達'과 같다.
  《회남자淮南子·주술훈主術訓》에 나온다. "是故號令能下究, 而臣情得上聞."

[13·10]

孟子曰 待文王而後에 興者는 凡民也니 若夫豪傑之士는 雖無文王이라도 猶興이니라

맹자 가라사대 "문왕文王을 기다린 후에 흥기興起한 자는 일반 백성들이니, 호걸지사豪傑之士와 같은 경우는 비록 문왕文王이 없더라도 오히려 흥기興起하느니라."

興者는 感動奮發之意라 凡民은 庸常之人也요 豪傑은 有過人之才智者也라
蓋降衷秉彝는 人所同得이나 惟上智之資라야 無物欲之蔽하여 爲能無待於教 而自能感發以有爲也니라

'흥興'은 감동하여 분발한다는 뜻이다. '범민凡民'은 용상庸常한 사람이요, '호걸豪傑'은 남들 보다 재주와 지혜가 뛰어난 자이다.

대개 강충降衷과 병이秉彝는 사람들이 함께 얻은 바이나, 오직 상지上智의 자질이라야 물욕의 가림이 없어 능히 교화를 받지 않더라도, 스스로 감발感發하여 훌륭한 일을 할 수 있는 것이다.

주해

- "凡民豪傑, 全在有待無待上分."(四書補註備旨)
- 용상(庸常) : 심상尋常. 평용平庸.
  명明나라 송렴宋濂의 〈천암선사어록서千岩禪師語錄序〉에 나온다. "禪師處於遐壤, 而人競從之. 有道之士, 其果有異於庸常者歟?"
- 강충(降衷) : 하늘이 善과 福을 내려주다. '施善' 또는 '降福'과 같다.
  降(내릴 강) 衷(속마음 충)
  《서경書經·탕고湯誥》에 나온다. "惟皇上帝, 降衷於下民." 이에 대해 공전孔傳에 "衷, 善也."라고 했다.
  《국어國語·오어吳語》에도 나온다. "今天降衷於吳, 齊師受服."
- 병이(秉彝) : 떳떳한 道(常道)를 잡고 간직하다. 彝(떳떳할 이)
  《시경詩經·대아大雅·증민烝民》 편에 나온다. "民之秉彝, 好是懿德." 이에 대해 모전毛傳에 "彝, 常."이라 했고, 주희朱熹의 집전集傳에 "秉, 執."이라 했다.

【備旨】

孟子ㅣ以豪傑望天下曰 善雖由教而入이나 非因教而後有也니 在人之自勉何如耳라 古今言作人之盛者ㅣ莫過

於文王이나 然이나 必待文王風化之盛하여 薰陶漸漬而後에 興起者는 此特凡民也니 而非所以概天下之豪傑也라 若夫豪傑之士는 則卓然自立하여 無待於人하니 雖無文王이라도 猶自興起也라 學者ㅣ可以凡民自安而不以豪傑自期待哉아

맹자께서 호걸지사豪傑之士로써 천하를 기대하며 가라사대 "선善은 비록 가르침으로 말미암아 입문하나 가르침으로 인해 생겨나는 것이 아니니, 사람이 스스로 힘쓰는 것을 어떻게 하느냐에 달려있다.

고금古今에 사람을 크게 진작振作시키는 자로 문왕文王 보다 뛰어난 자가 없다. 그러나 반드시 문왕文王의 성대한 풍화風化를 기다려 훈도薰陶가 점차 스며든 이후에 흥기興起하는 자는 이는 다만 범민凡民이요, 천하의 호걸지사豪傑之士를 말한 것이 아니다.

호걸지사와 같은 경우는 곧 탁연卓然히 자립自立하여 남을 기다리지 않나니, 비록 문왕文王이 없더라도 오히려 스스로 흥기興起할 수 있는 자이다.

그러므로 배우는 자가 가히 범민凡民으로서 스스로 안주만 하고 호걸豪傑로서 스스로 기대하지 않겠는가.

주해

- 작인(作人) : 인재를 등용하다. 인재를 기르다.
  《시경詩經·대아大雅·역박棫樸》 편에 나온다. "周王壽考, 遐不作人." 이에 대해 공영달孔穎達의 소疏에 "作人者, 變舊造新之辭."라고 했다.
- 薰(향풀 훈) 漬(스며들 지)

[13·11]

孟子曰 附之以韓魏之家라도 如其自視欿然이면 則過人이 遠矣니라

맹자 가라사대 "한위韓魏 집안의 재부財富에 덧붙여 줄지라도, 만약 그 스스로 만족해하지 않으면 식견이 남보다 훨씬 뛰어나다."

附는 益也라 韓魏는 晉卿이니 富家也라 欿然은 不自滿之意라
尹氏曰 言有過人之識 則不以富貴爲事니라

'부附'는 덧붙여 준다는 뜻이다. '한위韓魏'는 진晉나라 경卿이니 부유한 집안이다. '감연欿然'은 스스로 만족하지 않는다는 뜻이다.

윤씨尹氏 가로되 "남보다 뛰어난 식견이 있으면 부귀富貴를 탐내지 않는다는 말이다."

주해

- 한위지가(韓魏之家) : 춘추시대 진晉나라의 한가韓家와 위가魏家의 경상卿相. '家'는 '대부大夫'를 말한다.
- 진경(晉卿) : 춘추시대 진晉나라의 범範·중행中行·지知·조趙·한韓·위魏 등 여섯 가문을 말한다.
  《좌전左傳·양공19년襄公十九年》 條에 나온다. "公(魯襄公)享晉六卿於蒲圃, 賜之三命之服."
  《한비자韓非子·고분孤憤》 편에도 나온다. "所以謂晉亡者, 亦非地與城亡也, 姬氏不制, 而六卿專之也."
- 감연(欿然) : 스스로 만족하지 못하다. 欿(부족할 감)
  "欿然是自檢心身, 其若無也."(四書補註備旨)

【備旨】

孟子ㅣ爲溺情於富貴者하여 發也曰 凡人識不足者는 恒以外物爲重輕하나니 有人於此하니 一旦附益之以韓魏之家면 則其富其貴ㅣ皆生平之所未有에 宜不勝其自滿矣어늘 如其視欿然하여 不驕不溢하여 若不知有韓魏之家者면 此其識見高明하고 視之常情이니 不但過之요 且過之遠也라 然則世之溺情於富貴者는 其亦可以少愧矣니라

맹자께서 부귀에 마음을 빼앗긴 자들을 위해 발명하여 가라사대 "식견이 부족한 범인들은 항상 외물外物을 경중輕重으로 삼는다. 여기에 어떤 사람이 일단 한위韓魏 두 집안의 재부財富에 덧붙여 주면, 그 부귀富貴가 모두 평생 갖지 못할 바이니 마땅히 그 스스로 만족을 이기지 못할 것이다. 그런데도 만약 그가 만족하지 못하고 교만하거나 넘치지 않으며, 만약 한위韓魏 두 집안이 있음을 알지 못한다면, 이는 그 식견이 고명하고 상정常情으로 보는 것이니, 남보다 뛰어날 뿐만 아니라 또한 크게 뛰어난 것이다. 그러므로 부귀에 마음을 빼앗긴 세상 사람들은 또한 조금은 부끄러울 것이다."

주해

- 상정(常情) : 일반적인 마음 또는 정리情理.
  《장자莊子·인간세人間世》에 나온다. "傳其常情, 無傳其溢言."

[13·12]

孟子曰 以佚道使民이면 雖勞나 不怨하고 以生道殺民이면 雖死나 不怨殺者니라

맹자 가라사대 "일도佚道로써 백성을 부리면 비록 힘이 들어도 원망하지 않으며, 생도生道로써 백성을 죽이면 비록 죽더라도 죽게 만든 자를 원망하지 않는다."

程子曰 以佚道使民는 謂本欲佚之也니 播穀乘屋之類ㅣ是也요 以生道殺民은 謂本欲生之也니 除害去惡之類ㅣ是也라 蓋不得已而爲其所當爲면 則雖咈民之欲이라도 而民不怨이니 其不然者는 反是니라

정자程子 가로되 "일도佚道로써 백성을 부리는 것은 본래 백성들을 편안하게 해주기 위한 것이니, 곡식을 파종하고 지붕을 이는 등의 일을 말한다. 생도生道로써 백성을 죽이는 것은 본래 백성들을 살리고자 하는 것이니, 해악을 제거하는 등의 일을 말한다. 대개 부득이 그 마땅히 해야 할 바를 행하면, 비록 백성들이 원하는 일과 다르더라도 백성들이 원망하지 않는다. 그렇지 않은 자는 이와 반대이다."

주해

- 일도(佚道) : 백성을 안락하게 해주는 道. '일도逸道'와 같다. 佚(편안할 일)
  "心雖主於佚事, 不得不出於勞, 是謂佚道."(四書補註備旨)
- 생도(生道) : 백성을 살리는 道.
  "心雖主於生事, 不得不出於殺, 是謂生道."(四書補註備旨)
  신안진씨新安陳氏가 말했다 "事雖不得已而理實所當爲, 則雖拂民之私欲, 而

實契民之公心. 故民雖勞且死, 而自不怨也."(大全註疏)

- 승옥(乘屋) : 지붕을 수리하다. 乘(다스릴 승)

《시경詩經·빈풍豳風·칠월七月》 편에 나온다. "亟其乘屋, 其始播百穀." 이에 대해 정현鄭玄의 註에 "亟, 急. 乘, 治也. 十月定星將中, 急當治野廬之屋."라고 했고, 마서진馬瑞辰의 통석通釋에 "乘屋, 謂覆蓋其屋."이라 했다.

- 播(뿌릴 파) 咈(어길 불)

【備旨】

> 孟子ㅣ示人君服民之道曰 民情이 好佚而惡勞하여 勞之未有不怨者로되 惟上之心이 本欲佚之하여 乃有不得已而使之면 是謂以佚道使民이니 則民皆諒其佚之之心하여 雖勞나 亦不怨矣요 民情이 好生而惡殺하여 殺之未有不怨者로되 惟上之心이 本欲生之하여 乃有不得已而殺之면 是謂以生道殺民이니 則民皆諒其生之之心하여 雖死나 亦不怨殺者矣라 所謂說以先民이면 民忘其勞하고 說以犯難이면 民忘其死者ㅣ此也니 舍是而欲民之無怨이면 得乎아

맹자께서 인군人君들에게 백성을 감복感服시키는 道를 보여 가라사대 "백성의 마음은 편안함을 좋아하고 힘이 드는 것을 싫어하니, 힘들게 하는 것을 원망하지 않는 자가 없다. 그러나 오직 왕의 마음이 본래 백성을 안락하게 해주기 위해 이에 부득이 백성들을 부린다면, 이는 일도佚道로써 백성을 부린 것이니, 백성들이 모두 그 편안하게 해주려는 마음을 헤아려서 비록 고생하더라도 또한 원망하지 않는다.

백성의 마음은 삶을 좋아하고 죽음을 싫어하여, 죽게 만는 것을 원망하지 않는 자가 없다. 그러나 오직 왕의 마음이 본래 백성을 살리기

위해 이에 부득이 그들을 죽게 만든다면, 이를 생도生道로써 백성을 죽인 것이니, 백성들이 모두 그 살리려고 하는 마음을 헤아려서 비록 죽더라도 또한 죽게 만든 자를 원망하지 않는다.

이른바 '기뻐함으로써 백성에게 솔선하면 백성들이 수고로움을 잊고, 기뻐함으로써 어려움을 무릅쓰게 하면 백성들이 죽음조차 잊는다.'고 하는 것이 이것이다. 그러므로 이를 버리고 백성들이 원망하지 않기를 바라는 것이 옳겠는가?"

주해

● 선민(先民)과 범난(犯難) : 백성들을 솔선하고 어려움을 무릅쓰게 하다. 《주역周易·태괘兌卦·단彖》에 나오는 말이다. "說以先民, 民忘其勞. 說以犯難, 民忘其死."

[13·13]

孟子曰 霸者之民은 驩虞如也오 王者之民은 皞皞如也니라

맹자 가라사대 "패자霸者의 백성들은 환우驩虞하듯 하고, 왕자王者의 백성들은 호호皞皞하듯 하다."

驩虞는 與歡娛同이라 皞皞는 廣大自得之貌라
程子曰 驩虞는 有所造爲而然이니 豈能久也리오 耕田鑿井에 帝力이 何有於我는 如天之自然이니 乃王者之政이니라
楊氏曰 所以致人驩虞는 必有違道干譽之事하니 若王者則如天하여 亦不令人喜하고 亦不令人怒니라

'환우驩虞'는 '환오歡娛'와 같다. '호호皞皞'는 광대자득廣大自得한 모양이다.

정자程子 가로되 "환우驩虞는 인위적인 바가 있어 그런 것이니, 어찌 능히 오래가겠는가? '밭 갈고 먹고 우물 파서 마시는데 제왕의 힘이 나에게 무슨 상관이랴.'는 하늘의 자연스러움과 같으니 바로 왕자王者의 정사政事이다."

양씨楊氏 가로되 "사람을 환우驩虞하게 만드는 바는 필시 道를 어기고 명예를 구하는 일이 있을 것이니, 왕자王者와 같은 경우는 하늘과 같아서 또한 사람들로 하여금 기쁘게 하지도 않고, 또한 사람들로 하여금 화나게 하지도 않는다."

주해

- 환우(驩虞) : '환오歡娛'·'환락歡樂'과 같다. '환驩'은 '환歡'과 통한다.
  驩(기뻐할 환) 虞(헤아릴 우)
  "驩虞是個知感."(四書補註備旨)
- 호호(皞皞) : 마음이 화락和樂하고 광대廣大한 모양.
  "皞皞是無怨咨, 亦無欣喜."(四書補註備旨) 咨(탄식할 자)
- 鑿(뚫을 착)

【備旨】

孟子ㅣ深明王道之異於霸道也曰 王霸之治教不同 而功效亦異하니 但自其民風觀之컨대 可見矣라 彼霸功은 淺近而易悅이라 故로 霸者之民은 感上之惠跡하여 其小康自喜之氣象이 殆驩虞如也요 王道는 深遠而無迹이라 故로 王者之民은 忘上之德跡하여 其廣大自得之氣象이 殆皞皞如也니라

맹자께서 왕도王道와 패도覇道의 다른 점을 깊이 밝혀 가라사대 "왕도와 패도의 치교治教가 같지 않고 공업功業 또한 다르니, 다만 그 민풍民風을 살피면 가히 알 수 있다.

저 패자覇者의 공업功業은 천근淺近하여 기뻐하기 쉽기 때문에 패자覇者의 백성들은 왕의 은혜의 흔적에 감동하여 그 소강자희小康自喜하는 기상이 거의 환우驩虞하듯 한다.

왕자王者의 도道는 심원深遠하여 흔적이 없기 때문에 왕자王者의 백성들은 임금의 덕德의 흔적을 잊어 그 광대자득廣大自得한 기상이 거의 호호皞皞하듯 한다."

주해

- 치교(治教) : 정치와 교육.
- 소강(小康) : 유가儒家에서 말하는 정교政教가 청명清明하고 백성들이 안락하게 살 수 있는 사회단계를 말한다. '강康'은 '안安'과 같다. '대동大同' 보다 낮은 단계이다.

殺之而不怨하며 利之而不庸이라 民日遷善而不知爲之者니라

"죽어도 원망하지 아니하며, 이롭게 하여도 공업功業으로 여기지 않는다. 백성들이 날마다 선善으로 옮겨가면서도 누구의 교화인지를 알지 못한다."

此는 所謂皞皞如也라 庸은 功也라

豐氏曰 因民之所惡而去之요 非有心於殺之也니 何怨之有

리오 因民之所利而利之오 非有心於利之也니 何庸之有리오 輔其性之自然하여 使自得之라 故로 民日遷善而不知誰之所爲也니라

이는 이른바 호호皞皞하듯 한 것이다. '용庸'은 공업功業이다.

풍씨豐氏 가로되 "백성들이 싫어하는 바로 인하여 이를 제거하되 죽이려는 마음이 없으니 어찌 원망함이 있겠는가. 백성들이 이롭게 여기는 바로 인하여 이롭게 하되 이롭게 하는데 마음이 없으니 어찌 공업功業이 있겠는가. 그 본성의 자연을 도와 자득自得하게 하는 것이다. 그러므로 백성들이 날마다 선善으로 옮겨가면서도 누가 하는 일인지를 알지 못한다."

주해

- 경원보씨慶源輔氏가 말했다. "因民之性, 輔其自然, 使自得. 夫善如堯所謂匡之直之輔之翼之, 使自得之是也. 惟其如是, 故民日遷於善, 而不知誰之使我如此也. 此卽程子所謂耕田鑿井帝力何有於我之事."(大全註疏)

【備旨】

何以見其皞皞也리오 王者ㅣ以刑糾民에 非無殺也나 然이나 因民所惡而去之하니 民且忘其爲殺矣요 不以爲怨也하며 王者ㅣ以政養民에 非無利也나 然이나 因民所利而利之하니 民且忘其爲利矣요 不以爲庸也라 王者ㅣ以敎正民에 非不導民而善也나 然이나 順民之性而導之하니 民雖日遷於善 而自得其性이나 不知誰之所爲也니 所謂皞皞者ㅣ如此니라

무엇으로써 그 호호皞皞함을 알 수 있는가? 왕자王者는 형벌로써 백성을 바로잡으니 백성을 죽이지 않을 수 없다. 그러나 백성들이 싫어하는 바로 인하여 제거하니, 백성들이 또한 그 죽이는 것을 잊고 원망으로 삼지 않는다.

왕자王者는 정사政事로써 백성을 기르니 백성들을 이롭게 하지 않음이 없다. 그러나 백성들이 이롭게 여기는 바로 인하여 이롭게 하니, 백성들이 또한 그 이로움을 잊고 공업功業으로 여기지 않는다.

왕자王者는 교화로써 백성을 바르게 하니 백성들을 선善으로 인도하지 않음이 없다. 그러나 백성들의 본성을 따라 그들을 인도하니, 백성들이 비록 날마다 선善에 옮겨가 스스로 그 본성을 얻었으나 누가 하는 일인지를 알지 못한다. 이른바 '호호皞皞'라는 것이 이와 같다.

夫君子는 所過者ㅣ化하며 所存者ㅣ神이라 上下ㅣ與天地同流하나니 豈曰小補之哉리오

"무릇 군자가 지나간 곳의 백성들은 교화되고, 머문 곳의 백성들은 신묘神妙하게 된다. 상하가 천지와 함께 운행하니 어찌 도움이 작다고 하겠는가."

君子는 聖人之通稱也라 所過者ㅣ化는 身所經歷之處에 卽人無不化니 如舜之耕歷山 而田者ㅣ遜畔하고 陶河濱 而器不苦窳也라 所存者ㅣ神은 心所存主處에 便神妙不測이니 如孔子之立斯立 道斯行 綏斯來 動斯和하여 莫知其所以然而然也라 是其德業之盛이니 乃與天地之化로 同運並行하여 擧一世而甄陶之요 非如霸者ㅣ但小小補塞其罅漏而已라 此

則王道之所以爲大니 而學者ㅣ所當盡心也니라

'군자君子'는 성인聖人의 통칭이다. '소과자화所過者化'는 몸이 지나간 곳에 교화되지 않은 사람이 없는 것이니, 순舜이 역산歷山에서 농사를 짓는데 농부들이 밭두둑을 양보하고, 하빈河濱에서 질그릇을 굽는데 그릇이 고유苦窳하지 않는 것과 같다. '소존자신所存者神'은 마음이 간직한 곳에 신묘神妙하여 예측할 수 없으니, 마치 공자께서 세우면 이에 서고, 인도하면 이에 따르고, 편안하게 해주면 이에 따라오고, 고무시키면 이에 화응하여 그 소이연所以然을 알지 못하고 그렇게 되는 것과 같다. 이는 그 성대한 덕업德業이니 이에 천지의 화육化育과 더불어 같이 운행하여 일세一世를 들어 도야陶冶하는 것이다. 그러므로 패자霸者가 다만 소소하게 그 틈새를 막는 것과 같지 않다.

이는 바로 왕자王道의 위대한 바이니, 배우는 자가 마땅히 마음을 다해야 할 것이다.

주해

- "君子卽王者. 過指刑政教所經歷. 化就民丕變說."(四書補註備旨)
- 정자程子가 말했다. "所存者神, 在己也. 所過者, 化及物也."(大全註疏)
  "存是刑政教所萌動. 神是我之心欲如此, 民便如此, 不可測度."(四書補註備旨)
- 소보(小補) : 작은 도움. 여기서는 사사로운 은혜를 말한다.
  "小補指私恩小惠言."(四書補註備旨)
- 고유(苦窳) : 거칠고 바탕이 열악함. '고苦'는 '고盬'와 통한다.
  苦(거칠 고) 窳(찌그러질 유) 盬(거친소금 고)
  《한비자韓非子·난일難一》 편에 나온다. "東夷之陶者器苦窳, 舜往陶焉, 朞年而器牢."
- 공자지립사립(孔子之立斯立) : 공자孔子가 세우면 이에 서다.
  《논어論語·자장子張》에 나온다. "만일 부자夫子께서 나라를 얻으신다면 이른바 세우면 이에 서고, 인도하면 이에 따르고, 편안하게 해주면 이에 따라오고, 고무시키면 이에 화응하여, 그분이 살아 계시면 영광스럽게 여기고 돌아가시면 슬퍼한다는 것이니, 어떻게 미칠 수 있겠는가. [夫子之得邦家者, 所謂立之斯立, 道之斯行, 綏之斯來, 動之斯和, 其生也榮, 其死也哀, 如之何其可及也.]"

- 견도(甄陶) : 질그릇을 빚어 만들다. 여기서는 '화육化育'의 뜻으로 쓰였다.
  甄(질그릇 견) 陶(질그릇 도)
  한漢나라 양웅揚雄의 《법언法言·선지先知》 편에 나온다. "甄陶天下者, 其在和乎!"
- 畔(두둑 반) 塞(막을 색) 罅(틈 하) 漏(샐 루)

【備旨】

卽是而可以見王道之大矣라 君子一身에 凡其爲刑爲政爲教ㅣ皆身之所歷 而謂之過也니 過斯化焉하여 盡入而莫不丕變也요 君子一心에 凡其欲刑欲養欲教ㅣ皆心之所主 而謂之存也니 存斯神焉하여 順應而莫知其然也라

夫是神化也는 天地之運於上下 而覆載萬物者也며 而君子之化以達神하고 神以運化者니 其德業之盛이 至擧一世而甄陶之면 則是天地ㅣ以其神化로 日流行於上下하여 而天下之物이 無不被하고 王者ㅣ亦以神化로 周流於上下하여 而天下之民이 無不冒라

蓋與天地同運而並行矣니 豈若霸者之功이 僅小補之而已哉리오 此霸功所以不若王道之大也니 爲治者ㅣ可以審所尚矣니라

이에 나아가면 왕도王道의 위대함을 알 수 있다.

군자가 한 몸에 무릇 그 형벌을 시행하고 정사政事를 돌보고 교화를 베푸는 것이 모두 몸으로 겪은 바이니 이것을 일러 '과過'라 하며, 지나가면 이에 교화가 되니, 모두 교화가 되어 크게 변하지 않음이 없다. 군자가 한 마음에 무릇 그 형벌을 시행하고 기르고 교화하려고 하는 것이 모두 마음으로 주장한 바이니 이것을 일러 '존存'이라 하며, 머물면 이에 신묘하게 되니, 순응하면서도 그 소이연所以然을 알지 못한다.

무릇 이 '신화神化'란 천지가 상하에서 운행하여 만물을 덮어주고 실어주는 것이며, 군자가 교화로써 달신達神하고 신묘로써 운화運化하는 것이다. 그 성한 덕업德業이 일세一世를 들어 화육化育하게 되면, 이는 천지가 그 신화神化로써 날로 상하에서 유행하여 천하의 사물이 은택을 입지 않음이 없으며, 왕자王者 또한 신화神化로써 상하에 두루 통하여 천하의 백성들이 은택을 입지 않음이 없다. 대개 천지와 함께 운화運化하고 나란히 유행流行하니, 어찌 패지霸者의 공업功業이 겨우 조금 돕는 것과 같겠는가.

이는 패자霸者의 공업功業이 왕도王道의 위대함만 같지 못한 것이니, 다스리는 자가 숭상할 바를 살필 수 있을 것이다.

주해

- 비변(丕變) : 크게 변하다. '대변大變'과 같다. 丕(클 비)
  《서경書經·반경상盤庚上》에 나온다. "罔有逸言, 民用丕變." 이에 대해 공전孔傳에 "民用大變從化."라고 했다.
- 신화(神化) : 신령스런 교화.
  《주역周易·계사하繫辭下》에 나온다. "神而化之, 使民宜之."
  《사기史記·골계열전滑稽列傳》에 나온다. "《詩》以達意, 《易》以神化."

[13·14]

孟子曰 仁言이 不如仁聲之入人深也니라

맹자 가라사대 "인덕仁德이라는 말은 인덕仁德의 명성만큼 사람들 마음속에 깊이 들어오지 못한다."

程子曰 仁言은 謂以仁厚之言으로 加於民이라 仁聲은 謂仁聞이니 謂有仁之實하여 而爲衆所稱道者也라 此는 尤見仁德之昭著라 故로 其感人尤深也라

정자程子 가로되 "인언仁言이란 인후仁厚한 말로써 백성들에게 베푸는 것을 말한다. 인성人聲은 인문仁聞을 말한 것이니, 인仁의 실제가 있어 많은 사람들이 칭송하는 것을 말한다. 이는 인덕仁德이 밝게 드러난 것을 더욱 잘 알 수 있기 때문에, 그 사람을 감동시킴이 더욱 깊은 것이다."

주해

- 인언(仁言) : 인덕교화仁德敎化의 말.
  "仁言是愛民之言."(四書補註備旨)
- 인성(仁聲) : 인덕仁德을 시행한 후 얻어진 명성.
  조기趙岐의 註에 "仁聲, 樂聲《雅》《頌》也."라고 했다.
  "仁聲是小民頌仁之聲."(四書補註備旨)
  당唐나라 원진元稹의 〈정함수상서고공랑중풍숙형부랑중제鄭涵授尙書考功郎中馮宿刑部郎中制〉에 나온다. "二帝三王之所以仁聲無窮, 績用明而刑罰當也."
- 인문(仁聞) : 인애仁愛를 베풀어 얻은 명성.
  《맹자孟子·이루상離婁上》에 나온다. "今有仁心仁聞, 而民不被其澤."
  송宋나라 증공曾鞏의 〈당론唐論〉에도 나온다. "然而天下之材不足, 故仁聞雖美矣, 而當世之法度亦不能放於二代."

【備旨】

孟子ㅣ示爲治者ㅣ當審所尙也曰 凡爲君者는 必以仁이니 如言之仁與聲之仁이 皆有以入人也로되 但仁言은 發於己而未必其然이요 且但出於一時라 仁聲은 傳於人而已有所試요 且又著於平素하니 仁言之入人淺이 不如仁聲之入人深이라

맹자께서 다스리는 자가 마땅히 숭상할 바를 살필 것을 보여 가라사대 "무릇 왕이 된 자는 반드시 인덕仁德으로 다스려야 한다. 예를 들어 인언仁言과 인성仁聲이 모두 사람들의 마음속에 들어갈 수 있으나, 다만 인언仁言은 자신에게 나와 반드시 그러한 것은 아니며, 또한 다만 일시적으로 나온 것일 뿐이다.

인성仁聲은 남에게 전해져서 이미 시험한 바가 있고, 장차 또한 평소에 드러난 것이니, 사람 마음속에 천근淺近하게 들어간 인언仁言은 사람 마음속에 깊이 들어간 인성仁聲만 같지 못하다."

善政이 不如善教之得民也니라

"선정善政은 선교善敎가 백성의 마음을 얻는 것만 같지 못하다."

政은 謂法度禁令이니 所以制其外也오 敎는 謂道德齊禮니 所以格其心也니라

'정政'은 법도法度와 금령禁令이니 그 외면을 제재制裁하는 바요, '교敎'는 도덕道德과 제례齊禮니 그 마음을 바로잡는 바이다.

주해

- 경원보씨慶源輔氏가 말했다. "善政亦非徒尙. 夫法道禁令也, 固亦有德行乎其間. 但道之以政 齊之以刑, 終不若道之以德齊之以禮者, 得民之心感而誠服也."(大全註疏)
- 제례(齊禮) : 도덕제례導德齊禮. 도덕으로 인도하고 예교禮教로 가지런히 하여 백성들을 귀복歸服시키다.
  《논어論語·위정爲政》에 나온다. "道之以德, 齊之以禮, 有恥且格."

【備旨】

然이나 所謂仁聲者는 不外政教하니 政之善 教之善이 皆有以得民也로되 但善政은 以紀綱法令으로 整飭民於事迹이요 善教는 以仁義禮樂으로 導引民於性分하니 善政得民之效ㅣ小ㅣ不如善教得民之效ㅣ大也니라

그러나 이른바 인성仁聲이란 정사政事와 교화教化를 벗어나지 않으니, 선한 정사와 선한 교화는 모두 백성의 마음을 얻을 수 있다.

다만 선정善政이 기강紀綱과 법령法令으로 백성을 사적事迹에서 가지런히 다스리지만, 선교善教는 인의仁義와 예악禮樂으로 백성을 성분性分에서 인도하니, 선정善政의 작은 공효功效로 민심을 얻은 것이 선교善教의 커다란 공효功效로 민심을 얻은 것만 같지 못하다.

주해

- 정칙(整飭) : 가지런하고 질서 있게 만들다. 整(가지런할 정) 飭(삼갈 칙)
- 성분(性分) : 천성天性. 본성本性.
  《후한서後漢書·일민전서逸民傳序》에 나온다. "然觀其甘心畎畝之中, 憔悴江海之上, 豈必親魚鳥樂林草哉, 亦云性分所至而已."
  畎(밭도랑 견) 畝(이랑 무)

善政은 民이 畏之하고 善敎는 民이 愛之하나니 善政은 得民財하고 善敎는 得民心이니라

"선정善政은 백성들이 두려워하고 선교善敎는 백성들이 좋아하니, 선정善政은 백성의 재산을 얻고 선교善敎는 백성의 마음을 얻는다."

得民財者는 百姓足 而君無不足也요
得民心者는 不遺其親 不後其君也니라

'백성의 재산을 얻는다'는 것은 백성도 풍족하고 인군人君도 풍족하지 않음이 없는 것이다.

'백성의 마음을 얻는다는 것'은 그 어버이를 버리지 않고 그 인군人君을 뒤로 돌리지 않는 것이다.

주해

- 민외지(民畏之) : 백성들이 두려워하다.
  "畏是奉法守度."(四書補註備旨)
  조기趙岐의 註에 말했다. "畏之, 不逋怠, 故賦役擧而財聚於一家也. 樂風化而上下親, 故歡心可得也." 逋(달아날 포)
- 남헌장씨南軒張氏가 말했다. "善政立而後, 善敎可行, 所謂富而敎之者也. 孟子論得民心, 必然歸之善政者. 蓋至此而後, 爲得民之至也."(大全註疏)
- 운봉호씨雲峯胡氏가 말했다. "孟子之意, 蓋謂使民畏不如使民愛, 得民財不如得民心."(大全註疏)

【備旨】

然이나 何以見善政不如善教之得民也오 善政則法令齊肅 而民不敢抗하니 是民畏之矣요 善教則德意浹洽 而民不忍悖하니 是民愛之矣라 且善政之於民에 取之有道하고 用之有節이라 故로 百姓足而君無不足하니 可以得民之財焉이요 善教之於民에 率之有方하고 教之有素라 故로 民不遺其親하며 不後其君하니 可以得民之心焉이라 夫畏迫於法하고 愛生於心하니 苟至於愛而畏不足言矣며 民心은 本也요 民財는 末也니 苟得其心 而財在於其中矣라 善政이 不如善教之得民也ㅣ此非其驗耶아 即仁聲之入人이 且以善政與善教로 異也니 而仁言은 更無論矣니라

그러나 선정善政이 선교善教의 민심을 얻는 것만 같지 못함을 어떻게 알 수 있는가?

선정善政은 법령이 가지런하고 엄숙하여 백성들이 감히 항거抗拒하지 못하니, 이는 백성들이 두려워하는 것이다. 선교善教는 덕의德意가 두루 미쳐 백성늘이 차마 어기지 못하니, 이는 백성들이 사랑하는 것이다.

또 선정善政은 백성들에게 도에 맞게 거둬들이고 절도 있게 사용하기 때문에 백성들도 풍족하고 인군人君도 부족함이 없으니, 가히 백성의 재산을 얻었다고 할 수 있다. 선교善教는 백성들에게 법도에 맞게 이끌고 평소에 가르치기 때문에 백성들이 그 어버이를 버리지 않고 그 인군人君을 뒤로 돌리지 않으니, 가히 백성의 마음을 얻을 수 있다.

무릇 두려움은 법령에 핍박을 받고 사랑은 마음에서 우러나니, 진실로 사랑이 지극하면 두려움은 말할 것도 없다. 민심民心은 근본이요,

민재民財는 말단이니, 진실로 그 마음을 얻으면 재물은 그 가운데 있게 된다.

그러니 선정善政이 선교善教의 득민得民만 같지 못하다는 것을 여기에서 증험하지 않겠는가? 인성仁聲이 사람 마음에 들어가는 것이 또한 선정善政이나 선교善教와는 다르니, 인언仁言은 더욱 논할 것도 없다.

주해

- 제숙(齊肅) : 정제엄숙整齊嚴肅. 가지런하고 엄숙하다.
  《삼국지三國志·오지吳志·오주전吳主傳》에 나온다. "曹公望權軍, 歎其齊肅."
  《주서周書·문제기상文帝紀上》에도 나온다. "加以法令齊肅, 賞罰嚴明, 眞足恃也."
- 협흡(浹洽) : 두루 미치다. 두루 적시다.
  浹(두루 미칠 협) 洽(윤택하게 할 흡)
  《한서漢書·예악지禮樂志》에 나온다. "於是教化浹洽, 民用和睦. 災害不生, 禍亂不作." 이에 대해 안사고顔師古의 註에 "浹, 徹也. 洽, 霑也."라고 했다.
  霑(젖을 점)

[13·15]

孟子曰 人之所不學而能者는 其良能也요 所不慮而知者는 其良知也니라

맹자 가라사대 "사람이 배우지 않고도 능한 것은 그 양능良能이요, 생각하지 않고도 아는 것은 양지良知이다."

良者는 本然之善也라

程子曰 良知良能은 皆無所由하니 乃出於天이요 不繫於

人이니라

'양良'은 본연本然의 선善이다.

정자程子 가로되 "양지良知와 양능良能은 모두 말미암은 바가 없으니, 곧 하늘에서 나온 것이요, 사람에게 관계되지 않는다."

주해

- 서산진씨西山眞氏가 말했다. "善出於性, 故有本然之能. 不待學而能本然之知, 不待學而知也."성(大全註疏)
- "不學是不假修習意, 能就行看."(四書補註備旨)
- "不慮是不待思索意."(四書補註備旨)

【備旨】

孟子ㅣ示人當存其良心曰 天下之人이 莫不有知有能이라 然이나
凡學而後能者는 可以言能 而不可以言良能也라 惟學習未加 而自有所能은 是其能이 一出於本然之善이니 乃人之良能也요
凡慮而後知者는 可以言知 而不可以言良知也라 惟思慮不庸 而自有所知는 是其知ㅣ一出於本然之善이니 乃人之良知也니라

맹자께서 사람들에게 마땅히 그 양심良心을 보존할 것을 보여 가라사대 "천하 사람들이 모두 지혜와 능력을 지니고 있다. 그러나 배운 뒤에 능력이 있는 자는 능력이 있다고 말할 수는 있어도 양능良能이라고 말할 수는 없다. 오직 학습과정을 통하지 않고도 저절로 능력이 있

다면 이는 그 능력이 모두 본연本然의 선善에서 나온 것이니, 바로 사람의 양능良能이다.

무릇 생각한 뒤에 지혜로운 자는 지혜가 있다고 말할 수는 있어도 양지良知라고 말할 수는 없다. 오직 생각을 하지 않고도 저절로 지혜가 있다면 이는 지혜가 모두 본연本然의 선善에서 나온 것이니, 바로 사람의 양지良知이다."

孩提之童이 無不知愛其親也며 及其長也하여 無不知敬其兄也니라

"해제孩提의 동자童子라도 그 어버이를 사랑하지 않는 자가 없으며, 그가 조금 자라서는 그 형을 공경하지 않는 자가 없다."

孩提는 二三歲之間에 知孩笑 可提抱者也라 愛親敬長은 所謂良知良能者也라

'해제孩提'는 두세 살 무렵에 웃으면 손잡고 안아줄 수 있다는 말이다. '애친愛親'과 '경장敬長'은 이른바 양지良知와 양능良能을 말한다.

주해

- 해제(孩提) : 두세 살 된 어린아이. 孩(어린아이 해) 提(부축할 제)
  조기趙岐의 註에 "孩提, 二三歲之間, 在繈褓知孩笑, 可提抱者也."라고 했다.
  繈(포대기 강) 褓(포대기 보)
  "長是稍長, 五六歲之間."(四書補註備旨)
- 경원보씨慶源輔氏가 말했다. "孩提而下, 又所以指其良知良能之在人者曉之, 是豈待學而後能, 慮而後知哉."(大全註疏)

【備旨】

吾ㅣ所謂良能良知는 何以驗之오 我觀孩提之童이 初未嘗學且慮也러니 孰敎之以孝哉아 然이나 無不知親之當愛 而自能愛其親也며 及其稍長也하여는 亦未嘗學且慮也러니 孰敎之以弟哉아 然이나 無不知兄之當敬 而自能敬其兄也라 夫以孩提 而知愛親敬兄之道하니 此可以驗知能之良矣니라

내가 이른바 양능良能과 양지良知는 무엇으로써 증험하리오?

내가 보건대 해제孩提의 아이가 애초 일찍이 배우거나 생각하지도 않았는데, 누가 그에게 효를 가르쳤겠는가? 그러나 어버이를 마땅히 사랑해야함을 알지 못함이 없어 스스로 능히 그 어버이를 사랑한다. 그가 조금 자라서는 또한 일찍이 배우거나 생각하지도 않았는데, 누가 그에게 공손함을 가르쳤겠는가? 그러나 형을 마땅히 사랑해야함을 알지 못함이 없어 스스로 능히 그 형을 공경한다. 무릇 해제孩提의 아이가 애친愛親과 경장敬兄의 道를 아니, 이것으로 양지良知와 양능良能을 증험할 수 있다.

親親은 仁也요 敬長은 義也니 無他라 達之天下也니라

"어버이를 친애하는 것이 인仁이요, 형을 공경하는 것이 의義이니, 다른 것이 아니라 천하에 통하기 때문이다."

言親親敬長이 雖一人之私라 然이나 達之天下에 無不同者하니 所以爲仁義也니라

'친친親親'과 '경장敬長'이 비록 한 사람의 사사로운 윤리도덕이나, 천하에 통용되어 같지 않음이 없으니 인의仁義를 행하는 이유라고 말한 것이다.

주해

- "達之天下, 通天下, 皆同意. 達字, 卽上無不知三字出."(四書補註備旨)
- 주자朱子가 말했다. "無他達之天下, 只說達之天下, 別無道理."(大全註疏)
- 신안진씨新安陳氏가 말했다. "親吾親敬吾長, 雖一人之私, 然推而達之天下, 則人人皆親親敬長無不同者, 此人心天理之公也."(大全註疏)

【備旨】

若此者는 豈有出於吾性之外哉아 孩提之親親은 非自外至니 卽吾性之仁이 爲之也요 稍長之敬兄은 非自外至니 卽吾性之義ㅣ爲之也니 此無他라 正以達之天下에 無不同故耳라 天下ㅣ同是親也에 無不知愛之心은 同也요 天下ㅣ同是長也에 無不知敬之心은 同也니 以是로 驗之면 仁義之不待外求也ㅣ豈不昭昭然哉리오

이와 같은 것이 어찌 우리 본성 밖에서 나오겠는가? 해제孩提의 어린 아이가 어버이를 친애하는 것은 밖에서 오는 것이 아니니, 바로 우리 본성의 인仁이 그것을 한 것이다. 조금 자라서 형을 공경하는 것은 밖에서 오는 것이 아니니, 바로 우리 본성의 의義가 그렇게 한 것이다. 이는 다른 것이 아니라, 바로 천하에 통하여 같지 아니함이 없기 때문

이다.

천하 사람들이 모두 어버이가 있으니 친애하는 마음을 알지 못하는 이가 없다는 것도 같고, 천하 사람들이 모두 형장兄長이 있으니 공경하는 마음을 알지 못하는 이가 없다는 것도 같다.

이것으로 증험하면 인의仁義를 밖에서 구하는 것이 아니라는 사실이 어찌 분명하지 않겠는가?

[13·16]

孟子曰 舜之居深山之中에 與木石居하시며 與鹿豕遊하시니 其所以異於深山之野人者ㅣ 幾希러시니 及其聞一善言하시며 見一善行하샤 若決江河라 沛然莫之能禦也러시다

맹자 가라사대 "순舜이 깊은 산중에 살았을 때는 나무나 암석과 함께 하면서 사슴이나 산돼지와 더불어 어울리시니, 그 깊은 산중에 사는 야인野人과 거의 다를 바가 없었다. 그러나 한 마디 선언善言을 듣고 한 가지 선행善行을 보면 마치 강하江河의 둑이 터지듯이 패연沛然히 막을 수가 없었다."

居深山은 謂耕歷山時也라

蓋聖人之心이 至虛至明하여 渾然之中에 萬理畢具하니 一有感觸이면 則其應甚速 而無所不通하나니 非孟子造道之深이면 不能形容至此也라하시니라

'거심산居深山'은 역산歷山에서 농사지었을 때를 말한다.

대개 성인聖人의 마음은 지극히 허명虛明하여 혼연渾然한 가운데 만 가지 이치를 모두 갖추고 있으니, 한번 감촉感觸하면 그 감응이 매우 신속하여 통하지 않는 곳이 없다. 맹자처럼 道에 대한 조예가 깊지 않으면 이처럼 형용할 수 없을 것이다.

주해

- 기희(幾希) : 많지 않다. 매우 적다.
  "幾希是不多意."(四書補註備旨)
- 신안진씨新安陳氏가 말했다. "此由其感而應之用, 而推原其未感未應之體, 如此."(大全註疏)

【備旨】

孟子ㅣ表大舜之心曰 聖人居處之迹이 雖與人同이나 而樂善之誠則與人異니 試以其迹而言컨대 舜之側陋未揚하여 居深山之中에 其所與居者ㅣ木石而已요 所與遊者ㅣ鹿豕而已니 以是觀之컨대 野人이 此居此遊하면 舜亦此居此遊하여 其所以異於深山之野人者ㅣ幾希러시니 蓋未有所聞하고 未有所見則然耳라
及其聞人有一善言이면 卽釋然悟其所言之理하시고 見人有一善行이면 卽釋然明其所行之理하사 感而遂通하여 畧無凝滯하여 若決江河之水ㅣ沛然莫之能禦其順流之勢也러시니 深山之野人이 否耶아

맹자께서 대순大舜의 마음을 표양表揚하여 가라사대 "성인聖人이 거처하는 자취는 비록 보통 사람들과 같으나, 선善을 즐기는 정성은 보통

사람들과 다르다. 시험 삼아 그 자취를 말하건대, 순舜이 미천한 신분으로 깊은 산중에 살 때 그와 더불어 지낸 것은 나무와 바위일 뿐이요, 더불어 어울린 것은 사슴과 돼지일 뿐이었다. 이로써 보건대, 야인野人이 여기에 살고 여기에 교유하면, 순舜도 또한 여기에 살고 여기에 교유하니, 그 깊은 산중에 사는 야인野人과 거의 다를 바가 없었다. 대개 아직 들은 바가 없고 아직 본 바가 없으니 그럴 뿐이었다.

그러다가 남의 한 마디 선언善言을 들으면 석연釋然히 그가 말한 도리를 깨닫고, 남의 한 가지 선행善行을 보면 석연釋然히 그가 행한 도리를 깨우쳐, 감응하여 마침내 천하의 일에 통하여 조금이라도 응체된 것이 없었다. 마치 강하江河의 둑이 터지듯이 패연沛然히 능히 그 순탄하게 흐르는 형세를 막을 수 없었으니, 깊은 산중에 사는 야인野人이 아니겠는가?"

주해

- 측루(側陋) : 미천한 지위. 곧 누추한 곳에 사는 현인이나 현자를 말한다.
  側(곁 측) 陋(누추할 루)
  《서경書經·요전堯典》에 나온다. "明明, 揚側陋."
  《회남자淮南子·태족훈泰族訓》에도 나온다. "令四嶽揚側陋."
- 석연(釋然) : 의심스러운 일이 시원스레 해소된 모양.
  남조南朝 송宋나라 유의경劉義慶의 《세설신어世說新語·언어言語》 편에 나온다. "由是釋然, 復無疑慮."
- 감이수통(感而遂通) : 감응하여 천하의 일에 통하다.
  《주역(周易)》 〈계사전상(繫辭傳上)〉에 나온다. "역은 사려가 없고 작위가 없어, 고요히 움직이지 않다가 감응하면 마침내 천하의 일에 통한다.
  [易, 无思也, 无爲也, 寂然不動, 感而遂通天下之故.]"
- 응체(凝滯) : 흐름이 멈추거나 막히다. 凝(엉길 응) 滯(막힐 체)
  《초사楚辭·어부漁父》에 나온다. "漁父曰 : '聖人不凝滯於物, 而能與世推移.'"

[13·17]

孟子曰 無爲其所不爲하며 無欲其所不欲이니 如此而已矣니라

맹자 가라사대 "그 행하지 말아야 할 일을 하지 않으며, 그 원하지 말아야 할 일을 원하지 않으니, 이와 같을 따름이다."

李氏曰 有所不爲不欲은 人皆有是心也언마는 至於私意一萌하여 而不能以禮義制之면 則爲所不爲하고 欲所不欲者ㅣ多矣니 能反是心이면 則所謂擴充其羞惡之心者하여 而義不可勝用矣라 故로 曰如此而已矣라하시니라

이씨 가로되 "하지 말아야 하고 원하지 말아야 하는 일이 있는 것은 사람들이 모두 이런 마음[본심]을 지니고 있기 때문이다. 그러나 사의私意가 일단 일어나서 예의禮義로써 이를 억제하지 못하게 되면, 하지 말아야 할 일을 하게 되고, 원하지 말아야 할 일을 원하게 되는 경우가 많게 된다. 그러다가 능히 이 마음을 돌이키면 이른바 그 수오지심羞惡之心을 확충하여 의義를 이루 다 쓸 수 없게 된다. 그러므로 '이와 같을 따름이다'라고 말씀하신 것이다."

주해

- "無爲是禁之不行. 所不爲是理所不當爲."(四書補註備旨)
- "無欲是禁之不思. 所不欲是理所不當欲."(四書補註備旨)
- 화양범씨華陽范氏가 말했다. "君子所當爲者, 義也. 所不可爲者, 不義也. 所可欲者, 善也. 所不可欲者, 不善也. 不爲不義, 則所謂皆義. 不欲不善, 則所欲皆善. 君子之道, 止於如此而已矣."(大全註疏)

【備旨】

孟子ㅣ示人擴充其羞惡之心曰 羞惡之心은 人皆有之하니 孰無是不爲不欲之心哉아 是則所謂義也로되 但私意一萌 而爲所不爲하고 欲所不欲者ㅣ多矣니 誠能反吾不爲之本心 而守之於爲면 無爲其所不爲焉하며 反吾不欲之本心 而誠之於思면 無欲其所不欲焉이라 由是로 而一身之所爲ㅣ皆義也요 一念之所欲이 皆義也니 而義不可勝用이 如此而已矣라 自此之外에 又豈復有所爲義哉아

맹자께서 사람들에게 그 수오지심羞惡之心을 확충할 것을 보여 가라사대 "수오지심羞惡之心은 사람들이 모두 지니고 있으니, 누구에게 하지 말아야 하고 원하지 말아야 하는 마음이 없겠는가? 이것이 곧 이른바 의義이다. 그러나 사의私意가 일단 일어나면 하지 말아야 할 일을 하게 되고, 원하지 말아야 할 일을 원하게 되는 경우가 많을 뿐이다.

진실로 능히 하지 말아야 할 나의 본심을 돌이켜 행하는데 이를 지킬 수 있으면, 그 하지 말아야 할 일을 하지 않게 되며, 능히 원하지 않는 나의 본심을 돌이켜 생각하는데 이를 성실히 할 수 있으면, 그 원하지 말아야 할 일을 원하지 않게 될 것이다.

이로 말미암아 한 몸이 행하는 일이 모두 의義요, 한 생각이 원하는 일이 모두 의義가 되니, 의義를 이루 다 쓸 수 없는 것이 이와 같을 뿐이다. 이것 외에 또한 어찌 다시 의義를 행할 바가 있겠는가?"

[13·18]

孟子曰 人之有德慧術知者는 恒存乎疢疾이니라

맹자 가라사대 "사람 중에 지혜로운 덕과 뛰어난 재주를 지닌 자는 항상 진질疢疾 속에 있기 마련이다."

德慧者는 德之慧요 術知者는 術之知라 疢疾은 猶災患也라 言人必有疢疾이면 則能動心忍性하여 增益其所不能也니라

'덕혜德慧'는 덕德의 지혜요, '술지術知'는 기술적인 재능이다. '진질疢疾'은 재난과 우환의 뜻이다.

사람 중에 반드시 진질疢疾이 있으면, 능히 마음을 움직이고 성미를 참아서 그 할 수 없던 일을 더욱 유익하게 한다는 말이다.

주해

- "慧乃德之明處. 知乃術之巧處."(四書補註備旨)
- 진질(疢疾) : 재환災患. 우환憂患.
  "疢疾是艱難拂戾矣."(四書補註備旨) 疢(열병 진)
  명明나라 귀유광歸有光의 〈소자맹황후昭慈孟皇後〉에 나온다. "古所謂疢疾生智慧者歟."

【備旨】

孟子ㅣ爲處困者勉曰 人情은 每快志於安樂하고 而拂意於困窮하나니 不知困窮이 乃成德之地也라 彼在心

之理를 謂之德이니 以理燭事하여 見於未然을 是謂德之慧요 處事之方을 謂之術이니 因事循理하여 盡其當然을 是謂術之知니 人之有此一德慧術知者는 恒不得之於逸豫 而存乎疢疾이니라

맹자께서 곤경에 처한 자를 위해 권면하여 가라사대 "사람의 마음은 매번 안락 속에 멋대로 일처리를 하고, 곤궁 속에 뜻을 거스르게 되니, 이는 곤궁함이 바로 덕을 이루는 자리임을 모르기 때문이다.

저 마음에 간직한 이치를 덕德이라 하니, 이치로써 사물을 밝혀 미연未然에 나타난 것을 '덕의 지혜'라 이른다. 일을 처리하는 방법을 '술術'이라 하니, 일에 따라 이치를 좇아서 그 당연함을 다하는 것을 뛰어난 재능이라고 한다.

사람 중에 이러한 한 가지 덕의 지혜와 뛰어난 재능을 지닌 자는 항상 이것을 일예逸豫에서 얻지 않고 진질疢疾에서 간직하는 법이다."

주해

- 쾌지(快志) : 멋대로 일을 처리하다.
  《여씨춘추呂氏春秋·행론行論》에 나온다. "執民之命, 重任也, 不得以快志爲故. 故布衣行此, 指於國, 不容鄕曲."
- 불의(拂意) : 여의치 않다. 마음에 거슬리다.
  청淸나라 장조張潮의 〈소인小引〉에 나온다. "金聖歎與王斲山賭說快事, 王子丹麓續而記之. 世有拂意者, 於煩惱場中展讀一過, 不啻如醍醐之灌頂, 甘露之灑心."
  斲(깎을 착) 啻(뿐 시) 醍(맑은 술 제) 醐(제호 호)
- 일예(逸豫) : 안락함. 편안함.
  逸(편안할 일) 豫(즐길 예)
  《시경詩經·소아小雅·백구白駒》에 나온다. "爾公爾侯, 逸豫無期."

獨孤臣孼子는 其操心也ㅣ危하며 其慮患也ㅣ深故로 達이니라

"오직 고신孤臣과 얼자孼子는 그 마음 씀씀이가 위태로우며, 그 환난에 대한 우려가 깊다. 그러므로 사리에 통달할 수 있다."

孤臣은 遠臣이요 孼子는 庶子니 皆不得於君親 而常有疢疾者也라 達은 謂達於事理니 卽所謂德慧術知也라

'고신孤臣'은 원신遠臣이요, '얼자孼子'는 서자庶子이니, 모두 인군人君과 어버이에게 얻지 못하여 항상 진질疢疾이 있는 자이다. '달達'은 사리에 통달함을 말하니, 곧 이른바 덕의 지혜와 재주의 지식이다.

주해

- "獨, 惟也."(四書補註備旨)
- "危是恐得罪, 凜然持戰兢惕厲之心."(四書補註備旨)
- "深是恐人陷, 已多爲思患豫防之計."(四書補註備旨)
- 고신(孤臣) : 중용 받지 못하는 신하. 곧 '원신遠臣'과 같다.
  남조南朝 양梁나라 강엄江淹의 〈한부恨賦〉에 나온다. "或有孤臣危涕, 孼子墜心, 遷客海上, 流戍隴陰." 孼(서자 얼)
  '원신遠臣'은 《맹자孟子·만장상万章上》에 나온다. "吾聞觀近臣, 以其所爲主. 觀遠臣, 以其所主." 이에 대해 주희朱熹의 《사서집주四書集註》에 "遠臣, 遠方來仕者."라고 했다.
- 조심(操心) : 노심초사하다. 걱정하다.
  당唐나라 두목杜牧의 〈자견自遣〉시에 나온다. "遇事知裁翦, 操心識卷舒." 翦(자를 전)

【備旨】

何以驗其然也오 且如爲臣盡忠하고 爲子盡孝는 理之常也로되 獨彼孤遠之臣은 忠不能自效於君하고 庶孽之子는 情不得自達於親하니 此正臣子之有疢疾者也라 其操心也ㅣ危하여 專一而不敢肆하고 其慮患也ㅣ深하여 精審而不敢忽하니 專精之極이면 德慧術知生焉이라 故로 於事能通達하여 而全乎忠孝之道하니 所謂有德慧術知者ㅣ恒存乎疢疾也라 然則處憂患者ㅣ可不思進德 而自勉勵乎아

무엇으로써 그것이 그렇다는 것을 증험하리오?

예를 들어 신하가 되면 충성을 다하고 자식이 되면 효를 다하는 것이 이치의 떳떳함이로되, 오직 저 고원孤遠한 신하는 충성을 능히 스스로 인군人君에게 다하지 못하고, 서얼庶孽의 자식은 마음을 스스로 어버이께 전하지 못하니, 이는 바로 신하와 자식 중에 진질疢疾이 있는 자이다.

그 마음 씀씀이가 위태롭고 전일專一하여 감히 멋대로 하지 못하고, 그 환난에 대한 우려가 깊고 정심精審하여 감히 소홀하지 못한다. 전일專一하고 정심精審함이 지극하면 덕의 지혜와 뛰어난 재능이 생겨난다. 그러므로 사리에 능히 통달하여 충효忠孝의 도를 온전히 하니, 이른바 덕의 지혜와 뛰어난 재능이 있는 자가 항상 진질疢疾속에 있다는 것이다. 그러므로 우환憂患에 처한 자가 가히 덕에 나아가 스스로 면려할 것을 생각하지 않겠는가?

주해

● 차여(且如) : 예를 들어. '가여假如'·'즉여卽如'와 같다.
《공양전公羊傳·은공원년隱公元年》에 나온다. "且如桓立, 則恐諸大夫之不能相幼君也." 이에 대해 하휴何休의 註에 "且如, 假設之辭."라고 했다.

[13·19]

孟子曰 有事君人者하니 事是君則爲容悅者也니라

맹자 가라사대 "인군人君을 섬기는 자가 있으니, 이 인군人君을 섬기는데 곧 용열容悅한 자이다."

阿徇以爲容하고 逢迎以爲悅이니 此는 鄙夫之事요 妾婦之道也라

아첨과 순종으로 얼굴빛을 꾸미고, 봉영逢迎하는 것을 기쁨으로 여기니, 이는 비부鄙夫의 일이요, 첩부妾婦의 방법이다.

주해

● "不曰臣而曰人, 有卑其品意."(四書補註備旨)
● 용열(容悅) : 자신의 뜻을 굽혀 남에게 아첨하다.
조기趙岐의 註에 "爲苟容以悅君者也."라고 했다.
"容是使君容我, 悅是使君悅我."(四書補註備旨)
《후한서后漢書·진번전陳蕃傳》에 나온다. "今臣蒙恩圣朝, 備位九列, 見非不諫, 則容悅也."

● 아순(阿徇) : 아첨하고 순종함.

경원보씨慶源輔氏가 말했다. "阿徇爲容, 謂長君之惡以求容其身者. 奉迎爲悅, 謂奉君之惡以求君之悅者."(大全註疏)

● 봉영(逢迎) : 영합迎合하다. '봉승奉承'과 같다.

조기趙岐의 註에 "逢, 迎也. 君之惡心未發, 臣以諂媚逢迎而導君爲非, 故曰罪大."

송宋나라 나대경羅大經의 《계림옥로鶴林玉露》 권8에 나온다. "檜(秦檜)父嘗爲靜江府古縣令, 守帥胡舜陟欲爲檜父立祠於縣, 以爲逢迎計."

《이정전서二程全書·이천역전일伊川易傳一》에 나온다. "周之與否在君而已, 不可阿諛奉迎求其比己也."

【備旨】

> 孟子丨別臣品之不同曰 人臣事君에 人品不同하고 事業亦異하니 我嘗辨其等矣라 有事君人者하니 其事是君也에 不務責難陳善而但阿徇逢迎하여 爲君之容悅者也니 此乃佞臣也라

맹자께서 신하의 품격이 같지 아니함을 분별하여 가라사대 "신하가 인군人君을 섬기는데 인품人品이 다르고 사업도 다르니, 내 일찍이 그 등급을 분별하였다. 인군人君을 섬기는 자가 있으니, 그가 이 인군人君을 섬기는데 책난責難과 진선陳善에 힘쓰지 않고, 다만 아순阿徇하고 봉영逢迎하여 인군의 용열容悅만을 위한다면, 이는 곧 영신佞臣이다."

주해

● 책난진선(責難陳善) : 신하가 인군人君에게 어려운 일 곧 인정(仁政)을 행하도록 권면하고, 인군人君에게 선언(善言) 곧 인의(仁義)의 도리를 개진開陳하는 일.

《맹자孟子·이루상離婁上》에 나온다. "責難於君謂之恭, 陳善閉邪謂之敬, 吾

君不能謂之賊." 이에 대해 조기趙岐의 註에 "人臣之道, 當進君於善, 責難爲之事, 使君勉之."라고 했다.

- 영신(佞臣) : 간사하고 아첨하는 신하. '영신佞臣'과 같다.
  佞(아첨할 녕)

有安社稷臣者하니 以安社稷爲悅者也니라

"사직社稷을 안정시키는 신하가 있으니, 사직의 안정을 기쁨으로 여기는 자이다."

言大臣之計安社稷이 如小人之務悅其君하여 眷眷於此而不忘也라

사직社稷을 안정시키려는 계책이 마치 소인小人이 그 인군人君에게 용열容悅하는데 힘쓰는 것과 같아서, 여기에 권권眷眷하며 잊지 않음과 같다는 말이다.

주해

- 유안사직신(有安社稷臣) : 곧 충신을 말한다.
  "是立功之忠臣."(四書補註備旨)
- 권권(眷眷) : 뜻이 한결같은 모양. '일심일의一心一意'와 같다.
  眷(돌아볼 권)
  《삼국지三國志·오지吳志·오주전吳主傳》에 나온다. "是以眷眷, 勤求俊傑."
- 경원보씨慶源輔氏가 말했다. "此卽所謂天理人欲同行而異情也. 其眷眷不忘, 雖同而其情則異. 一則務爲容悅之私, 一則務安社稷以爲意也."(大全註疏)

【備旨】

等而上之면 有安社稷臣者하니 未安則思圖其安하고 旣安則思保其安하여 惟以計安社稷爲悅者也니 所謂安社稷臣者ㅣ如此니라

한 단계 올라가면 사직社稷을 안정시키는 신하가 있으니, 사직이 안정되지 않으면 곧 그 안정을 도모할 것을 생각하고, 이미 안정되면 곧 그 안정을 보전할 것을 생각한다. 오직 사직을 안정시키는 계책을 기쁨으로 삼는 자이니, 이른바 사직을 안정시키는 신하가 이와 같다.

주해

- 등이상지(等而上之) : 한 단계 올라가다. 곧 여기에서 한 단계 등급을 올린다는 뜻이다.
  송宋나라 주섭朱燮의 《혈재집絜齋集·고앙론高鞅論》에 나온다. "古者五家置比長, 等而上之, 爲閭, 爲旅, 爲黨, 皆置官焉." 絜(잴 혈)

有天民者하니 達可行於天下而後에 行之者也니라

"천민天民이 있으니, 사리에 통달하여 가히 천하에 행할만한 이후에 이를 행하는 자이다."

民者는 無位之稱이니 以其全盡天理하여 乃天之民이라 故로 謂之天民이라

必其道可行於天下 然後에 行之요 不然則寧沒世不見知而不悔하여 不肯小用其道以徇於人也니라
張子曰 必功覆斯民然後出이니 如伊呂之徒니라

'민民'은 지위가 없는 칭호이니, 그 천리天理를 온전히 다했기 때문에 이에 하늘의 백성이 되었다. 그러므로 이를 '천민天民'이라 말한다.

반드시 그 도가 천하에 행해질 수 있어야 이를 행하고, 그렇지 않으면 차라리 몰세沒世토록 알아주지 않아도 후회하지 않는다. 또한 그 도를 구차하게 쓰면서까지 남을 따르려고 하지 않는다.

장자張子 가로되 "반드시 공덕이 이 백성들을 덮은 이후에 출사出仕하니, 마치 은殷나라 이윤伊尹이나 주周은나라 여상呂尙과 같은 무리이다."

주해

- 천민(天民) : 하늘의 백성. 곧 천리를 깨친 자를 말한다.
  "天民乃先知先覺而全盡天理者."(四書補註備旨)
  운봉호씨雲峯胡氏가 말했다. "伊尹爲天民之先覺. 此則曰有天民者旨意不同. 盖前所謂天民者, 皆凜然於天均之爲天生之民. 此則以其全盡天理, 乃天之民也."(大全註疏)

【備旨】

進而求之면 有天民者하니 當其未行之先하여 必其達焉하여 可行其道於天下之君民而後에 行此道以事是君하고 治是民者也니 所謂天民者ㅣ如此니라

나아가 구하면 '천민天民'이 있으니, 그 도를 행하기 전에 반드시 그 사리에 통달하여, 그 도를 천하의 인군人君과 백성들에게 행할 만한 후

에 이 도를 행하며, 이 인군人君을 섬기고 이 백성을 다스리는 자이니, 이른바 천민天民이란 자가 이와 같다.

有大人者하니 正己而物正者也니라

"'대인大人'이 있으니, 자신을 바르게 하고 인군人君과 백성을 바르게 하는 자이다."

大人은 德盛而上下化之니 所謂見龍在田 天下文明者라 此章은 言人品不同이 略有四等하니 容悅佞臣不足言이요 安社稷則忠矣라 然이나 猶一國之士也요 天民則非一國之士矣라 然이나 猶有意也니 無意無必하여 惟其所在而物無不化는 惟聖者ㅣ能之니라

'대인大人'은 덕이 성대하여 위아래가 교화되니, 이른바 용이 나타나 밭에 있어 천하를 문화로 밝게 하는 자이다.

이 장章은 인품人品의 차등을 대략 네 개 등급으로 나눈 것이니, '용열容悅'과 '영신佞臣'은 말할 것이 없다. 사직社稷을 안정시키는 자는 충신忠臣이나, 그러나 일국一國의 선비에 불과하다. '천민天民'은 일국一國의 선비가 아니지만, 여전히 의도하는 바가 있다. 의도하지도 않고 기필하지도 않으면서 오직 그가 사는 곳에 교화되지 않은 인군人君과 백성이 없게 되는 것은 오직 성인이라야 능히 할 수 있다는 말이다.

주해

- 대인(大人) : 여기서는 성인聖人과 같은 뜻이다.

"大人, 卽聖人居大臣之位者."(四書補註備旨)

朱子가 말했다. "天民專指未得位者. 大人則其德已著."(大全註疏)

- "物字, 兼君民說."(四書補註備旨)
- 구산양씨龜山楊氏가 말했다. "物正物自正也. 大人只是正己而已, 若物之正, 何可必乎. 惟能正己, 物自然正. 此乃篤恭而天下平之意."(大全註疏)
- 경원보씨慶源輔氏가 말했다. "上謂君下謂民. 大人德盛, 故君民無不化. 大人一出, 而天下文明, 是聖人之事也."(大全註疏)

【備旨】

進而求之면 有大人者하니 其德旣盛하고 其化自神하여 但正其在己에 而上君下民이 物自然正者也라 蓋功安社稷이나 而無計安社稷之勞하고 道濟天下나 而無道在必行之意하니 此爲大人而已矣라 夫大人은 不易得也니 得天民而用之면 可以安天下矣요 得安社稷臣而用之면 則社稷이 猶有賴矣니 彼事君人者ㅣ幾何而不敗乃國家也로다 爲臣者ㅣ固當知所戒요 而用臣者ㅣ亦當知所擇哉인저

나아가 구하면 대인大人이 있으니, 그 덕이 이미 성대하고 그 교화가 저절로 신묘하다. 다만 바로잡음이 그 자신에게 있으니, 위로 인군人君과 아래로 백성이라는 만물이 저절로 바르게 되는 것이다.

대개 사직을 안정시킨 공덕이 있으나 사직을 안정시키려고 하는 수고로움이 없고, 천하를 구제한 도덕이 있으나 반드시 행해야 하겠다는 의도가 없으니, 이는 대인大人이 될 뿐이다.

무릇 대인大人은 쉽게 얻을 수 없으니, 천민天民을 얻어 등용하면 천하를 안정시킬 수 있다. 사직을 안정시킬 수 있는 신하를 얻어 등용하

면 사직社稷이 자뢰할 수 있으니, 저 용열容悅하게 인군人君을 섬기는 자가 약간 있더라도 그대 나라를 망하게 할 수 없을 것이다.

신하된 자가 진실로 마땅히 경계해야 할 바를 알고, 신하를 쓰는 자가 또한 마땅히 가려서 쓸 지를 알아야 할 것이다.

주해

- 기하(幾何) : 얼마간. '약간若干'·'다소多少'와 같다.
- 내(乃) : 너. 그.

[13·20]

孟子曰 君子有三樂 而王天下ㅣ不與存焉이니라

맹자 가라사대 "군자에게 세 가지 즐거움이 있으나, 천하에 왕 노릇 하는 것은 그 속에 들지 않는다."

주해

- "有字重. 三樂原是固有的."(四書補註備旨)
- "王天下, 只是有天下, 不是王道之成."(四書補註備旨)

【備旨】

孟子ㅣ明性分之樂曰 人皆知以王天下爲可樂하고 不知君子有三者可樂之事하나니 而王天下之樂은 不與存於其間焉이니라

맹자께서 성분性分의 즐거움을 밝혀 가라사대 "사람들은 모두 천하에 왕 노릇하는 것이 즐거운 줄은 알지만, 군자에게 세 가지 즐거운 일이 있다는 것은 알지 못하니, 천하에 왕 노릇하는 즐거움은 그 속에 들지 않는다."

父母俱存하며 兄弟ㅣ無故ㅣ一樂也요

"부모가 모두 살아 계시며 형제들이 무탈하니, 이것이 첫 번째 즐거움이요."

此는 人所深願而不可必得者어늘 今旣得之면 其樂을 可知니라

이는 사람들이 크게 원하는 바이나 반드시 얻을 수 있는 것이 아니거늘, 이제 이미 얻었다면 그 즐거움을 알 수 있다.

주해

- "俱存是皆在. 無故是無不幸之事."(四書補註備旨)

【備旨】

何言乎三樂也오 人處親長之間에 每難適遭其幸者어늘 今父母ㅣ幸而俱存하며 兄弟ㅣ幸而無故면 則天倫無虧하여 而吾致孝致友之心을 得以自盡矣라 此樂之得於天者也니 一樂也요

무엇을 삼락三樂이라 말하는가? 사람이 어버이와 형장兄長 사이에 살면서 매번 그 행운을 만나기 어렵거늘, 지금 부모가 다행히 모두 살아 계시고, 형제들이 다행히 불행한 일이 없으면, 천륜天倫에 어긋남이 없어 효를 다하고 우애를 다하는 내 마음을 스스로 다할 수 있다. 이러한 즐거움은 하늘에서 얻는 것이니, 첫 번째 즐거움이다.

주해

- 적조(適遭) : 만나다. '적適'은 '우遇'와 같다. 適(만날 적) 遭(만날 조)
- 虧(이지러질 휴)

仰不愧於天하며 俯不怍於人이 二樂也요

"우러러 하늘에 부끄럽지 아니하고, 굽어 사람들에게 부끄럽지 아니하니, 이것이 두 번째 즐거움이요."

程子曰 人能克己면 則仰不愧 俯不怍하여 心廣體胖하니 其樂을 可知라 有息則餒矣니라

정자程子 가로되 "사람이 능히 자신의 사욕을 이기면 우러러 부끄럽지 아니하고 굽어보아 부끄럽지 아니하여 심광체반心廣體胖하니 그 즐거움을 알 수 있다. 그러나 멈추면 시들게 된다."

주해

- "不愧全天之理. 不怍盡人之道."(四書補註備旨)
  愧(부끄러워할 괴) 怍(부끄러워할 작)
- 신안진씨新安陳氏가 말했다. "本文無克己之意. 此程子推原所以能不愧不怍之由, 而示人以其要也. 人所以俯仰不愧不怍, 累於己私耳. 克去己私則不愧

於心, 所以仰不愧於天俯不怍於人. 心廣體胖之樂, 不期其然而然矣."(大全註疏)

● 심광체반(心廣體胖) : '심관체반心寬體胖'과 같다. 마음이 넓어지고 몸이 펴지다. 胖(넓을 반)

《예기禮記·대학大學》에 나온다. "富潤屋, 德潤身, 心廣體胖, 故君子必誠其意." 이에 대해 주희朱熹의 《사서집주四書集註》에 "心無愧怍, 則廣大寬平, 而體常舒泰."라고 했다.

【備旨】

人處天人之間에 每難得其盡合者어늘 今己私旣克하고 天理旣復하여 仰則全天之理하여 不愧於天하며 俯則盡人之道하여 不怍於人이면 則內省不疚하여 浩然其自得矣라 此樂之裕於己者也니 二樂也요

사람이 하늘과 사람 사이에 살면서 매번 그 뜻에 부합되기가 어렵다. 이제 자기의 사욕을 이미 극복하고 천리天理를 이미 회복하여, 우러러 하늘의 이치를 온전히 하여 하늘에 부끄럽지 아니하고, 굽어 사람의 도를 다하여 사람에게 부끄럽지 아니하면, 내면의 성찰이 흠이 없어 호연浩然히 그 자득自得할 것이다. 이는 즐거움이 자기에게 넉넉한 것이니 이것이 두 번째 즐거움이요.

주해

● 내성불구(內省不疚) : 자신의 내면을 살펴서 부끄러움이 없다.

疚(오랜 병 구)

《논어論語·안연顔淵》에 나온다. "內省不疚, 夫何憂何懼?"

得天下英才而教育之ㅣ三樂也니

"천하 영재를 얻어 교육하니, 이것이 세 번째 즐거움이다."

盡得一世明睿之才 而以所樂乎己者로 敎而養之면 則斯道之傳을 得之者ㅣ衆 하여 而天下後世ㅣ將無不被其澤矣리라 聖人之心所願欲者ㅣ莫大於此어늘 今旣得之면 其樂이 爲何如哉오

일세一世의 영명하고 지혜로운 인재를 모두 얻어 사신이 즐겁게 여기는 바로써 그들을 가르치고 기른다면 이 도를 전해 받아 체득한 자가 많아져서, 천하 후세가 장차 그 은택을 입지 않은 자가 없을 것이다. 성인이 마음으로 원하고 바라는 바가 이 보다 큰 것이 없거늘, 이제 이미 얻었다면 그 즐거움이 어떠하겠는가?

주해

- 경원보씨慶源輔氏가 말했다. "此樂與朋自遠來之樂, 同而有大焉."(大全註疏)
- 신안진씨新安陳氏가 말했다. "朋自遠來, 其言平而易. 遂得天下英才, 其言高而難必."(大全註疏)
- 叡(밝을 예)

【備旨】

人才難得하고 斯道易孤하여 成物之心이 多不能自遂者어늘 今盡得天下之英才하여 以所樂乎己者로 敎而育之면 則斯道之傳를 得之者ㅣ衆矣리라 此樂之公於人者也니 三樂也니라

인재는 얻기 어렵고 사도斯道는 쉽게 고립되어 성물成物의 마음을 대부분 능히 스스로 이루지 못하거늘, 이제 천하의 영재英才를 모두 얻어 자신이 즐거워하는 바를 그에게 가르쳐 기른다면, 사도斯道가 전한 것을 체득한 자가 많을 것이다. 이는 즐거움이 사람들에게 공유된 것이니, 바로 세 번째 즐거움이다.

주해

- 사도(斯道) : 유가儒家에서 유학儒學의 도리를 이르는 말.
- 성기성물(成己成物) : 자신으로 말미암아 사물에 미치다.
  《예기禮記·중용中庸》에 나온다. "誠者, 非自成己而已也, 所以成物也. 成己, 仁也. 成物, 知也. 性之德也, 合內外之道也." 이에 대해 공영달孔穎達 소疏에 "言人有至誠, 非但自成就己身而已, 又能成就外物."이라 했다.

君子有三樂 而王天下不與存焉이니라

"군자에게 세 가지 즐거움이 있으나 천하에 왕 노릇하는 것은 그 속에 들지 않는다."

林氏曰 此三樂者는 一係於天하고 一係於人이요 其可以自致者는 惟不愧不怍而已니 學者ㅣ可不勉哉아

임씨 가로되 "이 세 가지 즐거움은 하나같이 하늘에 관계되고 하나같이 사람에게 관계된다. 그 스스로 이룰 수 있는 것은 오직 우러러 하늘에 부끄럽지 않고 굽어 사람에게 부끄럽지 않게 할 뿐이니, 배우는 자가 가히 힘쓰지 않겠는가?"

주해

● 남헌장씨南軒張氏가 말했다. "三樂之中, 仰不愧俯不怍, 其本歟. 蓋不愧不怍在我, 可得而勉者也. 使吾胸中多所愧怍, 則雖處父母兄弟之間, 固亦不得而樂其樂也. 所以教育天下之英才者, 是吾之不愧不怍者也. 自不能無愧怍, 則雖得英才, 亦何以爲教而有此樂哉."(大全註疏)

【備旨】

是君子之所樂者는 或以盡倫이요 或以盡性이요 或以盡物이라 皆性分之樂也니 彼王天下者ㅣ烏足以語此리오 故로 曰君子有三樂 而王天下ㅣ不與存焉이라

이 군자가 즐거워하는 바는 혹은 인륜을 다하고, 혹은 본성을 다하고, 혹은 만물을 다한 것이다. 모두 성분性分의 즐거움이니, 저 천하에 왕 노릇하는 자가 어찌 이를 말할 수 있겠는가? 그러므로 '군자에게 세 가지 즐거움이 있으나 천하에 왕 노릇하는 것은 그 안에 들지 않는다'고 말한 것이다.

주해

● 烏(어찌 오)

[13·21]

孟子曰 廣土衆民을 君子ㅣ欲之나 所樂은 不存焉이니라

맹자 가라사대 "광대한 영토와 수많은 백성을 군자가 원하지만, 즐거워하는 바는 그 안에 있지 않다."

地闢民聚하여 澤可遠施라 故로 君子ㅣ欲之나 然이나 未足以爲樂也니라

땅을 개간되고 백성이 모여들면 은택을 멀리 베풀 수 있다. 그러므로 군자가 이를 원하지만, 그러나 즐거움이 되기에는 부족하다.

【備旨】

孟子ㅣ明所性之重曰 天下有勢하고 分有性分 而內外輕重이 別乎其間矣니 如廣土衆民하여 澤可遠施는 君子ㅣ欲之나 然이나 所及猶有限하여 而所樂은 不存於此焉하나니 此其所樂이 出於所欲之外也니라

맹자께서 본성의 중요함을 밝혀 가라사대 "천하에 형세가 있고, 분수에 성분性分이 있으니 내외의 경중輕重이 그 사이에서 구별된다.

만약 광대한 국토와 수많은 백성이 모여들어 은택을 멀리 베풀 수 있는 것을 군자가 원하지만, 그러나 미치는 바가 오히려 한계가 있어 즐거워하는 바는 여기에 있지 않다. 이는 그 즐거워하는 것이 원하는 바의 밖에서 나온 것이다."

中天下而立하여 定四海之民을 君子ㅣ樂之나 所性은 不存焉이니라

"천하의 중심에 서서 사해四海의 백성을 안정시키는 일을 군자가 즐거워하나 본성은 그 안에 있지 않다."

其道大行하여 無一夫不被其澤이라 故로 君子ㅣ樂之나 然이나 其所得於天者는 則不在是也니라

그 道를 크게 행하여 일부一夫라도 그 은택을 입지 않은 자가 없다. 그러므로 군자가 이를 즐거워한다. 그러나 그 하늘에서 얻은 본성은 그 안에 있지 않다.

주해

- "性是所得於己者, 無待於外也."(四書補註備旨)
- 주자朱子가 말했다. "此君子是通聖人而言."(大全註疏)
- 경원보씨慶源輔氏가 말했다. "二者皆施仁之事. 但有一國與天下之辨. 故所欲未足以爲樂. 至於樂則博施濟衆, 聖人之事也. 所欲極於所樂, 故亦非性外事. 但於吾性所受之全體, 則初無增損也."(大全註疏)

【備旨】

> 若夫中天下而立하여 作君作帥하고 定四海之民하여 以教以養이면 則仁之所施者ㅣ博하여 君子ㅣ樂之矣라 然이나 所性은 不存於此焉하나니 此其所性이 出於所樂之外也니라

예를 들어 천하의 중심에 서서 인군人君이 되고 장수가 되어 사해四海의 백성을 안정시켜 가르치고 기른다면, 인仁을 베푸는 것이 광박廣博하여 군자가 이를 즐거워한다. 그러나 본성은 이 안에 들지 아니하니, 이는 그 타고난 본성이 즐거워하는 바의 밖에서 나온 것이다.

君子所性은 雖大行이나 不加焉이며 雖窮居나 不損焉이니 分定故也니라

"군자가 타고난 본성은 비록 크게 행하여도 더할 것이 없으며, 비록 곤궁하게 살아도 손상되지 않으니, 이는 분수가 정해져 있기 때문이다."

分者는 所得於天之全體라 故로 不以窮達而有異니라

분수는 하늘로부터 부여받은 전체이다. 그러므로 곤궁과 영달 때문에 달라지지 않는다.

주해

- "大行指得所樂. 不可是此性無所增損."(四書補註備旨)
- "窮居指幷不得所欲. 不損是此性無所虧減."(四書補註備旨)

【備旨】

夫君子所性은 是生來承受者니 雖所樂을 得而大行也나 而不爲之加焉이며 雖所欲을 亦失而窮居也나 而不爲之損焉이니 何則고 分之得於天者ㅣ本一定하여 而不可易라 故로 不以窮達 而有加損焉이니라

무릇 군자의 본성은 이는 태어나면서부터 이어받은 것이니, 비록 즐거워하는 바를 얻어 크게 행하나 이 때문에 더할 것이 없으며, 비록 원하는 바를 또한 잃고서 곤궁하게 살지만 이 때문에 손상되지 않으

니 이는 무엇 때문인가? 하늘로부터 얻은 분수는 본래 일정하여 바꿀 수가 없기 때문에 곤궁과 영달 때문에 더하거나 손상되지 않는다.

주해

- 승수(承受) : 이어받다. 계승하다.
《좌전左傳·은공8년隱公八年》條에 나온다. "寡君聞命矣, 敢不承受君之明德."

君子所性은 仁義禮智ㅣ根於心이라 其生色也ㅣ睟然見於面하며 盎於背하며 施於四體하여 四體ㅣ不言而喩니라

"군자의 본성은 인의예지仁義禮智가 마음에 뿌리내리고 있기 때문에, 그것이 밖으로 드러날 때는 수연睟然히 얼굴에 드러나고 등에 넘쳐흐르며 온몸에 펴져서, 온몸이 비록 말하지 않아도 저절로 깨달아 움직인다."

上言所性之分이 與所欲所樂이 不同하고 此乃言其蘊也라 仁義禮智는 性之四德也라 根은 本也라 生은 發見也라 睟然은 淸和潤澤之貌요 盎은 豐厚盈溢之意라 施於四體는 謂見於動作威儀之閒也라 喩는 曉也니 四體不言而喩는 言四體不待吾言 而自能曉吾意也라

蓋氣稟淸明하여 無物欲之累면 則性之四德이 根本於心하니 其積之盛이면 則發而著見於外者ㅣ不待言而無不順也니라

程子曰 睟面盎背는 皆積盛致然이니 四體不言而喩는 惟有德者ㅣ能之니라

此章은 言君子ㅣ固欲其道之大行이나 然이나 其所得於天者는 則不以是而有所加損也니라

위에서는 본성의 분수가 원하는 바와 즐거워하는 바와 다름을 말했고, 여기서는 그 온축된 내용을 말했다.

'인의예지仁義禮智'는 본성의 사덕四德이다. '근根'은 근본이다. '생生'은 발현이다. '수연睟然'은 청화淸和하고 윤택潤澤한 모양이다. '앙盎'은 풍성하고 두터우며 차고 넘친다는 뜻이다. '사체四體에 베풀어진다'는 것은 동작이나 예의범절의 사이에 나타난다는 뜻이다. '유喩'는 깨달음이니, '온몸이 비록 말하지 않아도 저절로 깨달아 움직인다'는 것은 사체四體가 내 말을 기다리지 않고도 스스로 내 뜻을 알 수 있다는 말이다.

대개 기품氣稟이 청명淸明하여 물욕의 가림이 없으면 본성의 사덕四德이 마음에 뿌리를 두고 그것이 성대하게 쌓이면, 발하여 밖으로 드러난 것이 말을 기다리지 않아도 순리대로 되지 않음이 없다.

정자程子 가로되 "수면앙배睟面盎背'는 모두 크게 쌓이고 넘쳐서 그렇게 된 것이니, '사체불언이유四體不言而喩'는 오직 덕이 있는 자만이 할 수 있는 일이다."

이 장章은 군자가 진실로 그 도를 크게 행하고자 하나, 그러나 그 하늘에서 얻은 본성과 천리는 이 때문에 더하거나 손상되지 않는다는 말이다.

주해

- 수연(睟然) : 따뜻하고 윤택한 모양. 睟(윤택할 수)
  송宋나라 소철蘇轍의 〈류응지둔전애사劉凝之屯田哀辭〉에 나온다. "其容睟然以溫, 其言肅然以厲."
- 수면앙배(睟面盎背) : 수양修養이 높은 경지에 도달하여 마음에 뿌리박고 있는 인의예지仁義禮智가 윤택하게 얼굴에 드러나고 등에 충만한 것을 말한다. 盎(성할 앙)

● 신안진씨新安陳氏가 말했다. "順謂順其則也. 當玩味根字生字. 其根深則其積盛, 其積盛則其生發, 其不可遏矣."(大全註疏)

【備旨】

且以君子所性之蘊으로 言之컨대 彼仁義禮智ㅣ皆人所固有之性也로되 惟君子氣禀清明하여 無物欲之累면 擧仁義禮智之四德이 根本於一心之中하여 植立堅固하여 有不可得而搖奪者矣라
由是로 積中發外하여 其生色也ㅣ睟然清和하여 潤澤之見於面은 皆四德之發呈也요 盎然豊厚하여 盈溢之形於背는 皆四德之凝重也요 施於四體動作威儀之間하여 而四體ㅣ皆從心所欲이니 動皆中則하여 不待言而自喩吾意는 皆四德之默順也라
君子ㅣ所性之蘊이 如此하니 豈窮達之所得 而加損哉리오 而所欲所樂은 信乎不足以語此矣니라

또한 군자의 온축된 본성으로 말하건대, 저 인의예지仁義禮智는 모두 사람의 고유한 본성이나, 오직 군자의 기품氣禀이 청명淸明하여 물욕物欲의 가림이 없으면, 인의예지仁義禮智의 모든 사덕四德이 한 마음의 가운데 뿌리를 내려 견고히 세워져서 가히 요탈搖奪할 수가 없다.

이로 말미암아 안에 쌓인 것이 밖으로 드러나고 그 밝은 빛이 수연睟然히 청화淸和하여 윤택潤澤이 얼굴에 보이는 것은 모두 사덕四德이 발현된 것이요, 앙연盎然히 풍성하고 두터우며 등에 차고 넘치는 것은 모두 사덕四德이 응중凝重한 것이요, 사체四體의 동작과 예의범절 사이에 드러나 사체四體가 모두 마음이 원하는 바를 따르니, 움직이면 모두

법도에 맞아 말을 기다리지 않고도 저절로 내 뜻을 아는 것은 모두 사덕四德을 묵묵히 따르기 때문이다.

군자의 온축된 본성이 이와 같으니, 어찌 곤궁과 영달 때문에 더하고 덜함이 있겠는가? 원하는 바와 즐거워하는 바는 진실로 여기에서 말할 것이 없다.

주해

- 요탈(搖奪) : 외부 요인에 의해 마음이 흔들리거나 변함.
  搖(흔들릴 요) 奪(빼앗을 탈)
  명明나라 이지李贄의 〈답이견라선생서答李見羅先生書〉에 나온다. "聰明蓋世, 剛健篤生, 卓然不爲千聖所搖奪者, 未可遽以與我共學此也."
- 응중(凝重) : 장중莊重하다. 단장端莊하다. 凝(엉길 응)

[13·22]

孟子曰 伯夷ㅣ辟紂하여 居北海之濱이러니 聞文王作하고 興曰 盍歸乎來리오 吾聞西伯은 善養老者라하고 太公辟紂하여 居東海之濱이러니 聞文王作하고 興曰 盍歸乎來리오 吾聞西伯은 善養老者라하니 天下에 有善養老 則仁人이 以爲己歸矣리라

맹자 가라사대 "백이伯夷가 주왕紂王을 피하여 북해의 바닷가에 살았는데, 문왕文王이 일어났다는 말을 듣고 분발하여 가로되 '어찌 문왕에게 돌아가지 않겠는가? 내 듣건대 서백西伯은 노인을 잘 부양한다

고 한다.' 라고 하였다. 태공太公이 주왕紂王을 피하여 동해의 바닷가에 살았는데, 문왕文王이 일어났다는 말을 듣고 분발하여 가로되 '어찌 문왕에게 돌아가지 않겠는가? 내 듣건대 서백西伯은 노인을 잘 부양한다고 한다.' 라고 하였다. 천하에 노인을 잘 부양하는 자가 있으면, 인인仁人들이 자신이 돌아갈 곳으로 삼을 것이다."

己歸는 謂己之所歸라
餘見前篇하니라

'기귀己歸'는 자신이 돌아가 살 곳을 이른다.
나머지는 전편에 보인다.

주해

- 합(盍) : 어찌 ~하지 않겠는가? '하불何不'과 같다. 盍(어찌 아니할 합)
- 신안진씨新安陳氏가 말했다. "仁人指伯夷太公. 前篇以爲大老, 此以爲仁人. 達尊三, 齒德居其二. 大老以齒言, 仁人以德言也."(大全註疏)

【備旨】

孟子ㅣ望人君行養老之政曰 人君爲政은 莫不欲人之歸我也나 然이나 未有仁政不行而能得人來歸者也라 以文王之事로 觀之컨대 伯夷ㅣ辟紂하여 隱居北海之濱이러니 聞文王起爲西伯하고 乃奮然興曰 盍歸乎來리오 吾聞西伯은 發政施仁하여 善養老者라하고 太公이 辟紂하여 居東海之濱이러니 聞文王起爲西伯하고 乃奮然興曰 盍歸乎來리오 吾聞西伯은 發政施仁하여 善養老

者라하니 夫伯夷太公은 固天下之仁人 而歸文王如此하니 今天下之君이 有能善養老를 如文王이면 則仁人이 皆翕然以爲己歸矣리라

맹자께서 인군人君이 노인을 부양하는 정사政事를 펼칠 것을 바라시고 가라사대 "인군人君이 정사政事를 다스림은 사람들이 자신에게 귀의할 것을 바라지 않음이 없다. 그러나 인정仁政을 행하지 않고 사람들이 귀의하도록 할 수 있는 자는 없다.

문왕文王의 일로써 살피건대, 백이伯夷가 주왕紂王을 피해 북해의 바닷가에 은거隱居하였는데, 문왕文王이 일어나 서백西伯이 되었다는 소식을 듣고 분연奮然히 일어나 말하기를 '어찌 문왕에게 돌아가지 않겠는가? 내 듣건대 문왕은 인정仁政을 베풀어 노인을 잘 부양한다고 한다'라고 하였다.

태공太公이 주왕紂王을 피해 동해의 바닷가에 살고 있었는데, 문왕文王이 일어나 서백西伯이 되었다는 소식을 듣고 이에 분연奮然히 일어나 말하기를 '어찌 문왕에게 돌아가지 않겠는가? 내 듣건대 서백西伯은 인정仁政을 베풀어 노인을 잘 부양한다고 한다'라고 하였다.

무릇 백이와 태공은 진실로 천하의 인인仁人이나 문왕文王에게 돌아가는 것이 이와 같았다. 지금 천하의 인군人君들이 능히 노인을 잘 부양하는 것을 문왕文王과 같이 한다면, 인인仁人들이 모두 흡연翕然히 자신이 돌아갈 곳으로 삼을 것이다."

주해

- 흡연(翕然) : 일제히 칭송하다. 화순和順한 모양. 翕(합할 흡)
  송宋나라 소식蘇軾의 〈범경인묘지명范景仁墓志銘〉에 나온다. "及論熙寧新法, 與王安石呂惠卿辯論, 至廢黜不用, 然後天下翕然師尊之."
  黜(물리칠 출)

五畝之宅에 樹牆下以桑하여 匹婦ㅣ蠶之 則老者ㅣ足以衣帛矣며 五母雞와 二母彘를 無失其時면 老者ㅣ足以無失肉矣며 百畝之田을 匹夫ㅣ耕之면 八口之家ㅣ足以無飢矣리라

"다섯 이랑의 토지를 소유한 집에서 담장 아래 뽕나무를 심고 필부匹婦가 누에를 치면, 노인이 비단옷을 입을 수 있다. 다섯 마리의 암탉과 두 마리의 어미돼지가 새끼 낳을 때를 잃지 않으면, 노인이 고기 먹을 때를 놓치지 않는다. 백 이랑의 토지를 필부匹夫가 경작하면, 여덟 식구가 사는 집안이 굶주리지 않을 것이다."

此는 文王之政也라
一家養母雞五 母彘二也라
餘見前篇하니라

이는 문왕文王의 정사政事이다.
한 집에서 암탉 다섯 마리와 어미돼지 두 마리를 기른다.
나머지는 전편에 보인다.

주해

- "桑爲蠶計也. 蠶爲帛計也."(四書補註備旨) 蠶(누에 잠)
- 彘(돼지 체)

【備旨】

文王이 所以致仁人之來歸者는 亦以其善養老耳니 試以文王治岐之政으로 言之컨대 匹婦ㅣ不蠶이면 無以衣老也라 於是에 一夫ㅣ授以五畝之宅하여 而墻下에 樹之以桑하여 使匹婦蠶之면 則帛有所出 而老者ㅣ足以衣帛矣요 畜養不時면 無以養老也라 於是에 五母雞二母彘焉하여 而無失其孕子之時면 則肉有所出 而老者ㅣ足以無失肉也요 一夫ㅣ不耕이면 或受之飢하여 無以事老也라 於是에 授以私田百畝하여 使匹夫耕之면 則粒食有所出 而八口之家ㅣ可以無飢矣리니 此文王治岐之政也니라

문왕文王이 인인仁人을 자신에게 돌아오게 만든 바는 또한 그 노인을 잘 부양했기 때문이다.

시험 삼아 문왕이 기산岐山을 다스린 정사政事로써 말하건대, 필부匹婦가 누에를 치지 않으면 노인에게 비단옷을 입게 할 수 없으니, 이에 일부一夫의 집에 다섯 이랑의 토지를 주어 담장 아래에 뽕나무를 심고 필부匹婦에게 누에를 치게 하면 비단을 생산하여 노인들이 비단옷을 입을 수 있다.

때에 맞춰 가축을 기르지 않으면 노인을 봉양할 수 없으니, 이에 다섯 마리의 암탉과 두 마리의 어미돼지를 기르되 새끼 낳는 때를 잃게 하지 않으면 고기가 생산되어 노인들이 고기를 먹을 수 있다.

일부一夫가 경작하지 않으면 혹 굶주리게 되어 노인을 모실 수 없으니, 이에 사전私田 백 이랑을 주어 필부匹夫에게 농사를 짓게 하면 곡식이 생산되어 한 집안 여덟 식구가 굶주림을 면할 수 있으니, 이것이

바로 문왕文王이 기산岐山을 다스린 정사政事이다.

주해

● 잉자(孕字) : 회임懷妊하다. 새끼를 낳아 기르다.
孕(아이 밸 잉) 字(아이 밸 자)
《주역周易·둔괘屯卦》에 나온다. "女子貞不字, 十年乃字." 이에 대해 왕인지王引之의 《경의술문經義述聞·주역상周易上》에 "《廣雅》 曰 '字、乳, 生也.'……《易》 曰 '女子貞不字.' 然則不生謂之不字. 必不孕而後不生, 故不字亦兼不孕言之."라고 풀이했다.

所謂西伯이 善養老者는 制其田里하여 敎之樹畜(휵)하고 導其妻子하여 使養其老니 五十에 非帛不煖하고 七十에 非肉不飽하나니 不煖不飽를 謂之凍餒니 文王之民이 無凍餒之老者는 此之謂也니라

"이른바 서백西伯이 노인을 잘 부양했다는 것은 그 전리田里를 제정하여 곡식을 심고 가축 기르는 것을 가르치며, 그 처자를 인도하여 하여금 노인을 봉양하게 하니, 나이 오십 세에 비단옷이 아니면 따뜻하지 못하고, 나이 칠십 세에 고기가 아니면 배부르지 못하니, 따뜻하지 못하고 배부르지 못한 것을 '동뇌凍餒'라고 한다. 문왕文王의 백성 중에 동뇌凍餒한 노인이 없다는 것은 이를 두고 한 말이다."

田은 謂百畝之田이요 里는 謂五畝之宅이라 樹는 謂耕桑이요 畜는 謂雞彘也라

趙氏曰 善養老者는 教導之하여 使可以養其老耳요 非家賜而人益之也니라

'전田'은 백 이랑의 토지를 말하고, '리里'는 다섯 이랑의 집을 말한다. '수樹'는 밭 갈고 뽕나무를 심는다는 말이고, '휵畜'은 닭과 돼지를 기르는 것이다.

조씨 가로되 "노인을 잘 부양한다는 것은 가르치고 인도하여 그 노인을 부양하게 할 뿐이요, 집에 재물을 하사하고 남이 보태준다는 것이 아니다."

주해

- "五十血氣始衰, 故須衣帛."(四書補註備旨)
- "七十血氣已衰, 故須食肉."(四書補註備旨)
- "凍屬不爛, 餧屬不飽."(四書補註備旨) 餧(주릴 뇌)
- 남헌장씨南軒張氏가 말했다. "以伯夷太公之事觀之, 則知天下有善養老者, 則仁人必歸之. 蓋善養, 則其仁心之所存仁政之所行, 可知矣."(大全註疏)

【備旨】

由文王治岐之政으로 觀之면 則當時伯夷太公이 所謂西伯善養老者ㅣ豈家賜 而人益之哉아 亦惟制其百畝之田 五畝之宅하여 教之樹以蠶桑하고 畜以雞彘며 導其民之妻子하여 使因所出之肉帛하여 以供老者之衣食而已니 所以然者는 蓋以五十血氣始衰하여 非衣帛則不煖이요 七十血氣旣衰하여 非食肉則不飽하나니 若使之不煖不飽면 則謂之凍餧니 而老者ㅣ始失其養矣라 文王之民이 皆遂飽煖之願 而無凍餧之老者는 惟此制田

里하여 教樹畜하며 導妻子하여 使養其老之謂也니 今天下有師文王者焉이면 則仁人이 以爲己歸를 又奚疑乎리오

문왕文王이 기산岐山을 다스린 정사政事로 말미암아 살피건대, 당시 백이伯夷와 태공太公이 말한 서백西伯이 노인을 잘 부양했다는 것이 어찌 집에 재물을 하사하고 남이 보태준다는 것이겠는가? 또한 오직 그 백 이랑의 전田과 다섯 이랑의 집을 제정하여 누에용 뽕나무를 심고 닭과 돼지를 기르도록 가르치며, 그 백성들의 처자를 인도하여 소출한 고기와 비단으로 노인들의 비단옷과 먹을 것을 제공하게 할 뿐이다.

그러한 까닭은 대개 나이 오십 세에 혈기가 비로소 쇠하여 비단옷을 입지 않으면 따뜻하지 못하고, 나이 칠십 세에 혈기가 이미 쇠하여 고기를 먹지 않으면 배부르지 못하기 때문이다. 가사 그들이 따뜻하지 못하고 배부르지 못하면 이것을 일러 동뇌凍餒라고 말하니, 노인들이 애초에 그 부양을 잃은 것이다.

문왕文王의 백성들이 모두 배불리 먹고 따뜻하게 옷입는 소원을 이루어 동뇌凍餒하는 노인이 없게 된 것은, 오직 이 전리田里를 제정하여 뽕나무를 심고 가축을 기르도록 가르치며, 처자를 인도하여 그 노인을 부양하게 했다는 말이다. 이제 천하에 문왕文王을 스승으로 삼는 자가 있다면, 인인仁人이 자신이 돌아갈 곳으로 삼는 것을 또한 어찌 의심하겠는가?

주해

- 약사(若使) : 가사假使. 가여假如.
  《안자춘추晏子春秋·외편상2外篇上二》에 나온다. "若使古之王者毋知有死, 自昔先君太公至今尙在, 而君亦安得此國而哀之?"

● 정명(貞明) : 해와 달이 정상적인 궤도를 운행하면서 항상 밝음을 유지하는 것을 말한다.
《주역周易·계사하系辭下》에 나온다. "日月之道, 貞明者也." 이에 대해 공영달孔穎達의 소疏에 "言日月照臨之道, 以貞正得一而爲明也."라고 했다.

流水之爲物也ㅣ不盈科면 不行하나니 君子之志於道也에도 不成章이면 不達이니라

"흐르는 물의 속성은 웅덩이를 채우지 않으면 계속 흘러가지 않는다. 군자가 성인聖人의 道에 뜻을 두었으니, 일정한 정도에 이르지 못하면 깨달을 수 없다."

言學當以漸이라야 乃能至也라
成章은 所積者ㅣ厚 而文章外見也라 達者는 足於此而通於彼也라
此章은 言聖人之道ㅣ大而有本하니 學之者ㅣ必以其漸이라야 乃能至也라

배움은 마땅히 점차적으로 나아가야 이를 수 있다고 말한 것이다. '성장成章'은 쌓은 바가 두터워서 문장文章이 겉으로 드러나는 것이다. '달達'은 여기에 넉넉해져 저기로 통하는 것이다.

이 장은 성인聖人의 道가 크고 근본이 있으니, 이를 배우는 자가 반드시 그 점차적으로 나아가야 이에 능히 이를 수 있다고 말한 것이다.

주해

● 성장(成章) : 사물이 일정한 단계에 이르러 일정한 규모를 갖추는 것을 말

한다. 《설문說文》에 "樂竟爲一章."이라 했다.
《주역周易·설괘說卦》에 나온다. "故易六位而成章."
"成章乃隨地位而言, 不是工夫字."(四書補註備旨)

- 영과(盈科) : 웅덩이를 채우다. '과科'는 '감坎'과 같다.
科(웅덩이 과) 坎(구덩이 감)
"盈是滿. 科是坎."(四書補註備旨)
신안진씨新安陳氏가 말했다. "盈科而後進, 已見前篇. 盈而行者, 溢於此而流於彼也."(大全註疏)

【備旨】

聖人之道는 固大而有本矣니 欲學聖人者ㅣ豈一蹴所能至哉리오 彼流水之爲物也ㅣ必盈科而後進하며 不盈科則不行하나니 蓋足此라야 斯可以通彼리니 在水猶有然者온 而況於志道者乎아
君子之志於聖道也ㅣ必篤實光輝而後에 道可達也니 苟功積未久하여 不能造於成章之地면 必不能上達於聖人之域矣라 然則有志於聖道者ㅣ愼無以欲速之心 躐等之功을 求之可也니라

성인聖人의 道는 진실로 크고 근본이 있으니, 성인聖人을 배우고자 하는 자가 어찌 쉽게 이를 수 있겠는가?

저 흘러가는 물의 속성은 반드시 웅덩이를 채운 이후에 계속 흘러가며, 웅덩이를 채우지 못하면 흘러가지 않는다. 대개 이곳을 충족시켜야만 이에 저곳을 이해할 수 있으니, 사물에 있어서도 오히려 그러한데 하물며 道에 뜻을 둔 자에 있어서랴.

군자가 성도聖道에 뜻을 둔 것이 반드시 독실하고 빛이 난 이후에 그 道에 도달할 수 있으니, 진실로 공을 오래도록 쌓지 못하고 성

장成章의 자리에도 나아가지 못하면, 반드시 위로 성인의 경지에 이르지 못할 것이다.

그러므로 성인의 도에 뜻을 둔 자는 삼가서 빨리 이루려는 마음과 단계를 뛰어넘는 공부가 없기를 구하는 것이 옳다.

주해

- 일축(一蹴) : 일거족一擧足. 일축이취一蹴而就. 한 발만 밟으면 일이 성사되다. 곧 매우 가볍게 일이 성사되는 것을 비유한 말이다.
  '축蹴'은 '답踏'과 같다. 蹴(밟을 축)
  《남사南史·유우전劉瑀傳》에 나온다. "一蹙自造青雲, 何至與駑馬爭路?"
  송宋나라 소순蘇洵의 〈상전추밀서上田樞密書〉에 나온다. "天下之學者, 孰不欲一蹴而造聖人之域."
- 욕속(欲速) : 욕속부달欲速不達. 급히 서두르다가 오히려 목적을 이루지 못함.
  《논어論語·자로子路》에 나온다. "無欲速, 無見小利. 欲速則不達, 見小利則大事不成."
- 엽등(獵等) : 순서나 등급을 건너뛰어 올라감. 獵(넘을 렵)
  《예기禮記·학기學記》에 나온다 "不躐等也."
  송옥宋玉의 〈풍부風賦〉에 나온다. "(風)獵蕙草."

[13·25]

孟子曰 雞鳴而起하여 孶孶爲善者는 舜之徒也요

맹자 가라사대 "닭이 울면 일어나 자자孶孶히 선善을 행하는 자는 순 임금의 무리이다."

孶孶는 勤勉之意라
言雖未至於聖人이나 亦是聖人之徒也라

'자자孶孶'는 부지런히 힘쓴다는 뜻이다.

비록 성인의 경지에 이르지는 못해도 또한 성인의 무리라고 말한 것이다.

주해

● 자자(孶孶) : 부지런한 모양. '자자孜孜'와 같다.
  孶(부지런할 자) 孜(힘쓸 자)
  《예기礼記·표기表記》에 나온다. "俛焉日有孶孶, 斃而后已." 이에 대해 진호陳澔의 《예기집설禮記集說》에 "孶孶, 勤勉之貌."라고 풀이했다.

● "雞鳴是未與物接時. 起是作而起."(四書補註備旨)

【備旨】

孟子ㅣ辨聖狂之幾也曰 論人品善惡者ㅣ不當於其事爲之著하고 而當於其意念之萌이라 舜은 大聖人也라 天下之言善者ㅣ必歸焉하나니 人若鷄鳴而起하여 卽孶孶然히 心向於公 而爲善者는 雖未至於舜이나 而此向善之心은 是卽舜之徒也니라

맹자께서 성광聖狂의 기미를 분별하여 가라사대 "인품人品의 선악善惡을 논하는 자는 그 행위를 겉으로 드러내지 말고, 그 의념意念을 싹틔워야 한다.

순舜은 대성인大聖人이시니, 천하의 선善을 말하는 자는 반드시 순舜에게 귀의해야 한다. 사람이 만약 닭이 울면 일어나 부지런히 힘써 마

음이 공정을 향해 선을 행하는 자는 비록 순舜에게는 미치지 못하지만, 이 선善을 향하는 마음은 바로 순舜의 무리이다."

주해

● 사위(事爲) : 행위. 작위作爲.
당唐나라 한유韓愈의 〈송부도문창사서送浮屠文暢師序〉에 나온다. "彼見吾君臣父子之懿, 文物事爲之盛, 其心有慕焉." 懿(아름다울 의)

雞鳴而起하여 孶孶爲利者는 蹠之徒也니

"닭이 울면 일어나 이익에 부지런히 힘쓰는 자는 도척盜蹠의 무리이다."

蹠은 盜蹠也라

'척蹠'은 도척盜蹠이다.

주해

● "蹠是爲利之惡人."(四書補註備旨) 盜(훔칠 도) 蹠(밟을 척)

【備旨】

蹠은 大惡人也라 天下之言利者ㅣ必歸焉하나니 人若鷄鳴而起하여 孶孶然히 心向於私 而爲利者는 雖未至於蹠이나 而此徇利之心은 是卽蹠之徒也니라

'척蹠'은 큰 악인惡人이라. 천하에 이익을 말하는 자는 반드시 도척盜蹠에게 귀의하니, 사람이 만약 닭이 울면 일어나 부지런히 힘써 마음이 사욕을 향하여 이익을 추구하는 자는 비록 도척盜蹠에게는 미치지 못하지만, 이 이익을 좇는 마음은 바로 도척의 무리이다.

欲知舜與蹠之分인댄 無他라 利與善之間也니라

"순舜과 도척盜跖의 분별을 알려고 하면, 다름이 아니라 이익과 선善의 사이이다."

程子曰 言間者는 謂相去不遠하여 所爭이 毫末耳라 善與利는 公私而已矣니 才出於善이면 便以利言也니라

楊氏曰 舜蹠之相去遠矣나 而其分은 乃在利善之間而已니 是豈可以不謹이리오 然이나 講之不熟하고 見之不明이면 未有不以利爲義者니 又學者ㅣ所當深察也니라

或問 雞鳴而起하여 若未接物이어든 如何爲善이닛고 程子曰 只主於敬이 便是爲善이니라

정자程子 가로되 "'사이[間]'라고 말한 것은 서로 거리가 멀지 않아 다투는 바가 호말毫末 뿐임을 말한 것이다. 선善과 리利는 공公과 사私일뿐이니, 잠시라도 선善에서 벗어나면 곧 이利라고 말할 수 있다."

양씨楊氏 가로되 "순舜과 도척盜蹠의 거리가 멀지만, 그 분별은 이利와 선善의 사이에 있을 뿐이니, 이를 어찌 삼가지 않겠는가? 그러나 강론이 익숙하게 못하고 보는 것이 밝지 못하면, 이利를 이義라고 여기는

자가 없지 않을 것이니, 이는 또한 배우는 자가 마땅히 깊이 살펴야 할 바이다."

혹자가 묻기를 "닭이 울면 일어나 사물을 접하지 않았는데, 어떻게 선善을 행해야 합니까?"라고 하니, 정자程子 가로되 "다만 경敬을 주장하는 것이 곧 선善을 행하는 것이다."라고 하였다.

주해

- "一邊是善, 一邊是利, 當其中便是間."(四書補註備旨)
- 신안진씨新安陳氏가 말했다. "未接物時, 敬以直內以立其本. 及接物時, 義以方外以達其用."(大全註疏)

【備旨】

> 夫舜蹠之相去遠矣니 欲知舜之聖所以分於蹠과 蹠之狂所以分於舜者인댄 豈有他道哉아 惟分於利與善 二者之間而已니 從其間 而一念向善이면 則分於蹠 而爲舜者ㅣ此也요 從其間 而一念向利면 則分於舜 而爲蹠者ㅣ此也라 然則人可不愼其幾哉아

무릇 순舜과 도척盜蹠의 차이가 크니, 순舜의 성스러움이 도척盜蹠과 분별되는 바와 도척盜蹠의 광기狂氣가 순舜과 분별되는 점을 알려고 하건대, 어찌 다른 방법이 있겠는가? 오직 이利와 선善 두 가지의 사이에서 분별될 뿐이다.

그 사이를 좇아 일념으로 선善을 향하면 도척에게서 분리되어 순이 된다는 것이 이것이요, 그 사이를 좇아 일념으로 이利를 향하면 순舜에게서 분리되어 도척이 된다는 것이 이것이다. 그러므로 사람이 가히 그 기미에 삼가지 않겠는가?

[13·26]

孟子曰 楊子는 取爲我하니 拔一毛而利天下라도 不爲也하니라

맹자 가라사대 "양자楊子는 자신을 위하는데 겨우 만족했으니, 한 오라기의 털을 뽑아서 천하를 이롭게 할 수 있어도 하지 않았다."

楊子는 名朱라 取者는 僅足之意니 取爲我者는 僅足於爲我而已요 不及爲人也라

列子ㅣ稱其言曰 伯成子高는 不以一毫利物이라하니 是也라

'양자楊子'는 이름이 주朱이다. '취取'는 겨우 만족하다는 뜻이다. '자신을 위하는데 겨우 만족하다'는 것은 자신을 위하는데 겨우 만족할 뿐이요, 남을 위하는 데는 미치지 않는 것이다.

열자列子가 그 말을 일컬어 "백성자고伯成子高는 털끝 하나라도 남을 이롭게 하지 않았다."라고 한 말이 이것이다.

주해

- "爲我只是自私."(四書補註備旨)
- 백성자고(伯成子高) : 요堯 시대의 제후. 요堯가 천하를 다스릴 때 제후로 있었는데, 요堯가 제위를 순舜에게 물려주고 순舜이 다시 제위를 우禹에게 물려주자, 벼슬을 그만두며 말하기를 "德自此衰, 刑自此立, 後世之亂自此始"라고 했다. 《장자莊子·천지天地》 편에는 '백성伯成'으로 되어 있다. 당唐나라 이백李白의 〈만분사투위랑중萬憤詞投魏郎中〉시에 "舜昔授禹, 伯成耕犁."라고 했다.

【備旨】

孟子ㅣ闢異端之害道意曰 今異端之學이 何其紛紛矣乎아 世有楊子하니 取足爲我而已요 不及爲人也라 拔一毛之微 而可以利天下之大라도 亦不爲也니라

맹자께서 이단異端이 道를 해치는 것을 깨우치는 뜻으로 가라사대 "지금 이단異端의 학설이 얼마나 그 분분紛紛한고? 세상에 양자楊子가 있으니 자신을 위하는데 겨우 만족할 뿐이요, 남을 위하는 데는 미치지 못한다. 한 오라기의 작은 털을 뽑아 광대한 천하를 이롭게 할 수 있어도 또한 하지 않았다."

墨子는 兼愛하니 摩頂放踵이라도 利天下인댄 爲之하니라

"묵자墨子는 겸애兼愛를 주장하였으니, 이마를 갈아 발꿈치에 이르더라도 천하를 이롭게 할 수 있으면 하였다."

墨子는 名翟이라 兼愛는 無所不愛也라 摩頂은 摩突其頂也라 放은 至也라

묵자墨子는 이름이 적翟이다. '겸애兼愛'는 사랑하지 않는 바가 없다는 뜻이다. '마정摩頂'은 그 머리를 갈고 제거하는 것이다. '방放'은 이르다는 뜻이다.

주해

- "頂, 首也. 踵, 足也."(四書補註備旨)
- 마돌(摩突) : 갈아서 제거하다. '마摩'는 '마磨'이고 '멸滅'이다.
  摩(갈 마) 踵(발꿈치 종)
  남헌장씨南軒張氏가 말했다. "摩其頂而至踵, 一身之間, 凡可以利天下者, 皆不惜也."(大全註疏)

【備旨】

有墨子者하니 至於兼愛而已요 不及於爲己也니 則雖摩突其頂 而至於踵이라도 苟可以利天下인댄 彼亦爲之也라

묵자라는 자가 있었으니, 겸애兼愛를 했을 뿐이요 위기爲己에는 미치지 못하였다. 비록 그 이마를 갈아서 발꿈치에 이를지라도, 진실로 천하를 이롭게 할 수 있다면 그는 또한 이를 행하였다.

子莫은 執中하니 執中이 爲近之나 執中無權이 猶執一也니라

"자막子莫은 중도中道를 잡았다. 중도中道를 잡은 것은 道에 가까우나, 중도中道만을 잡고 권도權道가 없다면 이는 한쪽만을 고집하는 것과 같다."

子莫은 魯之賢人也니 知楊墨之失中也라 故로 度於二者之間하여 而執其中하니라 近은 近道也라 權은 稱錘也니 所以

稱物之輕重而取中也라 執中而無權이면 則膠於一定之中而不知變이니 是亦執一而已矣니라
程子曰 中字最難識이니 須是黙識心通이니라 且試言컨대 一廳則中央爲中이요 一家則廳非中而堂爲中이며 一國則堂非中而國之中爲中이니 推此類면 可見矣니라
又曰 中不可執也니 識得則事事物物에 皆有自然之中하여 不待安排하니 安排著이면 則不中矣니라

'자막子莫'은 노魯나라의 현자이니, 양주楊朱와 묵적墨翟이 중도中道를 잃었다고 보고 두 사람의 사이를 헤아려서 그 중간을 잡았다. '근近'은 道에 가깝다는 뜻이다. '권權'은 저울과 저울추이니, 물건의 경중輕重을 달아서 중간을 취하는 것이다. 중도中道를 취하되 권도權道가 없으면, 고정된 중간에 교착되어 권변權變을 알지 못하니, 이 또한 한쪽만을 고집할 뿐이다.

정자程子 가로되 "'중中'자를 가장 알기 어려우니, 모름지기 묵묵히 알고 마음으로 통달해야 한다. 우선 시험 삼아 말하자면, 한 대청에서는 대청 중앙이 중간이 되고, 한 집안에서는 대청이 중간이 아니라 당堂이 중간이 된다. 한 나라에서는 당堂이 중간이 아니라 국도國都의 가운데가 중간이 되니, 이렇게 유추해보면 알 수 있다."

또한 가로되 "중中은 고집해서는 안 된다. 이를 알면 모든 사물마다 모두 자연의 중도가 있어서 안배하기를 기다리지 않으니, 만약 안배한다면 이는 중도가 아니다."

주해

- 집중(執中) : 중도中道를 취하다. 여기서는 양자楊子와 묵자墨子의 중간을 취한다는 뜻이다.
  "執楊墨二者之中."(四書補註備旨)

정자程子가 말했다. "中無定體. 惟達權然後能執之."(大全註疏)
정자程子가 말했다. "楊子拔一毛不爲. 墨子摩頂放踵爲之. 此皆是不得中. 至子莫執中, 欲執此二者之中, 不知怎麽執得."(大全註疏)
怎(어찌 즘) 麽(어찌 마)

【備旨】

> 又有子莫하니 非若二者之各有偏處라 其爲我는 不至如楊子之固하고 其兼愛는 不至若墨子之汎하여 而不楊不墨하여 執中以爲道하니 執中이 爲近似之矣라 然이나 中有推移變化之用하니 所謂有權이라야 乃是中也라 執中而無權이면 則膠於一定하여 猶如楊墨ㅣ執一不通之見也니라

또한 자막子莫이 있으니, 두 사람이 각각 치우친 점이 있는 것과 달랐다. 그 '위아爲我'는 양자楊子의 고집에 이르지 않았고, 그 '겸애兼愛'는 묵자墨子의 범애와 같지 않았다. 양자楊子도 아니고 묵자墨子도 아니며, 중간을 잡아 도를 삼으니 중간을 잡은 것이 도에 가까운 듯했다.

그러나 중도中道中에는 추이변화推移變化의 작용이 있으니, 이른바 권도權道가 있어야 이에 중도中道라고 할 수 있다. 중도만 잡고 권도가 없으면, 이는 고정된 곳에 교착膠着되어 오히려 양자楊子와 묵자墨子처럼 한쪽만을 잡고 두루 통하지 못하는 견해와 같다.

주해

- 추이(推移) : 이동하다. 변화하다. 발전하다.

《예기禮記·왕제王制》에 나온다. "中國戎夷, 五方之民, 皆有性也, 不可推移."

所惡執一者는 爲其賊道也니 擧一而廢百也니라

"한쪽만을 고집하는 것을 미워하는 이유는 도道를 해치기 때문이니, 하나만을 들고 백 가지를 폐하는 것이다."

賊은 害也라 爲我는 害仁이요 兼愛는 害義요 執中者는 害於時中이니 皆擧一而廢百者也라

此章은 言道之所貴者는 中이요 中之所貴者는 權이니라

楊氏曰 禹稷이 三過其門而不入하시니 苟不當其可면 則與墨子無異요 顔子在陋巷하여 不改其樂하시니 苟不當其可면 則與楊氏無異라 子莫은 執爲我兼愛之中而無權하니 鄕鄰有鬪而不知閉戶하고 同室有鬪而不知救之리니 是亦猶執一耳라 故로 孟子ㅣ以爲賊道라하시니라 禹稷顔回ㅣ易地則皆然은 以其有權也니 不然이면 則是亦楊墨而已矣니라

'적賊'은 해침이다. '위아爲我'는 인仁을 해치고, '겸애兼愛'는 의義를 해치며, 중도를 잡는 것은 시중時中을 해치는 것이니, 모두 하나만을 들고 백 가지를 폐하는 것이다.

이 장은 도道에서 귀한 것이 중도中道요, 중도中道에서 귀한 것이 권도權道임을 말한 것이다.

양씨楊氏 가로되 "우왕禹王와 후직后稷이 세 번이나 자기 집을 지나면서도 들어가지 않았으니, 만일 그것이 옳지 않았다면 묵자墨子와 다를 바가 없다. 안자顔子가 누추한 곳에 살면서도 그 즐거움을 바꾸지 않았으니, 만일 그것이 옳지 않았다면 양씨楊氏와 다를 바가 없을 것이다.

자막子莫은 위아爲我와 겸애兼愛의 중간만을 잡고 저울질하지 않았다. 이웃들이 싸워도 문을 닫을 줄 모르고, 사람들이 한 방에서 싸워도 말릴 줄을 몰랐으니, 이 또한 하나만을 고집한 것과 같다. 그러므로 맹자께서 '도를 해친다'고 하신 것이다. 우왕禹王과 후직后稷과 안회顔回가 처지를 바꾸어도 모두 그렇게 하는 것은 권도權道가 있기 때문이다. 만일 그렇지 않다면 이 또한 양자楊子와 묵자墨子일 따름이다."

주해

- "道指仁義時中說."(四書補註備旨)
- 신안진씨新安陳氏가 말했다. "爲我者惟知有己不知有人, 似義非義而有害於仁. 兼愛者愛無差等, 似仁非仁而有害於義."(大全註疏)
- 신안진씨新安陳氏가 말했다. "擧一偏而廢百端, 百者言其多耳."(大全註疏)
- 운봉호씨雲峯胡氏가 말했다. "吾儒亦有所謂中所謂一. 但吾儒之中也, 隋時而取中. 異端之中也, 執中而無權. 吾儒之一也, 一以貫萬. 異端之一也, 一以廢百."(大全註疏)
- 향린(鄕隣) : 이웃. 동향同鄕.
  당唐나라 유종원柳宗元의 〈포사자설捕蛇者說〉에 나온다.
  "而鄕鄰之生日蹙, 殫其地之出, 竭其廬之入. 號呼而轉徙, 餓渴而頓踣."蹙(오그라들 축) 踣(넘어질 복)

【備旨】

然則君子ㅣ所惡楊墨子莫之執一者는 爲其爲我害仁하며 兼愛害義며 執中者ㅣ害於時中이니 是皆賊害其道也라
蓋仁義時中之道ㅣ其端有百하니 徒執其一 而不能會其全이면 是擧一而廢百也니 此執一所以爲可惡也니라

그러므로 군자가 양자楊子 묵자墨子 자막子莫이 한쪽만을 고집하는 것을 미워하는 이유는 그 위아爲我가 인仁을 해치고, 겸애兼愛가는 의義를 해치며, 중도中道를 잡는 것이 시중時中에 해롭기 때문이니, 이는 모두 그 도道를 해치는 것이다.

대개 인의仁義와 시중時中의 도道는 그 단서가 백가지이니, 한갓 그 하나만을 잡고 능히 그 전체를 깨닫지 못한다면, 이는 하나만을 들고 백가지를 폐하는 것이다. 이것이 바로 한쪽만을 고집하는 것을 미워하는 이유이다.

[13·27]

孟子曰 飢者甘食하고 渴者甘飮하나니 是未得飮食之正也라 飢渴이 害之也니 豈惟口腹有飢渴之害리오 人心이 亦皆有害하니라

맹자 가라사대 "굶주린 자는 달게 먹고, 목마른 자는 달게 마시니, 이는 음식의 바른 맛을 알지 못한 것이다. 이는 굶주림과 목마름이 해치기 때문이니, 어찌 다만 구복口腹만이 굶주리고 목마른 해가 있겠는가? 사람의 마음도 또한 모두 해가 있다."

口腹이 爲飢渴所害라 故로 於飮食에 不暇擇 而失其正味요 人心이 爲貧賤所害라 故로 於富貴에 不暇擇 而失其正理니라

구복口腹이 굶주림과 목마름의 해를 받기 때문에 음식에 대하여 가

릴 겨를이 없어 그 바른 맛을 잃는 것이다.

인심이 빈천貧賤의 해를 받기 때문에 부귀富貴에 대하여 가릴 겨를이 없어 그 바른 도리를 잃는 것이다.

주해

- "人心有害, 指貧賤言."(四書補註備旨)
- 주자朱子가 말했다. "飢渴害其知味之性, 則飮食雖不甘, 亦以爲甘. 利欲害其仁義之性, 則所爲雖不可, 亦以爲可."(大全註疏)

【備旨】

孟子ㅣ示人安貧賤而審富貴하여 意曰 飮食於人에 本有正味也로되 但飢者ㅣ得食이면 則甘之不暇擇而食하고 渴者ㅣ得飮이면 則甘之不暇擇而飮하나니 是ㅣ皆不甘而以爲甘이니 未得乎飮食之正味也라 而所以失其正味者는 則以飢渴害之也라 然이나 豈惟口腹이 有飢渴之害리오 人心之有正理ㅣ猶飮食之有正味也니 貧者는 甘於富로되 而於富之正에 不暇擇하고 賤者는 甘於貴로되 而於貴之正에 不暇擇하나니 亦皆有以害之也라 然則富貴는 固甘心之飮食하고 而貧賤은 亦害心之飢渴矣니라

맹자께서 사람들에게 빈천에 편안하고 부귀를 살필 것을 보여 뜻하여 가라사대 "음식은 사람에게 본디 바른 맛이 있다. 다만 굶주린 자가 음식을 얻으면 그것을 달게 여겨 가릴 겨를이 없이 먹고, 목마른 자가 음료를 얻으면 그것을 달게 여겨 가길 겨를이 없이 마신다. 이는

모두 달지 않는데도 달게 여기는 것이니, 음식의 바른 맛을 얻지 못한 것이다. 음식의 바른 맛을 잃어버린 이유는 바로 굶주림과 목마름이 이를 해쳤기 때문이다.

그러나 어찌 오직 구복口腹만이 기갈을 해치겠는가? 사람 마음에 바른 도리가 있는 것은 음식에 바른 맛이 있는 것과 같다. 가난한 자는 부유함을 달게 여겨 바른 부유함에 대해 가릴 겨를이 없고, 천한 자는 귀함을 달게 여겨 바른 귀함에 대해 가릴 겨를이 없으니, 또한 모두 해침이 있는 것이다. 그러므로 부귀는 진실로 마음의 음식을 달게 만들고, 빈천貧賤은 또한 마음의 기갈을 해친다.

人能無以飢渴之害로 爲心害면 則不及人을 不爲憂矣리라

"사람이 능히 기갈飢渴의 해로써 마음의 해를 삼지 않는다면, 남에게 미치지 못함을 걱정하지 않을 것이다."

人能不以貧賤之故 而動其心이면 則過人이 遠矣니라

사람이 능히 빈천 때문에 그 마음이 동요하지 않을 수 있다면 남들보다 훨씬 뛰어난 사람이 될 것이다.

주해

- "人指聖賢."(四書補註備旨)
- 경원보씨慶源輔氏가 말했다. "人若能不以貧賤動其心, 而於富貴, 辨其所當得而受之, 其不當則不受之, 則過於常人遠矣. 過人之遠則不憂其不及人矣."(大全註疏)

【備旨】

> 人能以義安命하여 無以飢渴之害로 爲心害이면 則識見高明하고 持守堅定하여 雖或學問未充하고 品詣未至하여 有不及於聖賢之人이라도 不足以爲憂矣리니 人其可不審富貴 而安貧賤哉아

사람이 능히 의義로써 안명安命하여 굶주리고 목마름의 해害가 심해心害가 되지 않게 할 수 있다면, 식견이 고명해지고 지조志操가 곧아져서, 비록 혹 학문이 충실하지 못하고 품예(品詣)가 부족하여 성현聖賢에 미치지 못한 사람이 될지라도 근심할 필요가 없다. 그러므로 사람이 그 부귀를 살피고 빈천을 편안하게 여기지 않을 수 있겠는가?

주해

- 안명(安命) : 운명에 편안하다. 운명을 받아들이다.
  《장자莊子·덕충부德充符》에 나온다. "知不可奈何而安之若命, 唯有德者能之."
- 지수(持守) : 지절志節. 품덕品德.
  송宋나라 주희朱熹의 〈답부복중答符復仲〉에 나온다. "且就此持守, 自見功效, 不須多疑多問, 却轉迷惑也."
- 품예(品詣) : 품행品行. 품류品類.
  청淸나라 장학성章學誠의 《문사통의文史通義·원학중原學中》에 나온다. "未有以學屬乎人, 而區爲品詣之名者。官師分而諸子百家之言起, 於是學始因人品詣以名矣, 所謂某甲之學, 某乙之學是也."

[13·28]

孟子曰 柳下惠는 不以三公으로 易其介하니라

맹자 가라사대 "유하혜柳下惠는 삼공三公의 지위에 올랐어도 그 절개를 바꾸지 않았다."

介는 有分辨之意라

柳下惠는 進不隱賢하고 必以其道하며 遺佚不怨하고 阨窮不憫하며 直道事人하여 至於三黜하니 是其介也니라

此章은 言柳下惠和而不流하니 與孔子論夷齊不念舊惡으로 意正相類하니 皆聖賢微顯闡幽之意也니라

'개介'는 분별이 있다는 뜻이다.

유하혜柳下惠는 벼슬에 나아가면 자신의 현명함을 숨기지 않고 반드시 그 도로써 하였으며, 벼슬에서 물러나도 원망하지 않고 곤액을 당해도 민망해하지 않았으며, 곧은 도道로써 인군人君을 섬겨 세 번이나 쫓겨났으니, 이것이 그의 절개이다.

이 장은 유하혜柳下惠의 '화이불류和而不流'를 말한 것이니, 공자孔子께서 백이伯夷와 숙제叔弟를 논하면서 '불념구악不念舊惡'이라고 말한 것과 뜻이 서로 유사하다. 이는 모두 성현이 말한 '미현천유微顯闡幽'의 뜻이다.

주해

- "三公, 太師太傅太保. 易, 換也. 介是耿耿自持不徇流俗意."(四書補註備旨) 경원보씨慶源輔氏가 말했다. "介有分辨意, 則與界限之界同. 凡事各有界限, 甚分明不可踰越."(大全註疏)

- 화이불류(和而不流) : 화락和樂하면서 지나치지 않다.
  《중용장구中庸章句》 제10장에 나온다. "君子和而不流, 强哉矯. 中立而不倚, 强哉矯. 君子國有道, 不變塞焉, 强哉矯. 國無道, 至死不變, 强哉矯."
  또한 '중정中正하고 화평한 음악은 백성의 성품을 화해和諧롭게 하여 방종에 이르지 않도록 한다'는 뜻으로도 쓰인다.
  《순자荀子·악론樂論》에 나온다. "失聲樂之人人也深, 其化人也速, 故先王謹爲之文. 樂中平則民和而不流, 樂肅莊則民齊而不亂."
- 불념구악(不念舊惡) : 남이 저지른 예전의 악행을 문제 삼지 않다.
  《논어論語·공야장公冶長》에 나온다. "伯夷叔齊, 不念舊惡, 怨是用希."
- 미현천유(微顯闡幽) : 은미隱微한 곳을 드러내고, 유심幽深한 이치를 밝히다. 闡(밝힐 천) 幽(깊을 유)
  《주역周易·계사하繫辭下》에 나온다. "夫《易》彰往而察來, 而微顯闡幽. 開而當名, 辨物正言, 斷辭則備矣." 이에 대해 한강백韓康伯의 註에 "《易》無往不彰, 無來不察, 而微以之顯, 幽以之闡."라고 풀이했다.
  신안진씨新安陳氏가 말했다. "不以三公之貴以奪其所守之介, 和而不流故也."(大全註疏)
- 阨(곤궁할 액) 黜(물리칠 출)

【備旨】

孟子ㅣ表柳下惠之介曰 人皆知柳下惠之和로되 而不知其和而介也라 觀其雖處阨窮이나 而不隱在己之賢하며 雖至三黜이나 而不改其道之直하며 縱與以三公之位로되 而其介不與易也라 其和而不流ㅣ有如此者하니 是豈常人之和ㅣ所可同哉아

맹자께서 유하혜柳下惠의 절개를 드러내어 가라사대 "사람들이 모두 유하혜柳下惠가 화락和樂한 것은 알되, 그 화락하면서도 절개를 잃지 않은 것은 알지 못한다. 살피건대 그는 비록 곤액困阨에 처했으나 자신의

현명함을 숨기지 않았고, 비록 세 번이나 벼슬에서 물러났어도 그 곧은 도를 바꾸지 않았으며, 비록 삼공三公의 지위에 올랐으나 그 절개를 바꾸지 않았다. 그가 화락和樂하면서도 지나치지 않은 것이 이와 같았으니, 이것이 어찌 보통 사람들의 화락和樂함과 같겠는가?"

[13·29]

孟子曰 有爲者ㅣ辟若掘井하니 掘井九軔而不及泉이면 猶爲棄井也니라

맹자 가라사대 "학문을 다스려 공업功業을 이루는 자는 비유컨대 우물을 파는 것과 같다. 우물을 아홉 길까지 팠어도 천원泉源에 이르지 못하면, 우물을 포기한 것과 같다."

八尺曰仞이라
言鑿井雖深이나 然이나 未及泉而止면 猶爲自棄其井也니라
呂侍講曰 仁不如堯하고 孝不如舜하고 學不如孔子하면 終未入於聖人之域이요 終未至於天道니 未免爲半塗而廢하여 自棄前功也니라

8尺을 '인仞'이라 한다.

우물을 비록 깊게 파들어 갔으나, 그러나 천원泉源에 이르지 못하고 그치면 스스로 그 우물을 포기한 것과 같다는 말이다.

여시강呂侍講이 가로되 "인仁이 요堯만 같지 못하고, 요孝가 순舜만 같지 못하며, 학문이 공자孔子만 같지 못하면, 끝내 성인聖人의 경지에 들

어가지 못하고, 끝내 천도天道에 이르지 못하게 되니, 중도에서 그만두어 스스로 그 앞서 쌓은 공부마저 포기함을 면치 못할 것이다."

주해

- 유위(有爲) : 학문을 하여 공업功業을 이루다.
  "有爲指爲學致功言. 掘, 鑿也."(四書補註備旨) 掘(팔 굴) 鑿(뚫을 착)
- 기정(棄井) : 우물 파기를 포기하다. '폐정廢井'과 같다.
  "棄井喩廢井."(四書補註備旨)
- 여시강(呂侍講, 1036~1114) : 북송 학자. 이름은 희철希哲, 자는 원명原明, 하남인河南人이다. 저서에 《등단주성루登單州城樓》·《화요부타괴음和堯夫打乖吟》·《절구사수絶句四首》 등이 있다.
- 운봉호씨雲峯胡氏가 말했다. "當與論語譬如爲山一章通看. 學問垂成而不至於成者, 可爲戒矣."(大全註疏)
- 軔(쐐기 나무 인) 仞(길 인)

【備旨】

孟子ㅣ勉有爲者ㅣ當要其成也曰 道必以爲而進하고 功必以爲而效하니 爲之不可以已也라 故로 有爲者ㅣ辟若掘井然하니 使掘井이 至於九仞之深이나 而不及泉而遂止면 則井置之無用이라 擧九仞之功而盡廢하니 猶爲自棄其井也라 蓋掘井에 必求及於泉과 有爲에 必求底於成이 何以異哉리오

맹자께서 학문을 다스리는 자가 마땅히 그 학문을 성취하도록 권면하여 가라사대 "도道는 반드시 학문을 다스려 나아가고, 공업功業은 반드시 학문을 다스려 효험이 생겨나니, 치학治學을 그쳐서는 안 된다.

그러므로 학문을 다스리는 자는 비유컨대 우물을 파는 것과 같다.

가사 우물을 파는데 아홉 길까지 팠어도 천원泉源에 이르지 못하고 마침내 그친다면, 이는 우물을 쓸모없이 방치한 것이다. 아홉 길까지 파들어 간 공력을 모두 버린 것은 스스로 그 우물을 버린 것과 같다.

대개 우물을 파면 반드시 샘의 근원에 이르기를 구하는 것과 학문을 다스리면 반드시 학문적 성취를 구해야 하는 것이 무엇이 다르겠는가?"

[13·30]

孟子曰 堯舜은 性之也요 湯武는 身之也요 五霸는 假之也니라

맹자 가라사대 "요순堯舜은 본성으로 인의仁義를 행한 것이요, 탕무湯武는 몸소 인의仁義를 행한 것이요, 오패五霸는 가장假裝해서 인의仁義를 행한 것이다.

堯舜은 天性渾全하여 不假修習이요 湯武는 修身體道하여 以復其性이요 五霸則假借仁義之名하여 以求濟其貪欲之私耳니라

요순堯舜은 천성이 완정完整하여 수습修習을 빌리지 않은 것이요, 탕무湯武는 몸을 닦고 도를 체득하여 그 본성을 회복한 것이요, 오패五霸는 인의仁義의 이름을 빌려서 그 탐욕의 사사로움을 채우려고 하였을 뿐이다.

주해

- "性之是合下稟得自然意."(四書補註備旨)
- "身之是著力在身上用功夫."(四書補註備旨)
- "假是裝點出來的."(四書補註備旨) 정자程子가 말했다. "身之, 是身踐履之也. 假之者, 身不行而假借之也."(大全註疏)
- 혼전(渾全) : 완정完整하다. 완전完全하다.
  《주자전서朱子全書》 권22에 나온다. "龜山說伊尹樂堯舜之道云 '日用飮食, 出作入息, 便是樂堯舜之道.' 這箇似說得渾全."
- 수습(修習) : 수행하다. 학습하다.
  진晉나라 갈홍葛洪의 《포박자抱樸子·자서自敘》에 나온다. "將登名山, 服食養性, 非有廢也, 事不兼濟, 自非絶棄世務, 則曷緣修習玄靜哉."
  《남사南史·진신안왕백고전陳新安王伯固傳》에 나온다. "爲政嚴苛, 國學有惰遊不修習者, 重加檟楚, 生徒懼焉, 由是修業頗進."
  惰(떨어질 타) 檟(개오동나무 가)

【備旨】

孟子ㅣ言帝王與霸者之道ㅣ誠僞不同也曰 帝는 莫盛於堯舜하니 堯舜之於道에 生而知하고 安而行하여 乃純乎天 而性有此仁義之道也요 王는 莫盛於湯武하니 湯武之於道에 學而知하고 利而行하여 乃盡乎人 而身體此仁義之道也니 是道之安勉不同이나 而其誠則同也요 若五霸者는 旣失所性之原하고 又昧反身之學하여 惟假借仁義之名하여 以求濟其貪欲之私者也니 豈容於帝王之世哉아

맹자께서 제왕帝王과 패자霸者의 道는 성위誠僞가 같지 않음을 말하여 가라사대 "제帝는 요순堯舜 보다 뛰어난 자가 없으니, 요순堯舜은 道에

있어서 태어나면서부터 알고 편안하게 행하셨으며, 이에 천도天道天에 순일하고 본성에 이 인의仁義의 道를 갖추셨다.

왕王은 탕무湯武보다 뛰어난 자가 없으니, 탕무湯武는 道에 있어서 배워서 알고 이롭게 행하셨으며, 이에 인도人道에 다하고 몸으로 이 인의仁義의 도를 체행體行하셨다. 이 道에 대해 편안하고 힘쓴 것이 같지 않으나 그 정성은 한가지이다.

오패五霸의 경우는 이미 그 본성의 근원을 잃었고, 다시 몸에서 돌이키는 학문에 어두웠다. 오직 인의仁義의 이름만 빌어서 그 탐욕의 사사로움을 채운 자이니, 어찌 제왕帝王이 다스리던 세상에 용납되겠는가?"

주해

- 성위(誠僞) : 진성眞誠과 허위虛僞. 참과 거짓.
  위魏나라 하안何晏의 〈경복전부景福殿賦〉에 나온다. "觀器械之良窳, 察俗化之誠僞." 窳(비뚤 유)
- 생이지(生而知) : 《중용장구》 20장에 나온다. "或生而知之, 或學而知之, 或困而知之, 及其知之, 一也. 或安而行之, 或利而行之, 或勉强而行之, 及其成功, 一也."

久假而不歸하니 惡知其非有也리오

"오래도록 빌려 쓰되 하고 정도正道에 돌아가지 아니하니, 어찌 그 실제로 있는 것이 아님을 알겠는가?"

歸는 還也라 有는 實有也라

言竊其名以終身하여 而不自知其非眞有라

或曰 蓋歎世人이 莫覺其僞者라하니 亦通이라

舊說에 久假不歸면 卽爲眞有라하니 則誤矣니라

尹氏曰 性之者는 與道一也요 身之者는 履之也니 及其成功則一也라 五霸則假之而已니 是以로 功烈이 如彼其卑也니라

'귀歸'는 돌아감이다. '유有'는 실제로 있는 것이다.

그 종신토록 명분을 훔치면서 스스로 그것이 실제로 있는 것이 아님을 모른다고 말한 것이다.

혹자 가로되 "대개 세상 사람들이 '그 허위를 깨닫지 못함을 탄식한 것이다.'라고 하니, 또한 통한다."

구설에 "오래도록 빌려 쓰되 돌이키지 않으면 실제로 있게 된다."라고 하니, 이는 잘못이다.

윤씨 가로되 "'본성대로 한다'는 것은 道와 더불어 하나가 되는 것이요, '몸소 행한다'는 것은 몸소 실천한다는 것이니, 그 공을 이루게 되면 한가지이다. 오패五覇는 곧 빌려서 했을 따름이니, 이 때문에 공렬功烈이 저와 같이 낮은 것이다."

주해

- 경원보씨慶源輔氏가 말했다. "其初不過以之欺人, 而其終遂至以之自欺."(大全註疏)
- 운봉호씨雲峯胡氏가 말했다. "性之者自然而然, 身之者當然而然, 假之者似然而實不然. 自然者所性而有, 當然者能復其有, 似然者不自知其非眞有."(大全註疏)

【備旨】

使假之나 而知所亟反焉이면 則猶可以爲湯武요 而入堯舜之道矣어늘 夫何利欲蒙蔽하고 迷惑弗悟하며 久假仁義之名 而不反之以歸於正하여 卒亦自以爲是하니

惡知其非眞有也리오 是始則假之以欺人이요 久則因之以自欺니 此五霸所以終於霸也哉인저

가사 빌려서 사욕을 채웠으나 빨리 자신에게 돌이킬 바를 안다면 오히려 탕무湯武가 될 수 있고, 요순堯舜의 도道에 들어갈 수 있다. 하지만 어찌 이욕利欲에 가리고 미혹迷惑에 깨닫지 못하여, 오래도록 인의仁義의 명목만 빌려 사욕만 채우되 이를 돌이켜 정도正道에 돌아갈 줄 모르고, 마침내 또한 스스로 옳다고 여기니, 어찌 그것이 실제로 있는 것이 아님을 알겠는가?

이는 처음에는 가장해서 사람을 속이고, 오래되면 이로 인하여 스스로를 속이는 것이니, 이는 오패五霸가 패도霸道에서 끝나는 이유일 것이다.

주해

● 亟(빠를 극)

[13·31]

公孫丑曰 伊尹이 曰予ㅣ不狎于不順이라하고 放太甲于桐한대 民이 大悅하고 太甲이 賢커늘 又反之한대 民이 大悅하니

공손추公孫丑가 가로되 "이윤伊尹이 '나는 의리를 따르지 않는 사람과 가까이 지낼 수 없다'라고 하고, 태갑太甲을 동읍桐邑으로 추방하니 백성들이 크게 기뻐하였습니다. 태갑太甲이 어질게 되어 다시 제위를 돌려주니 백성들이 크게 기뻐하였습니다."

予ㅣ不狎于不順은 太甲篇文이라
狎은 習見也라 不順은 言太甲所爲ㅣ不順義理也라 餘見前篇하니라

'나는 의리를 따르지 않는 사람과 가까이 지낼 수 없다'는 말은 〈태갑편太甲篇〉의 글이다.

'압狎'은 친숙하게 보는 것이다. '불순不順'은 태갑太甲의 행위가 의리義理를 따르지 않는 것을 말한다. 나머지는 전편에 보인다.

주해

● "放是放置. 桐是湯墓所在."(四書補註備旨)
● "賢是能處仁遷義. 反是以冕服迎反於亳."(四書補註備旨)
冕(면류관 면) 亳(땅이름 박)

【備旨】

公孫丑ㅣ問曰 昔에 伊尹이 有曰 予ㅣ不欲習見嗣君之所爲ㅣ不順於義理라하고 於是에 託諒陰之制 而放太甲於桐하여 使之觀湯墓而興思한대 當時商民이 大悅하니 悅其能正君非也요
旣而太甲이 處仁遷義而賢커늘 伊尹이 又以冕服迎 而反之亳한대 當時商民이 又大悅하니 悅其能成君德也라

공손추公孫丑 물어 가로되 "옛날 이윤伊尹이 '나는 사군嗣君의 행위가 의리義理를 따르지 않아 가까이 지낼 수 없다'라고 하고, 이에 양암諒闇의 제도에 의탁하여 태갑太甲을 동읍桐音으로 추방하여 탕왕湯王의 무덤을 보고 바른 생각을 일으키게 하였습니다. 그러자 당시 상商나라 백성들이 크게 기뻐하니, 이는 그가 임금의 잘못을 바로잡을 수 있음을

기뻐한 것입니다.

이윽고 태갑太甲이 인仁에 처하고 의義로 옮겨가 어질게 되자, 이윤이 다시 면복冕服으로 맞이하여 박亳땅에 돌아오게 하였습니다. 그러자 당시 백성들이 다시 크게 기뻐하니, 이는 그가 군덕君德을 이룰 수 있음을 기뻐한 것입니다."

주해

- 사군(嗣君) : 제위帝位를 이어받은 왕 또는 황태자皇太子. 嗣(이을 사)
- 양암(諒闇) : 임금이 부모의 상중喪中에 있을 때 거처하는 방. '양음諒陰'이라고도 한다. 諒(믿을 량) 闇(닫힌문 암)
  《예기禮記·상복사제喪服四制》에 나온다. "《書》曰 '高宗諒闇, 三年不言. '善之也." 이에 대해 정현鄭玄의 註에 "闇, 謂廬也."라고 했다. 《논어論語·헌문憲問》에서는 '양음諒陰'으로 되어 있다.
- 기이(旣而) : 이윽고.
- 처인천의(處仁遷義) : 인仁과 의義를 실천하다.
  《맹자孟子·만장 상(萬章上)》에 나온다. "太甲顚覆湯之典刑, 伊尹放之於桐三年. 太甲悔過, 自怨自艾於桐, 處仁遷義三年, 以聽伊尹之訓己也, 復歸于亳."

賢者之爲人臣也에 其君이 不賢則固可放與잇가
孟子曰 有伊尹之志則可커니와 無伊尹之志則簒也니라

"어진 자가 신하가 되어 그 인군人君이 어질지 못하면 진실로 가히 추방할 수 있습니까?"
"자 가라사대 이윤伊尹과 같은 뜻이 있다면 그럴 수도 있으나, 이윤伊尹과 같은 뜻이 없다면 찬탈簒奪하는 것이다."

伊尹之志는 公天下以爲心하여 而無一毫之私者也라

'이윤伊尹의 뜻'은 천하를 공정하게 하는 것으로 마음을 삼아 추호라도 사심私心이 없는 것이다.

주해

- 경원보씨慶源輔氏가 말했다. "公天下以爲心, 豈一朝夕勉强所能爲哉. 非道全德備, 其素行有以信於人, 至誠有以通於天者, 不能也."(大全註疏)
- 각헌채씨覺軒蔡氏가 말했다. "孟子此兩語, 不惟見伊尹之心如青天白日, 而百世之下姦臣亂賊, 亦無所逃其罪矣."(大全註疏)

【備旨】

> 由伊尹之事로 觀之컨대 則凡後世賢者之爲人臣也에 設遇其君之不賢이면 則固可放而置之歟잇가

"이윤伊尹의 일로 말미암아 살피건대, 무릇 후세에 어진 자가 신하가 되어 가사 그 어질지 못한 인군人君을 만난다면, 진실로 그를 추방해서 유치留置해도 되는 것입니까?"

【備旨】

> 孟子曰 君何易言放哉아 乃有不得已而出이니 此亦觀其志何如耳라 夫伊尹之志는 至公無私하여 其放君也는 爲宗社也며 爲天下也니 使爲臣者ㅣ有伊尹之志 而遇太甲之君이면 則可以爲伊尹之事하여 而或以得民之悅也어니와 若無伊尹之志 而欲爲伊尹之事면 則是專權自立하여 簒而已矣리니 惡乎可哉리오 然則爲臣者ㅣ愼無口實伊尹 而蹈簒君之罪也면 則幾矣리라

맹자 가라사대 "그대는 어찌 추방이라는 말을 쉽게 하는가? 이에 부득이하게 나온 말이니, 이는 또한 그 뜻이 어떠한가를 살필 따름이다. 이윤伊尹의 뜻은 지극히 공평하고 사사로움이 없어, 그가 인군人君을 추방한 것은 종사宗社를 위한 것이며 천하를 위한 것이다. 가사 신하된 자가 이윤과 같은 뜻을 품고 태갑太甲과 같은 인군人君을 만나면, 이윤과 같은 일을 시행하여 혹 백성들을 기쁘게 할 수가 있다. 그러나 만약 이윤과 같은 뜻도 없이 이윤과 같은 일을 시행하려고 한다면, 이는 권력을 스스로 독점하여 찬탈簒奪할 뿐이니, 어찌 옳다고 하겠는가?

그러므로 신하된 자는 삼가 이윤을 구실로 삼아 인군人君의 지위를 찬탈하는 죄를 짓지 않아야 거의 신하의 도리를 다할 것이다."

주해

● 기(幾) : 끝나다. 다하다.
《여씨춘추呂氏春秋·시군람恃君覽》에 나온다. "寡人與仲父爲樂將幾之."

[13·31]

公孫丑曰 詩曰 不素餐兮라하니 君子之不耕而食은 何也잇고

孟子曰 君子ㅣ居是國也에 其君이 用之則安富尊榮하고 其子弟ㅣ從之則孝弟忠信하나니 不素餐兮ㅣ 孰大於是리오

공손추公孫丑가 가로되 "《시경詩經》에 ' 헛되이 녹을 먹지 않는다.' 라고 했는데, 군자가 밭 갈지 않고 먹는 것은 무엇 때문입니까?"
맹자 가라사대 "군자가 이 나라에 머무르는데 그 인군人君이 등용하면 나라가 안정되고 부유해지며 존귀하고 번영을 누리게 된다. 또한 그 자제들이 군자를 따르면 효제孝悌와 충신忠信을 하게 된다. 그러므로 헛되이 녹을 먹지 않는 데 무엇이 이보다 크겠는가?"

詩는 魏國風伐檀之篇이라 素는 空也니 無功而食祿을 謂之素餐이라
此는 與告陳相彭更之意同이라

'시詩'는 〈위풍魏風·벌단伐檀〉 편이다. '소素'는 '공空'이니, 공로도 없이 녹을 먹는 것을 '소찬素餐'이라 한다.

이는 맹자께서 '진상陳相'과 '팽갱彭更'에게 고한 뜻과 같다.

주해

- 소찬(素餐) : 나라에 아무런 공로도 없이 녹봉을 받다.
  조기趙岐의 註에 "無功而食, 謂之素餐."이라 했다.
  《시경詩經·위풍魏風·벌단伐檀》에 나온다. "彼君子兮, 不素餐兮." 이에 대해 《모전毛傳》에 "素, 空也."라 했고, 진환전陳奐傳의 소疏에 "今俗以徒食爲白餐. 餐, 猶食也."라고 풀이했다.
- 진상(陳相) : 전국 시대 초楚나라의 유학자인 진량陳良의 제자.
  진상陳相이 신농씨神農氏의 학설學說을 행한다는 허행許行에게 도취되어 허행의 말을 맹자孟子에게 전해 말하기를 "어진 이는 백성과 함께 농사를 짓고 손수 밥을 지어 먹으면서 나라를 다스리는 것인데, 지금 등나라에는 창름과 부고가 있으니, 이것은 곧 백성을 괴롭혀서 자신만을 봉양하

는 행위인데, 어찌 어질다 할 수 있겠는가.[賢者與民幷耕而食, 饔飧而治. 今也, 滕有倉廩府庫, 則是厲民而以自養也, 惡得賢.]"라고 하였다. 이에 맹자는 "나는 어두운 골짜기에서 나와 교목으로 옮겨 감은 들었으나 교목에서 내려와 어두운 골짜기로 들어감은 듣지 못했다.[吾聞出於幽谷, 遷于喬木者, 未聞下喬木而, 入於幽谷者.]"라고 하였다. 《맹자孟子·등문공상滕文公上》

- 팽갱(彭更) : 孟子의 제자. 팽갱(彭更)이 스승 맹자에게 "재인, 장인, 윤인, 여인은 그들의 뜻이 먹기를 구하는 것이지만, 군자가 도를 행하는 것도 그 뜻이 또한 먹기를 구하는 것입니까?[梓匠輪輿, 其志將以求食也. 君子之爲道也, 其志亦將以求食與.]"라고 묻자, 맹자가 이르기를 "그대는 어찌 그 뜻을 가지고 말하는가. 그대에게 공이 있어 먹여줄 만하면 먹여주는 것이니, 또 그대는 남의 공을 보고 먹여주는가, 남의 뜻을 보고 먹여주는가?[子何以其志爲哉. 其有功於子, 可食而食之矣. 且子食功乎? 食志乎?]"라고 하였다. 《맹자孟子·등문공 하滕文公下》
- "用之是用其言, 不是用之爲臣."(四書補註備旨)
- "子弟指民間之俊秀. 從之是從其敎."(四書補註備旨)
- 신안진씨新安陳氏가 말했다. "君子居人國, 用則有功於君而功業建. 不用亦有功於人子弟而風俗厚. 豈爲無功而食乎. 丑之見, 何陋也."(大全註疏)

【備旨】

公孫丑問曰 魏風伐檀之詩에 有曰 不素餐兮라하야 詩之美君子者ㅣ如此하니 以此詩로 觀之컨대 則君子ㅣ必仕而有功於國이라야 斯可以食人之食也어늘 今君子ㅣ不仕無功하니 乃不耕而食은 何也잇고

孟子曰 子ㅣ以君子爲無功而食乎아 不知其功이 固不必以仕顯也니 卽居是國也에 言皆至道요 動皆至敎니 苟其君用之하여 而其言이 得行於朝면 則國以安而用

以富하고 任以尊而名以榮하며 其子弟ㅣ從之하여 而其教ㅣ得行於下면 則入以孝而出以弟하고 存以忠而發以信하나니 君子之有功於上下ㅣ如此라 所謂不素餐兮者ㅣ孰有大於是哉리오 子ㅣ安得責君子之不耕而食也오

공손추公孫丑가 물어 가로되 "〈위풍魏風·벌단伐檀〉 시에 '헛되이 녹을 먹지 않는다.'라고 하여 시에서 군자를 찬미하는 것이 이와 같습니다. 이 시로써 보건대, 군자는 반드시 벼슬하여 나라에 공이 있어야 이에 가히 남의 녹을 먹을 수 있거늘, 지금 군자들은 벼슬도 않고 공도 없는데 이에 밭을 갈지 않고 먹는 것은 무엇 때문입니까?"

맹자 가라사대 "그대는 군자가 아무런 공도 없이 녹을 먹는다고 생각하는가? 이는 그 공이 진실로 반드시 높은 벼슬하지 않다는 점을 모르는 것이다. 군자가 이 나라에 사는데 말이 모두 지극한 道요 행동이 모두 지극한 가르침이 된다.

만일 그 인군人君이 그를 등용하여 그 말이 조정에 시행되면, 나라가 편안해지고 재용財用이 넉넉해지며, 존귀하게 인재를 등용하고 영화롭게 명예를 높인다. 그 자제들이 군자를 좇아 그 가르침이 아래에서 행해지면, 집에 들어와서는 효도하고 나가서는 공손하며, 충심을 간직하고 믿음을 드러낸다. 나라의 상하 사람에게 미치는 군자의 공이 이와 같은 것이다.

그러므로 헛되이 녹을 먹지 않는 데 무엇이 이보다 크겠는가? 그대가 어찌 군자는 밭 갈지 않고 녹을 먹는다고 탓할 수 있겠는가?"

[13·33]

王子墊이 問曰 士는 何事잇고

왕자 점墊이 물어 가로되 "선비는 무슨 일을 합니까?"

墊는 齊王之子也라
上則公卿大夫와 下則農工商賈ㅣ皆有所事로되 而士居其間하여 獨無所事라 故로 王子ㅣ問之也라

'점墊'은 제齊나라 왕의 아들이다.

위로 공경대부公卿大夫와 아래로 농공상고農工商賈가 모두 하는 일이 있다. 하지만 선비는 그 사이에 있으면서 홀로 하는 일이 없기 때문에 왕자가 물은 것이다.

주해

- "士指未得志之士. 何事以何者爲事."(四書補註備旨)
- 墊(빠질 점) 賈(장사 고)

【備旨】

齊王之子墊은 非知士者라 故로 問曰 天下之人이 上則公卿大夫와 下而農工商賈ㅣ皆有所事로되 士生於其間하니 不知果何所事잇고

제齊나라 왕의 아들 점墊이 선비에 대해 알지 못했다. 그러므로 물어 가로되 "천하 사람들이 위로 공경대부公卿大夫와 아래로 농공상고農工商賈

가 모두 하는 일이 있습니다. 하지만 선비는 그 사이에서 있는데, 과연 무슨 일을 하는지 알지 못하겠습니다."

孟子曰 尙志니라

맹자 가라사대 "뜻을 숭상합니다."

尙은 高尙也라 志者는 心之所之也라
士旣未得行公卿大夫之道하고 又不當爲農工商賈之業이니 則高尙其志而已니라

'상尙'은 고상히 여기는 것이다. '지志'는 마음이 가는 바이다.

선비는 이미 공경대부公卿大夫의 도를 행할 수도 없고, 또한 마땅히 농공상고農工商賈의 일도 할 수 없으니, 그 뜻을 고상하게 할 뿐이다.

【備旨】

> 孟子曰 夫士者는 不肯爲農工商賈之業이요 而欲行公卿大夫之道者也로되 但未得行其道면 則高尙其志而已니라

맹자 가라사대 "무릇 선비는 농공상고農工商賈의 일을 하려고 하는 자가 아니요, 공경대부公卿大夫의 도를 행하려는 자이다. 하지만 그 道를 행할 수 없다면 그 뜻을 고상하게 할 뿐이다."

曰 何謂尚志잇고

曰 仁義而已矣니 殺一無罪ㅣ非仁也며 非其有而取之ㅣ非義也니 居惡在오 仁이 是也라 路惡在오 義ㅣ是也라 居仁由義면 大人之事ㅣ備矣니라

가로되 "무엇을 두고 뜻을 고상하게 한다고 합니까?"

가라사대 "인의仁義일 뿐이다. 죄가 없는 사람을 한 명이라고 죽이면 이는 인仁이 아니며, 자신의 것이 아닌데 취하면 이는 義가 아니다. 처해야 할 곳이 어디에 있는가? 바로 인仁이다. 가야할 길이 어디에 있는가? 바로 의義이다. 인仁에 처하고 의義를 행하면 대인大人의 일이 갖추어진다."

非仁非義之事를 雖小나 不爲하고 而所居所由가 無不在於仁義니 此는 士ㅣ所以尚其志也라

大人은 謂公卿大夫라

言士ㅣ雖未得大人之位나 而其志如此면 則大人之事ㅣ體用已全하니 若小人之事는 則固非所當爲也니라

인仁이 아니고 의義가 아닌 일은 아무리 작더라도 행하지 않고, 처한 바와 말미암은 바가 모두 인의仁義에 있으니, 이는 선비가 그 뜻을 고상하게 여기는 이유이다.

'대인大人'은 공경대부公卿大夫를 말한다.

선비가 비록 대인大人의 지위를 얻지 못했으나 그 뜻이 이와 같으면, 대인大人의 일 가운데 체體와 용用을 이미 갖춘 것이다. 그러므로 소

인小人의 일은 진실로 마땅히 할 바가 아니다.

주해

- "事卽仁育義正. 備是具備."(四書補註備旨)
- 남헌장씨南軒張氏가 말했다. "殺一無罪而非仁. 由是而體之, 則仁之所以能愛者, 可得而推矣. 非其有而取之, 爲非義. 由是而體之, 則其義之所以爲宜者, 可得以推矣. 居仁由義, 居則不違, 由則不他. 居仁則體立, 由義則用行. 大人之事, 亦不越此而已義."(大全註疏)
- 경원보씨慶源輔氏가 말했다. "士雖未得位以行其道, 而其志則須高尙, 方可志於仁義則高尙, 溺於利慾則卑汙."(大全註疏) 汙(더러울 오)

【備旨】

> 王子問曰 人各有志하니 士ㅣ以何者存諸心이라야 而謂之尙志잇고
> 孟子曰 士之尙志는 非志於富貴也며 非志於功名也니 惟在仁義而已矣라 如殺一無罪之人은 非仁也니 士之志은 必曰 吾必不殺一無罪也요 非其當有而取之는 非義也니 士之志는 必曰 吾必不取其非有也라 如是 而士之所存以爲居者ㅣ惡在乎아 仁이 是也라 士之所由以爲路者ㅣ惡在乎아 義ㅣ是也라
> 士之尙志者ㅣ如此하니 夫居仁者는 大人之體也요 由義者는 大人之用也니 士旣志於居仁由義면 雖未得位而爲大人하여 而大人仁育義正之事ㅣ已備具矣니 豈可以未見之行하여 而遂謂無所事哉아

왕자가 물어 가로되 "사람에게 각각 뜻이 있으니, 선비는 무엇을 마

음속에 보존해야 '뜻을 숭상한다.'고 말할 수 있습니까?"

맹자 가라사대 "선비의 '상지尙志'는 부귀富貴에 뜻을 두지 않고 공명功名에도 뜻을 두지 않으며, 오직 인의仁義에 뜻을 둘 따름이다. 예를 들어 한 사람이라도 무고한 자를 죽이는 것은 인仁이 아니니, 선비의 뜻은 반드시 '내 반드시 한 사람이라도 무고한 자를 죽이지 않겠다.'라고 말할 것이다. 그 마땅히 차지하지 말아야하는데 이를 취하는 것은 의義가 아니니, 선비의 뜻은 반드시 '내 반드시 그 차지하지 말아야 할 것을 취하지 않겠다.'라고 말할 것이다.

이처럼 선비가 간직하여 거처로 삼을 곳이 어디에 있는가? 바로 인仁이다. 선비가 말미암아 가야할 길로 삼을 것이 어디에 있는가? 바로 의義이다. 선비의 '상지尙志'가 이와 같으니, 무릇 인仁에 처하는 것은 대인大人의 체體요, 의義로 말미암는 것은 대인大人의 용用이다.

선비가 이미 '거인유의居仁由義'에 뜻을 두었다면 비록 지위를 얻어 대인大人이 되지는 못했으나, 대인의 인仁으로 기르고 義로 바로잡는 일이 이미 갖추어진 것이다. 그러므로 어찌 하는 일을 볼 수 없다고 해서 마침내 하는 일이 없다고 말하겠는가?"

[13·34]

孟子曰 仲子ㅣ不義로 與之齊國而弗受를 人皆信之어니와 是ㅣ舍簞食豆羹之義也라 人莫大焉이어늘 亡親戚君臣上下하니 以其小者로 信其大者ㅣ奚可哉리오

맹자 가라사대 "중자仲子는 의롭지 않게 그에게 제齊나라를 준다 해도

받지 않을 것임을 사람들이 모두 믿겠지만, 이는 단사두갱簞食豆羹을 버리는 의義이다. 사람에게 친척親戚과 군신君臣과 상하上下 만큼 더 큰 의리가 없으니, 그의 작은 절조로써 그의 큰 절조를 믿는 것이 어찌 가능하겠는가??

仲子는 陳仲子也라

言仲子ㅣ設若非義而與之齊國이라도 必不肯受리니 齊人이 皆信其賢이라 然이나 此但小廉耳라 其辟兄離母하고 不食君祿하여 無人道之大倫하니 罪莫大焉이라 豈可以小廉으로 信其大節하여 而遂以爲賢哉리오

'중자仲子'는 진중자陳仲子이다.

"중자仲子는 설사 의롭지 않게 그에게 제齊나라를 준다 해도 반드시 받지 않으리니, 제齊나라 사람들이 모두 그의 인仁을 믿었다. 그러나 이는 다만 작은 청렴일 뿐이다. 그 형을 피하고 어머니를 떠났으며, 인군人君의 녹을 먹지 않은 것은 인도人道의 대륜大倫이 없는 것이니, 이보다 큰 죄가 없다. 그러니 어찌 작은 청렴으로 그 대절大節을 믿고 마침내 어질다고 하겠는가?"라고 말한 것이다.

주해

● 중자(仲子) : 전국 시대 제齊나라의 진중자陳仲子를 말하는데. 오릉於陵에 살았기 때문에 '오릉중자於陵仲子'라고도 한다. 그는 성품이 지나치게 청렴하여 만종萬鍾의 녹을 먹고 있는 자기 형 진대陳戴의 녹과 집이 모두 불의한 것이라 하여 먹지도 살지도 않고 오릉於陵에 따로 가 살면서 곤궁하게 지냈다. 하루는 자기 형 집에 왔다가 누가 선물로 보낸 거위를 보고는 얼굴을 찌푸리며 "이 꽥꽥거리는 놈을 어디에 쓰자는 거요?"라고 하였다. 얼

마 뒤 어머니가 그것을 잡아서 먹고 있는데 형이 들어와 "이것이 꽥꽥거리던 그 거위 고기이다."라고 하자, 뛰어나가 모두 토해 버렸다고 한다. 남헌장씨南軒張氏가 말했다. "仲子飾小廉而廢大倫, 其不知義已甚矣."(大全註疏)

- "焉字作乎字看. 亡親戚, 指辟兄離母. 亡君臣上下, 指不食君祿."(四書補註備旨)
- "小者指不受齊國之小廉. 大者是人倫之大節."(四書補註備旨)
- 단사두갱(簞食豆羹) : 한 그릇의 밥과 국. 곧 변변치 못한 음식을 말한다.

【備旨】

> 孟子ㅣ因仲子廢人倫 而尚廉節하여 齊人稱之라 故로 闢其失以示人曰 君子觀人에 當論其大德 而略其小節이라 仲子之爲人也ㅣ設若非義로 而與之以齊國이라도 必不肯受리니 人皆信其爲賢矣어니와 不知此不受之義는 是舍簞食豆羹之義已耳라
> 蓋親戚君臣上下는 此人道之大倫이니 正大節所在也라 人之罪ㅣ莫大乎亡親戚君臣上下어늘 今仲子ㅣ辟兄離母하고 不食君祿하니 是其虧莫大之節이며 負莫大之罪也니 若以其固守之小者로 信其大者하여 而遂以爲賢이 奚可哉리오

맹자께서 중자仲子가 인륜을 폐하고 염절廉節을 숭상하는데도 제齊나라 사람들이 그를 칭찬하기 때문에 그 과실을 드러내어 사람들에게 보여 가라사대 "군자가 사람을 살피는데 마땅히 그 대절大節을 논하고 그 소절小節은 생략해야 한다. 중자仲子의 사람됨은 설사 의롭지 않게 그에게 제齊나라를 준다 해도 반드시 받으려고 하지 않을 것이니, 이

에 사람들이 모두 그의 어짊을 믿은 것이다. 그러나 제나라를 받지 않으려고 하는 이러한 의義는 단사두갱簞食豆羹을 버리는 작은 의리임을 알지 못한 것일 뿐이다.

대개 친척親戚과 군신君臣과 상하上下는 이는 인도人道의 대륜大倫이니, 바로 대절大節이 있는 곳이다. 사람의 죄가 친척과 군신과 상하의 대절大節을 버리는 것 보다 큰 것이 없거늘, 이제 중자仲子가 형을 피하고 어머니를 떠나며 인군人君의 녹도 먹지 않으니, 이는 그 막대한 절개를 해친 것이며 막대한 죄를 짊어진 것이다. 만약 그가 고수한 작은 절개로 그 대절을 믿고, 마침내 그가 어질다고 여긴다면, 이것이 어찌 가능하겠는가?"

[13·35]

桃應이 問曰舜이 爲天子요 皐陶ㅣ爲士어든 瞽瞍ㅣ殺人則如之何잇가

도응桃應이 물어 가로되 "순舜이 천자가 되고 고요皐陶가 법관이 되었는데, 고수瞽瞍가 사람을 죽였다면 어떻게 했겠습니까?"

桃應은 孟子弟子也라
其意 以爲舜雖愛父나 而不可以私害公이요 皐陶雖執法이나 而不可以刑天子之父라 故로 設此問하여 以觀聖賢用心之所極이요 非以爲眞有此事也니라

'도응桃應'은 맹자의 제자이다.

그 뜻은 순舜이 비록 부친을 사랑하나 사사로운 정으로 공적인 일을 해칠 수 없고, 고요皐陶는 비록 법을 집행하나 천자의 부친에게 형벌을 내릴 수는 없다고 생각한 것이다. 그러므로 이렇게 물음으로써 성현의 마음 씀씀이의 지극한 바를 보려고 한 것이지, 진실로 이런 일이 있었던 것은 아니다.

주해

- "天子是立法之君."(四書補註備旨)
- "士師是執法之臣."(四書補註備旨)
- 고수(瞽瞍) : 순舜의 부친으로 본명은 '적寘'이다. '고수瞽叟'라고도 한다. 瞽(소경 고) 瞍(소경 수)

【備旨】

> 桃應이 欲觀聖賢用心之極이라 故로 設言以問曰 天下ㅣ處常易하고 處變難하니 設若舜이 爲天子之尊이요 皐陶ㅣ爲士師之官하여 而遇瞽瞍殺人이면 夫殺人은 罪所當死也로되 而舜又爲天子니 則皐陶於此에 將如之何以善處之잇가

도응桃應이 성현의 마음 씀씀이의 지극함을 보기 위해 가정해서 물어 가로되 "천하에 떳떳함에 처하기는 쉬워도 변고變故에 처하기는 어렵습니다. 예를 들어 순舜이 존귀한 천자가 되고, 고요皐陶가 사사士師의 관리가 되었는데, 고수瞽瞍가 사람을 죽였다면 살인은 마땅히 죽여야 할 죄인데 순舜이 또 천자가 되었으니, 이럴 경우에 고요皐陶는 장차 어떻게 해서 이 문제를 잘 처리했겠습니까?"

주해

- 처상(處常) : 정상적인 상황에 처하다.
  《열자列子·천서天瑞》에 나온다. "貧者士之常也, 死者人之終也, 處常得終, 當何憂哉?"
- 사사(士師) : '사사士史'. 고대 형옥刑獄과 금령禁令을 관장하는 관리.
  《주례周禮·추관秋官·사사士師》에 나온다. "士師之職, 掌國之五禁之灋, 以左右刑罰. 一曰宮禁, 二曰官禁, 三曰國禁, 四曰野禁, 五曰軍禁。"
  《맹자孟子·공손추 하公孫丑下》에도 나온다. "今有殺人者, 或問之曰 '人可殺與?' 則將應之曰 '可.' 彼如曰'孰可以殺之?' 則將應之曰 '爲士師, 則可以殺之.'"

孟子曰 執之而已矣니라

맹자 가라사대 "법을 집행할 따름이다."

言皐陶之心은 知有法而已요 不知有天子之父也라

고요皐陶의 마음은 법이 있음을 알뿐이요, 천자의 아버지가 있음을 알지 못한다는 말이다.

주해

- "執是執法."(四書補註備旨)

【備旨】

孟子曰 典刑者는 天下之公也요 士師者는 天下之平也라 皐陶ㅣ亦惟執此法而已矣니 豈有他道以處之乎아

맹자 가라사대 "전형典刑이란 천하의 공정한 것이요, 사사士師란 천하의 공평한 것이다. 고요皐陶는 또한 오직 이 법을 집행할 뿐이니, 어찌 다른 방법이 있어 이를 처리했겠는가?"

주해

- 전형(典刑) : 상형常刑. 형법을 관장하다.
  《서경書經·순전舜典》에 나온다. "象以典刑." 이에 대해 공전孔傳에 "象, 法也. 法用常刑, 用不越法."라고 했다.
  《한서漢書·서전하敘傳下》에 나온다. "釋之典刑, 國憲以平."

然則舜은 不禁與아

"그렇다면 순舜은 금지하지 않겠습니까?"

桃應 問也라

도응桃應이 물은 것이다.

주해

- "禁是止其執意."(四書補註備旨)

【備旨】

桃應이 又問曰 皐陶ㅣ固以執法爲正矣라 然則舜은 天子也니 將不禁止之하여 以全其父與잇가

도응桃應이 또 물어 가로되 "고요皐陶는 진실로 法을 집행하는 것을 정도로 여기는 사람입니다. 그렇다면 순舜은 천자이니, 장차 그를 저지하여 그 아버지를 구하려고 하지 않겠습니까?"

曰 夫舜이 惡得而禁之시리오 夫有所受之也니라

가라사대 "무릇 순舜이 어찌 막을 수 있겠는가? 고요皐陶에게는 천자에게 전해 받은 법이 있다."

言皐陶之法이 有所傳受하니 非所敢私라 雖天子之命이라도 亦不得而廢之也니라

고요皐陶의 법은 전해 받은 바가 있으니 감히 사사로이 할 수가 없다. 비록 천자의 명이라도 또한 폐할 수가 없다.

주해

- "惡得是何得意."(四書補註備旨)

【備旨】

孟子曰 夫舜이 雖欲禁之나 惡得而禁之시리오 夫國法至公하여 原於天討하고 制於聖人하니 皐陶ㅣ固有所受而守之니 雖君이나 不得而廢也니라

맹자 가라사대 "무릇 순舜이 비록 막으려고 하나 어찌 막을 수 있겠는가? 국법은 지극히 공정하여 천토天討에 근원하고 성인이 제정하였으니, 고요皐陶가 진실로 전해 받아 지켜야 할 바이다. 그러므로 비록 인군人君이라도 폐할 수가 없다."

주해

- 천토(天討) : 하늘이 징계하여 다스리다. 천자가 하늘의 뜻에 따라 토벌하다. '천주天誅'와 같다.
  《서경書經·고요모皐陶謨》에 나온다. "天討有罪, 五刑五用哉."

然則舜은 如之何잇고

"그렇다면 순舜은 어떻게 했겠습니까?"

桃應 問也라

도응桃應이 물은 것이다.

주해

- "然則單承不禁來."(四書補註備旨)

【備旨】

> 桃應이 又問曰 舜은 旣不得而禁矣라 然則舜은 固不可廢法以全親이며 亦不可刑親以伸法이니 如何以處此耶잇고

도응桃應 또 물어 가로되 "순舜이 이미 막을 수가 없다고 하셨습니다. 그렇다면 순舜은 진실로 법을 폐하여 아버지를 구할 수도 없고, 또한 아버지에게 형벌을 내려 법을 집행할 수도 없으니, 어떻게 이 문제를 처리했겠습니까?"

曰舜이 視棄天下하사되 猶棄敝蹝也하사 竊負而逃하사 遵海濱而處하사 終身訢然 樂而忘天下하시리라

가라사대 "순舜은 천하를 버리기를 마치 헌 짚신을 버리듯 하시어, 몰래 자신의 아버지를 등에 업고 달아나 바닷가에 가서 살며 종신토록 흔연欣然히 즐기며 천하일을 잊으셨을 것이다."

蹝는 草履也라 遵은 循也라
言舜之心이 知有父而已요 不知有天下也라
孟子ㅣ嘗言舜視天下를 猶草芥하시고 而惟順於父母라야 可以解憂라하시니 與此意로 互相發하니라
此章은 言爲上者는 但知有法 而不知天子父之爲尊이요 爲子者는 但知有父 而不知天下之爲大니 蓋其所以爲心者가 莫非天理之極 人倫之至라 學者ㅣ察此而有得焉이면 則不待較計論量이라도 而天下에 無難處之事矣리라

'사蹝'는 짚신이다. '준遵'은 따른다는 뜻이다.

순舜의 마음이 아버지가 있는 것만 알 뿐이요, 천하가 있음을 알지 못한다는 말이다.

맹자께서 일찍이 말씀하시기를 "순舜이 천하를 초개草芥와 같이 보시고, 오직 부모에게 순종해야 근심을 잊을 수 있었다."라고 하셨으니, 이 뜻과 서로 발명發明한다.

이 장章은 "사사士師는 다만 법이 있음만 알고 천자의 아버지가 존귀한 줄은 알지 못하며, 자식 된 자는 다만 아버지가 있음만 알고 천하가 지대至大한 것은 알지 못한다. 대개 그 마음을 다스리는 바는 천리의 극치와 인륜의 지극함이 아닌 것이 없다. 배우는 자가 이를 살펴 체득한다면 비교하거나 헤아리지 않더라도 천하에 대처하기 어려운 일이 없을 것이다.

주해

- 교계논량(較計論量) : 비교하고 헤아리다. '계교計較'는 '교계較計'와 같으며 비교하다는 뜻이다.
- 왕씨汪氏가 말했다. "孟子之對示後世爲人臣子之道而已. 以天子之父殺人, 且不可舍, 況其卑者乎. 以天下之大, 且可棄, 況其小者乎."(大全註疏)
- 운봉호씨雲峰胡氏가 말했다. "皐但知有天下之法. 天理也, 君臣人倫之至也. 舜但知有父. 天理也, 父子人倫之至也."(大全註疏)
- 敝(해질 폐) 蹝(짚신 사) 竊(훔칠 절) 逃(달아날 도) 遵(좇을 준) 濱(물가 빈)

【備旨】

孟子曰 舜之心은 知有親이요 不知有天下라 其視天下之大를 猶其弊蹝之輕也하시니 使瞽瞍ㅣ陷殺人之罪어든 舜은 必竊負而逃하사 以爲避禍之計하시며 遵海濱而處하사 以爲潛身之密하시며 得全瞽瞍之生하사 將終身訢然하시며 遂天倫之樂 而忘天下之大矣시니 舜之所處ㅣ不過如此而已라

是可見爲士執法하고 爲子盡情하여 天理於是乎極하고 人倫於是乎至하여 皐陶與舜은 兩得之矣리니 由此而推天下면 又何難處之事哉아

맹자 가라사대 "순舜의 마음은 아버지가 있는 것만 알고 천하가 있는 것은 알지 못했으니, 그 천하의 지대至大함을 마치 헌 짚신처럼 가볍게 여겼다. 가사 고수瞽瞍가 살인의 죄에 빠졌다면 순舜은 필시 남몰래 등에 업고 달아나 재앙을 피하는 계책으로 삼고, 바닷가에 가서 살며 몸을 숨기는 방도로 삼아서, 고수瞽瞍의 목숨을 보전하여 장차 종신토록 흔연欣然히 천륜天倫의 즐거움을 이루며 지대至大한 천하를 잊었을 것이니, 순舜의 대처가 이와 같음에 지나지 않았을 것이다.

이에 사사士師는 법을 집행하고 자식은 인정을 다하여, 천리天理가 이에 지극하고 인륜人倫이 이에 지극함으로써, 고요皐陶와 순舜이 모두 마땅함을 얻었을 것이다. 이로 말미암아 천하의 일을 미루어간다면 또한 어찌 대처하기 어려운 일이 있겠는가?"

[13·36]

孟子ㅣ自范之齊러시니 望見齊王之子하시고 喟然歎曰 居移氣하며 養移體하나니 大哉라 居乎여 夫非盡人之子與아

맹자께서 범읍范邑에서 제齊나라 수도로 가서 제왕齊王의 아들을 바라보며 위연喟然히 탄식하며 가라사대 "사는 곳의 지위에 따라 기상이 바뀌며, 봉양을 받으면 체질이 변하는구나. 크도다! 사는 곳이 중요함이여, 모두 다 사람의 자식이 아닌가?"

范은 齊邑이라 居는 謂所處之位라 養은 奉養也라
言人之居處ㅣ所繫甚大하니 王子ㅣ亦人子耳로되 特以所居不同이라 故로 所養不同하여 而其氣體有異也라

'범范'은 제齊나라 읍이다. '거居'는 처한 바의 지위를 말한다. '양養'은 봉양이다.

사람의 거처는 관계된 바가 매우 중요하니, 왕자 또한 사람의 자식이지만 특히 사는 곳의 지위가 같지 않기 때문에 양육되는 바가 달라서 그 기상과 체질이 다르게 된다는 말이다.

주해

- 위연(喟然) : 탄식하는 모양. 喟(한숨 위)
  《예기禮記·예운禮運》에 나온다. "昔者仲尼與於蠟賓, 事畢, 出遊於觀之上, 喟然而歎."
- "居就位之崇高言. 氣乃氣象之氣. 移, 易也."(四書補註備旨)
- "養就祿之豐厚言. 體乃體態之體."(四書補註備旨)

【備旨】

昔에 孟子ㅣ自范之齊러시니 望見齊王之子에 其容貌氣象이 有異於人者하여 遂喟然歎曰 人之居處ㅣ能移人之氣하며 奉養이 能移人之體하니 要之컨대 所養도 亦由於所居也니 大矣哉라 其居之所係乎여 夫王子도 亦人子耳로되 可因其氣體之異하여 而謂非盡人之子與아 吾ㅣ固知其不然也니라

옛날 맹자께서 범읍范邑에서 제齊나라로 가서 제왕齊王의 아들을 보

았는데, 그 용모와 기상이 남들과 다른 점이 있어 마침내 위연喟然히 탄식하며 가라사대 "사람의 거처居處가 사람의 기상을 바꿀 수 있고, 봉양은 사람의 체질을 변하게 한다. 요컨대 봉양하는 바도 또한 거처하는 바에서 나오니, 크도다! 사는 곳이 관계되는 바여!

무릇 왕자도 또한 사람의 자식일 뿐이지만, 그 기상과 체질이 다름으로 인하여 모두 사람의 자식이 아니라고 말하겠는가? 내 진실로 그것이 그렇지 않다는 것을 알겠노라."

孟子曰

맹자 가라사대,

張鄒 皆云羨文也라

장씨張氏와 추씨鄒氏는 모두 연문衍文이라 하였다.

주해

- 장추(張鄒) : 장경부張敬夫와 추지완鄒志完을 말한다. 장경부는 남송의 이학가理學家인 장식張栻을 말하는데, 자가 경부敬夫, 호가 남헌南軒, 한주漢州 금죽錦竹 사람이다. 주희朱熹나 여조겸呂祖謙 등과 같은 시대에 태어나서 명유名儒가 되었으므로, 당시 사람들이 '동남삼현東南三賢'이라고 불렀으며, 저서에 《논어해論語解》·《맹자설孟子說》·《남헌집南軒集》 등이 있다.
  추지완鄒志完은 송宋나라 학자인 추호鄒浩를 말하는데, 호가 계과재計過齋, 도향道鄉 선생으로 불린다.
  "張敬夫, 鄒志完."(大全註疏)

王子宮室車馬衣服이 多與人同 而王子ㅣ若彼者는 其居ㅣ使之然也니 況居天下之廣居者乎아

"왕자의 궁실宮室과 거마車馬와 의복衣服은 대부분 남들과 같지만, 왕자가 저와 같은 것은 그가 사는 환경이 그렇게 만든 것이다. 하물며 천하의 광거廣居에 사는 자에게 있어서랴!"

廣居는 見前篇하니라

尹氏曰 睟然見於面 盎於背은 居天下之廣居者ㅣ然也니라

'광거廣居'는 전편前篇에 보인다.

윤씨 가로되 "윤택하고 빛남이 얼굴에 나타나고 등에 가득한 것은 천하의 광거廣居에 사는 자만이 그럴 수 있다."

주해

- 광거(廣居) : 넓은 거처. 곧 인仁을 비유한다.
  《근사록집해近思錄集解》 권14에 나온다. "居廣居而行大道, 居天下之廣居, 不安於狹陋, 行天下之大道, 不由於邪僻."
  "廣居是人心之仁德. 者字是孟子暗自謂."(四書補註備旨)
- 신안진씨新安陳氏가 말했다. "居仁宅者之氣象, 必德潤身而心廣體胖, 與王子驕貴之氣習, 又不侔矣."(大全註疏) 侔(닮을 모)

【備旨】

今에 王子所居之宮室과 所乘之車馬와 所衣之衣服이 雖不盡同於人이나 亦多與人同하니 宜其氣體도 亦不同矣어늘 而王子之氣體ㅣ固若彼其異者는 果何使之然

哉아 以其所居不同이라 故로 所養不同이 有以使之然也니라

夫勢分之居ㅣ尙可以移人如此어늘 況居天下之廣居宅仁者之氣象은 又當何如乎아 吾知其德潤身이요 心廣體胖하여 充吾正氣 而與常人異也ㅣ必矣리니 豈但如王子僅以氣體 而異乎人哉리오

이제 왕자가 사는 궁실宮室과 타고 다니는 거마車馬와 입고 있는 의복衣服이 비록 남들과 모두 같지는 않으나, 또한 대부분 남들과 같다. 그러니 의당 그 기상과 체질이 또한 같지 않아야 하는데, 왕자의 기상과 체질이 진실로 저와 같이 다른 것은 과연 무엇이 그렇게 만든 것인가? 그가 사는 곳이 같지 않기 때문에 봉양한 바가 같지 않아서 그렇게 만든 것이다.

무릇 높은 권세와 지위가 오히려 사람을 변화시키는 것이 이와 같거늘, 하물며 천하의 광거廣居에 살고 인仁에 사는 자의 기상이 또한 마땅히 어떠하겠는가? 나는 그의 덕이 몸을 윤택하게 해서 마음이 넓어지고 몸이 펴지게 하며, 나의 정기正氣를 채워 보통 사람들과 다르게 되는 것이 필연적임을 알 수 있다. 그러니 어찌 다만 겨우 기상과 체질이 남들과 다른 왕자와 같겠는가?

주해

- 세분(勢分) : 권세. 지위.

  송宋나라 하탄何坦의 《서주상언西疇常言·응세應世》에 나온다. "凡居人上, 有勢分之臨, 惟以恕存心, 乃可以容下."

魯君이 之宋하여 呼於垤澤之門이어늘 守者曰 此非吾君也로되 何其聲之似我君也오하니 此는 無他라 居相似也니라

"노魯나라 인군人君이 송宋나라에 갔을 때 질택垤澤의 성문에서 큰 소리로 불렀다. 그러자 성문을 지키는 자가 말하기를 '이 자는 우리 인군人君이 아닌데, 어찌 그 목소리가 우리 인군人君과 비슷한고?' 라고 하니, 이는 다름이 아니라 사는 환경이 서로 비슷하기 때문이다."

垤澤은 宋城門名也라

孟子ㅣ又引此事爲證하시니라

'질택垤澤'은 송宋나라 성문城門의 이름이다.

맹자께서 다시 이 일을 인용하여 증거로 삼은 것이다.

주해

- 주자朱子가 말했다. "有是居則有是養. 居公卿有公卿底奉養. 居貧賤有貧賤底奉養. 言居則養在其中."(大全註疏)
- 신안진씨新安陳氏가 말했다. "此章重在居廣居一句. 勢位之居, 猶足移氣, 與賤者異. 廣居之居, 其能充吾正氣而與常人異也, 必矣."(大全註疏)
- 垤(개밋둑 질)

【備旨】

夫居之能移人者를 又嘗驗之於魯君矣라 昔者에 魯君이 之宋하여 呼於宋垤澤之門이어늘 其守門者曰 此呼於門者는 非吾君也로되 何其所呼之聲이 似我君也오

하니 由守者之言觀之컨대 二君之聲이 相似者는 無他라 以其所居之位ㅣ原相似也니 是可見居能移氣요 而王子氣體之異를 無足怪矣라 然則居廣居之大異也를 又何疑乎아

무릇 사는 곳의 환경이 사람을 변화시킬 수 있다는 것을 또한 일찍이 노魯나라 인군人君에게서 증험할 수 있다.

옛날 노魯나라 인군人君이 송나라에 갔을 때 질택垤澤의 성문에서 큰 소리로 불렀다. 그 성문을 지키는 자가 말하기를 '성문에서 큰 소리로 부르는 자는 우리 인군이 아닌데, 어찌 그 부르는 소리가 우리 인군과 비슷한고?'라고 하였다.

성문을 지키는 자의 말로 살피건대, 두 인군의 목소리가 서로 비슷한 것은 다름이 아니라 그 거처하는 바의 지위가 원래 서로 비슷하기 때문이다. 이는 사는 거처가 능히 사람의 기질을 변화시킬 수 있음을 알 수 있으니, 왕자의 기질과 체질이 다른 것은 이상할 것이 없다. 그러므로 인仁의 광거廣居에 사는 자가 크게 다르다는 점을 또한 어찌 의심하겠는가.

[13·37]

孟子曰 食而弗愛면 豕交之也요 愛而不敬이면 獸畜之也니라

맹자 가라사대 "음식만 주고 사랑하지 않으면 돼지로 기르는 것이요, 사랑하되 공경하지 않으면 짐승으로 기르는 것이다."

주해

- "此恭敬是敬賢之實心."(四書補註備旨)
- 승광(承筐) : 손님을 맞이하다. 예물을 보내다. 筐(광주리 광) 《시경詩經·소아小雅·녹명鹿鳴》에 나온다. "我有嘉賓, 鼓瑟吹笙. 吹笙鼓簧, 承筐是將." 이에 대해 주희朱熹의 《시경집전詩經集傳》에 "承, 奉也. 筐, 所以盛幣帛者也."라고 풀이했다.

【備旨】

> 夫所謂恭敬者는 豈徒幣交而已리오 交方은 其幣帛未將之時에 已有此恭敬之心이 存於中者也니 此所謂恭敬之實也니라

이른바 '공경恭敬'이란 것이 어찌 한갓 폐백만을 보낼 뿐이겠는가? 교왕交往하려는 쪽에서는 그 폐백을 받들기 전에 이미 이 공경하는 마음이 심중에 있어야 하니, 이것이 이른바 공경의 실제이다.

恭敬而無實이면 君子ㅣ不可虛拘니라

"공경하되 실제가 없으면, 군자가 헛되이 얽매여서는 안 된다."

此는 言當時諸侯之待賢者가 特以幣帛 爲恭敬而無其實也니라 拘는 留也라

이는 당시의 제후 현자를 대우하는 것이 다만 폐백으로써 공경을

삼아 그 실제가 없음을 말한 것이다. 拘(구)는 머무는 것이다.

주해

● "此恭敬者, 就幣帛言. 實字, 卽上恭敬以心言."(四書補註備旨)

【備旨】

> 奈何오 今諸侯之待賢者는 特以幣帛爲恭敬 而無恭敬之實이니 則禮爲虛文이요 亦豕交獸畜耳라 焉有君子而可以虛文拘留之耶아 然則君之待賢은 惟當盡愛敬之實 而可矣니라

어찌 하겠는가? 지금 제후들이 어진 이를 대우하는 것은 다만 폐백으로 공경을 삼되 공경의 실제가 없으니, 예禮는 허문虛文이 되었고 또한 돼지로 기르고 짐승으로 대할 뿐이니, 어찌 군자가 허문虛文 때문에 얽매일 수 있겠는가?

그러므로 인군人君이 어진 이를 대우하는 것은 오직 마땅히 사랑과 공경의 실제를 다하는 것이 옳을 것이다.

주해

● 허문(虛文) : 실제에 맞지 않는 빈 문장. 의미가 없는 예절禮節. 《한서漢書·곡영전谷永傳》에 나온다. "書陳於前, 陛下委棄不納, 而更使方正對策, 背可懼之大異, 問不急之常論, 廢承天之至言, 角無用之虛文."

[13·38]

孟子曰 形色은 天性也니 惟聖人然後에 可以踐形이니라

맹자 가라사대 "형색形色은 천성天性이니, 오직 성인聖人이라야 형색形色을 실천할 수 있다."

人之有形有色이 無不各有自然之理하니 所謂天性也라 踐은 如踐言之踐이라 蓋衆人은 有是形 而不能盡其理라 故로 無以踐其形이요 惟聖人은 有是形 而又能盡其理하니 然後에 可以踐其形而無歉也라

程子曰 此는 言聖人이 盡得人道而能充其形也라 蓋人得天地之正氣而生하여 與萬物不同하니 旣爲人인댄 須盡得人理然後에 稱其名이라 衆人은 有之而不知하고 賢人은 踐之而未盡하니 能充其形은 惟聖人也니라

楊氏曰 天生烝民에 有物有則하니 物者는 形色也요 則者는 性也라 各盡其則이면 則可以踐形矣니라

사람에게 형체가 있고 용모가 있는 것이 각각 자연스러운 이치가 있지 아니함이 없으니 이른바 천성天性이다.

'천踐'은 천언踐言의 천踐과 같다. 대개 중인衆人들은 이 형체를 지니고 있으나 능히 그 이치를 다할 수 없기 때문에 그 형체를 실천할 수 없다. 오직 성인聖人만이 이 형체를 지니고 다시 능히 그 이치를 다할 수 있으니, 그런 후에 가히 그 형체를 실천하여 부족함이 없는 것이다.

정자程子 가로되 "이는 성인聖人이 인도人道를 다하여 능히 그 형체를

채울 수 있음을 말한 것이다. 대개 사람이 천지의 바른 기운을 받아 태어났기 때문에 만물과 같지 않다. 이미 사람이 되었으니 모름지기 사람의 도리를 모두 얻은 뒤에야 그 이름에 걸맞을 것이다. 하지만 중인衆人은 이를 얻었으나 알지 못하며, 현인賢人은 이를 실천하였으나 다하지 못하니, 능히 그 형체를 채울 수 있는 자는 오직 성인聖人뿐이시다."

양씨楊氏 가로되 "하늘이 백성을 낳은 뒤 만물이 있고 법칙이 있게 되었다. 만물은 형체와 용모를 말하고 법칙은 본성을 말하니, 각각 그 본성을 다한다면 형체를 실천할 수 있을 것이다."

주해

- 형색(形色) : 형체와 용모.
  "形如耳目手足之類. 色是視聽言動之類. 天性是自然之性."(四書補註備旨)
  《남사南史·양예장왕종전梁豫章王綜傳》에 나온다. "淑媛問夢中形色, 頗類東昏."
  원元나라 최구崔璆의 《돌돌咄咄》시에 나온다. "咄咄復咄咄, 小兒成老翁, 么微各形色, 追逐元化工." 璆(아름다운 옥 구) 咄(꾸짖을 돌)
- 천형(踐形) : 사람이 하늘로부터 받은 천성天性을 그대로 실천하는 것.
  "踐形在盡性上見."(四書補註備旨)
  당唐나라 한유韓愈의 〈답후생문논어서答侯生問論語書〉에 나온다. "聖人踐形之說, 孟子詳於其書."
- 신안진씨新安陳氏가 말했다. "程子之說, 蓋自踐字推廣之. 衆人全不能踐者也. 賢人雖能踐之而未盡者也. 聖人則極能踐之而無不盡者也."(大全註疏)
- 慊(부족할 겸)

【備旨】

孟子ㅣ示人以盡性之學曰 人之有生也에 凡具於身者를 同謂之形이요 發於形者를 同謂之色이니 是形色之生

은 各有自然之理하니 乃天之性也라 但衆人은 不能盡其性이라 是以로 不能踐其形耳요 惟聖人은 氣質淸明하고 物欲無累하여 能盡其形之性 然後에 可以實踐其形 而無歉於所生也니 彼同有是形者ㅣ可不以聖人爲法哉아

맹자께서 사람들에게 본성을 다하는 학문을 보여 가라사대 "사람이 태어나 무릇 몸에 갖추어 진 것을 똑같이 형체[形]라고 이르고, 형체에서 발현된 것을 똑같이 용모[色]라고 말한다. 이 형색形色이 나온 것은 각각 자연의 이치가 있으니 바로 하늘이 부여한 본성이다.

다만 중인衆人은 능히 그 본성을 다하지 못하기 때문에 능히 그 형체를 실천할 수 없을 뿐이요, 오직 성인聖人은 기질이 청명하고 물욕의 허물이 없어 능히 형체의 본성을 다할 수 있다. 그런 후에 가히 그 형체를 실천하여 타고난 바에 부족함이 없을 것이니, 저 똑같이 이 형체를 지닌 자가 가히 성인聖人을 법으로 삼지 않겠는가?"

[13·39]

齊宣王이 欲短喪이어늘 公孫丑曰 爲朞之喪이 猶愈於已乎인저

제齊나라 선왕宣王이 삼년상三年喪을 단축시키려고 하였다.
이에 공손추公孫丑 가로되 "기년의 상을 함이 오히려 그치는 것 보다 낫도다."

已는 猶止也라

이는 그침과 같다.

주해

● 단상(短喪) : 복상(服喪)의 기한을 단축하다.
조기趙岐의 註에 "齊宣王以三年之喪爲太長久, 欲減而短之."라고 했다.
"欲, 減三年喪祭."(四書補註備旨)

● 신안진씨新安陳氏가 말했다. "丑附其說, 謂三年短而爲朞, 猶勝於止而不爲者乎."(大全註疏) 朞(돌 기)

【備旨】

昔에 齊宣王이 欲短三年之喪하여 其忍心廢禮ㅣ甚矣어늘 公孫丑ㅣ乃附會其說曰 爲朞之喪이 不勝於已而不爲服者乎잇가

옛날 제齊나라 선왕宣王이 삼년상三年喪을 단축시키려 하였는데, 잔인한 마음으로 예禮를 폐하는 것이 심하였다.

공손추公孫丑가 이에 그 말을 견강부회牽强附會하여 가로되 "기년상朞年喪을 지내는 것이 제사를 없애고 상복을 입지 않는 것 보다 낫지 않겠습니까?"

주해

● 인심(忍心) : 사나운 마음. 잔인한 마음. '한심狠心'과 같다.
《시경詩經·대아大雅·상유桑柔》에 나온다. "惟彼忍心, 是顧是復." 이에 대해 주희朱熹의 《집전集傳》에 "忍, 殘忍也."라고 풀이했다.

孟子曰 是猶或이 紾其兄之臂어든 子謂之姑徐徐云爾로다 亦教之孝弟而已矣니라

맹자 가라사대 "이는 어떤 사람이 자기 형의 팔을 비트는데, 그대가 그자에게 '살살 비틀라.' 고 말하는 것과 같다. 역시 그에게 효제孝悌를 가르칠 뿐이다."

紾은 戾也라 教之以孝弟之道면 則彼當自知兄之不可戾 而喪之不可短矣리라

孔子曰 子生三年 然後에 免於父母之懷하니 予也 有三年之愛於其父母乎아하시니 所謂教之以孝弟者如此하니 蓋示之以至情之不能已者오 非強之也니라

'진紾'은 비트는 것이다. 효제孝悌의 도道로써 가르치면, 저들이 마땅히 스스로 형의 팔을 비틀지 말아야 되고 상기喪期를 단축할 수 없다는 것을 알게 될 것이다.

공자孔子께서 가라사대 "자식이 태어나 삼 년이 지난 후에 부모의 품을 면할 수 있으니, 재여宰予는 삼 년 동안 그 부모에게서 사랑을 받았을 것이다."라고 하셨으니, 이른바 효제로서 가르친다는 것이 이와 같다.

대개 지극한 정을 능히 그칠 수 없다는 것을 보이신 것이요, 억지로 강요하신 것이 아니다.

주해

- "謂之是勸諭. 姑, 且也. 徐徐, 遲緩意."(四書補註備旨)
- "教是教紾兄者."(四書補註備旨)

● 臂(팔 비) 紾(비틀 진)

【備旨】

孟子ㅣ責之曰 子之事親이 猶弟之事兄也니 親喪之不可短이 猶兄臂之不可紾也라 今王欲短喪이어늘 而子謂朞猶勝於已라하니 是猶或이 紾其兄之臂어든 子ㅣ乃謂之姑徐徐云爾로다 夫徐徐ㅣ亦紾也니 豈所以敎人者哉아 以我言之컨대 亦惟敎之以孝弟 而動其固有之良이면 則彼當自知兄之不可紾矣리니 子謂朞之說은 是亦徐徐之類也니라

맹자께서 꾸짖어 가라사대 "그대가 부모를 섬기는 것이 아우가 형을 섬기는 것과 같으니, 어버이 상기喪期를 단축시킬 수 없는 것이 형의 팔을 비틀 수 없는 것과 같다. 이제 왕이 상기喪期를 단축시키려고 하는데 자네가 제사를 그만 두는 것보다는 낫다고 말하니, 이는 혹자가 그 형의 팔을 비트는데 자네가 이에 우선 '살살 비틀라'고 말하는 것과 같다. 무릇 살살 비트는 것도 또한 비트는 것이니, 어찌 사람에게 가르치는 바이겠는가?

내가 말하건대 역시 효제孝弟로써 가르쳐 그가 본디 지니고 있는 양심을 움직이게 하면, 저들이 마땅히 스스로 형의 팔을 비틀지 말아야 함을 알 것이다. 그대가 기년상朞年喪을 지내라고 말하는 것은 이 또한 '살살 비틀라'는 것과 같다.

王子有其母死者어늘 其傅ㅣ爲之請數月之喪이러니
公孫丑曰 若此者는 何如也잇고

왕자 중에 그 어머니가 돌아가신 자가 있었는데, 그 사부가 대신해서 몇 달의 복상服喪을 청하였다.
공손추가 가로되 "이와 같은 일은 어떻습니까?"

陳氏曰 王子所生之母死에 厭於嫡母而不敢終喪이어늘 其傅爲請於王하여 欲使得行數月之喪也라 時又適有此事하니 丑問如此者는 是非何如오하니라 按儀禮컨대 公子爲其母하여 練冠麻衣縓緣하고 旣葬除之라하니 疑當時에 此禮已廢어나 或旣葬而未忍卽除라 故로 請之也라

진씨陳氏[陳暘] 가로되 "왕자를 낳은 생모가 죽자 적모嫡母에게 압존壓尊당하여 감히 상기喪期를 마칠 수 없었다. 이에 그 사부師傅가 대신 왕에게 청하여 몇 달의 복상服喪을 마칠 수 있도록 했다. 당시에 또 마침 이런 일이 있자, 공손추가 묻기를 '이런 경우는 옳고 그름이 어떻습니까?'라고 하였다. 《의례儀禮》에 따르면, '공자公子는 그 생모를 위하여 연관練冠을 쓰고 삼베옷을 입고 전연縓緣을 하였다가, 이미 장례를 마친 후에 벗는다.'라고 하였다. 의심컨대 당시에 이러한 예禮가 이미 폐지되었거나 혹은 이미 장사를 지냈는데, 차마 바로 상복을 벗지 못했기 때문에 이를 청한 것이다."

주해

- "往者是齊王庶子. 母是生王子庶母."(四書補註備旨)

- "傅是王之師傅. 數月之喪比朞猶少."(四書補註備旨)
- 연관(練冠) : 누인 명주로 만든 모자. 부모의 일주기 제사 때 사용한다. 《좌전左傳·소공31년昭公三十一年》 條에 나온다. "季孫練冠麻衣跣行." 이에 대해 공영달孔穎達 소疏에 "練冠蓋如喪服斬衰, 旣練之後布冠也."라고 했다. 跣(맨발 선)
- 마의(麻衣) : 삼베옷.
- 전연(縓緣) : 황리전연(黃裡縓緣). 황색 안감에 천홍색 선을 바깥에 두르는 것을 말한다. 縓(붉을 전) 緣(선두를 연)
  《예기禮記·단궁 상檀弓上》에 "연의를 입되 누런빛 천으로 안을 대고 연한 붉은빛 천으로 연의의 옷깃과 소매에 선을 두른다.[練衣黃裏縓緣]"라는 말이 나온다.

【備旨】

公孫丑短喪之說을 孟子ㅣ旣斥其非矣러시니 此時에 適有齊王之子ㅣ其生母死어늘 壓於嫡母 而不敢終其喪이어늘 王子之傅ㅣ爲之하여 請於王 行數月之喪하여 以申孝親之心이러니 公孫丑ㅣ因問曰 爲朞之喪은 旣爲不可者어늘 此數月者는 其是非果何如也잇고

공손추公孫丑의 '상기喪期를 단축시켜도 좋다'는 말을 맹자께서 이미 그 잘못을 물리치셨다. 이때 마침 제왕齊王의 아들 중에 그 생모가 죽은 자가 있었는데, 적모嫡母에게 압존壓尊당하여 감히 그 상기를 마칠 수가 없었다. 그러자 왕자의 사부師傅가 대신 왕에게 몇 달의 복상服喪을 입고서 효친孝親의 마음을 다하도록 했다.

공손추가 이 때문에 물어 가로되 "기년朞年의 상을 지내는 것이 이미 불가하거늘, 이 몇 달의 복상은 그 옳고 그름이 과연 어떻습니까?"

曰 是欲終之而不可得也라 雖加一日이나 愈於已하니 謂夫莫之禁而弗爲者也니라

가라사대 "이는 상기喪期를 마치려고 해도 할 수 없는 경우이니, 비록 하루를 더해도 그치는 것보다는 낫다. 앞서 말한 것은 남이 삼년상을 금지시키는 것도 아닌데 지내지 않는 경우이다."

言王子欲終喪而不可得이어늘 其傅ㅣ爲請하니 雖止得加一日이라도 猶勝不加하니 我前所譏는 乃謂夫莫之禁而自不爲者耳니라

此章은 言三年通喪은 天經地義라 不容私意로 有所短長이니 示之至情이면 則不肖者ㅣ有以企而及之矣리라

왕자가 상기喪期를 마치려고 해도 할 수 없거늘 그 사부師傅가 대신 청하여 비록 다만 하루를 더해도 오히려 지내지 않는 것보다는 낫다는 말이다.

내가 앞에서 기롱譏弄한 바는 바로 남들이 금지하지도 않는데 스스로 지내지 않은 것을 말했을 뿐이다.

이 장은 삼년 통상通喪은 하늘의 법이요 땅의 의이니, 사사로운 뜻으로 단축하거나 연장할 수 없다고 말하였다. 지극한 마음을 보여주면 불초不肖한 자가 바라보고 미칠 수 있을 것이다.

주해

- "欲終是要終三年之喪."(四書補註備旨)
- "謂指前所譏者說. 莫之禁是禮無所制意. 弗爲是不爲三年喪."(四書補註備旨) 譏(나무랄 기)
- 통상(通喪) : 상하로 통용되는 상례喪禮.

《논어論語·양화陽貨》에 나온다. "子生三年然後, 免於父母之懷. 三年之喪, 天下之通喪也."

당唐나라 한유韓愈의 〈순종실록5順宗實錄五〉에도 나온다. "存者不至於傷生, 逝者不至於甚痛, 謂之達理, 以貫通喪."

● 천경지의(天經地義) : 천지간의 당연한 이치로서 변할 수 없는 법도, 삼강오상三綱五常과 같은 예禮를 말한다.

《좌전左傳·소공25년昭公二十五年》條에 나온다. "夫禮, 天之經也, 地之義也, 民之行也."

【備旨】

> 孟子曰 此又不可以例論也라 彼王子는 壓於嫡母니 是欲終三年之喪 而不可得也라 故로 其傅ㅣ爲之請하니 雖能加一日이라도 亦足以伸一日之情이라 猶愈於已온 況數月乎아 若我譏子之不能教王終喪者는 正謂夫齊王이 莫之禁而自不爲者也요 非欲終之 而不可得者를 比矣니 子ㅣ安可以是例之耶아

맹자 가라사대 "이는 또한 예를 들어 논할 수가 없다. 저 왕자는 적모嫡母에게 압존壓尊을 당하여 삼년상을 마치려고 해도 할 수가 없기 때문에 그 사부가 대신 청한 것이다. 비록 하루를 더할 수 있어도 또한 하루의 마음을 펼 수 있으니, 오히려 그치는 것보다 낫거늘 하물며 몇 개월 임에랴.

그대가 능히 왕에게 삼년상을 마치도록 가르치지 못함을 내가 기롱譏弄한 것은 바로 제齊나라 왕이 남이 금하지도 않았는데 스스로 삼년상을 지내려고 하지 않은 것을 말한 것이다. 삼년상을 마치려고 해도 마칠 수 없는 자와 비교할 수 없거늘, 그대는 어찌 이것을 예로 들 수 있겠는가?"

[13·40]

孟子曰 君子之所以教者ㅣ五니

맹자 가라사대 "군자가 사람을 가르치는데 다섯 가지 방법이 있다."

下文五者는 蓋因人品高下와 或相去遠近先後之不同이라

하문下文의 다섯 가지는 대개 인품人品의 고하高下와 혹 서로 떨어진 거리의 원근遠近과 선후先後에 따라 같지 않다.

주해

● "所以者宜玩."(四書補註備旨)

【備旨】

孟子ㅣ敍君子曲成之教化也曰 君子教人之心은 一而已矣나 然이나 學者之人品有高下하며 時地有遠近先後하니 其教者ㅣ不能一也라 故로 其所以教者ㅣ有五焉이라

맹자께서 군자의 '곡성曲成의 교화教化'를 서술하여 가라사대 "군자가 사람을 가르치는 마음은 한가지일 뿐이다. 그러나 배우는 자의 인품人品에는 고하高下가 있고, 때와 장소에는 원근遠近과 선후先後가 있으니, 그 가르치는 방법이 한가지일 수가 없다. 그러므로 그 가르치는 방법에 다섯 가지가 있는 것이다."

주해

● 곡성(曲成) : 만물을 정성껏 성취시켜 주고 빠뜨리지 않는다.
《주역周易·계사상繫辭上》에 나온다. "範圍天地之化而不過, 曲成萬物而不遺, 通乎晝夜之道而知 故, 神無方而易無體." 이에 대해 한강백韓康伯의 註에 "曲成者, 乘變以應物, 不係一方者也."라고 했고, 공영달孔穎達의 소疏에 "言聖人隨變而應, 屈曲委細, 成就萬物."라고 풀이했다.

有如時雨 | 化之者하며

"시우時雨처럼 교화하는 방법이 있다."

時雨는 及時之雨也라
草木之生에 播種封植하여 人力已至로되 而未能自化하니
所少者는 雨露之滋耳라 及此時而雨之면 則其化速矣라
教人之妙 | 亦猶是也니 若孔子之於顔曾이 是已니라

'시우時雨'는 때에 맞게 내리는 비이다.

초목을 심을 때 파종播種하고 봉식封植하여 인력을 다 쏟아 부어도 능히 스스로 자라지 못하니 부족한 것이 비와 이슬의 자양滋養이다. 이 때에 이르러 비가 내리면 그 성장이 빠를 것이다.

사람을 가르치는 묘법妙法도 이와 같으니, 공자孔子께서 안회顔回와 증자曾子를 가르치신 방법과 같다.

주해

● 시우(時雨) : 때에 맞게 내리는 비.
《서경書經·홍범洪範》에 나온다. "曰肅, 時雨若."

● 봉식(封植) : 꽃과 나무에 흙을 북돋우다. '봉식封殖'과 같다. 《좌전左傳·소공2년昭公二年》 條에 나온다. "宿敢不封殖此樹, 以無忘《角弓》, 遂賦《甘棠》." 이에 대해 두예杜預의 註에 "封, 厚也. 殖, 長也."라고 했다.
● 정자程子가 말했다. "待物生以時雨潤之, 使之自化."(大全註疏)
● 주자朱子가 말했다. "時雨化者, 不先不後, 適當其時而已."(大全註疏)

【備旨】

五者之敎ㅣ何如오 彼天下之學者ㅣ有天資最高하여 學力已到하여 於道에 有將得之機면 吾則迎其機 而敎之를 如時雨之加於草木하여 不先不後 而化之速者니 此一敎也요

다섯 가지의 가르침은 무엇인가? 저 천하의 배우는 자가 타고난 자질이 가장 훌륭하고 학력이 이미 갖추어져 장차 道의 기틀을 얻을 수가 있으면, 나는 그 기틀을 맞이하여 가르치기를 시우時雨가 초목을 적시듯 앞서지도 않고 뒤에 서지도 않으며 빨리 자라도록 할 것이니, 이것이 하나의 가르침이다.

有成德者하며 有達財者하며

"덕을 이루게 하는 방법이 있으며, 재능을 이루게 하는 방법이 있다."

財는 與材同이라 此各因其所長而敎之者也라 成德은 如孔子之於冉閔이요 達財는 如孔子之於由賜라

재는 재질과 같다. 이는 각각 그 잘한 바를 따라서 가르치는 것이다. 덕을 이루었다는 것은 마치 孔子의 冉·閔(염백우, 민자건) 같음이오, 재질이 통달했다는 것은 마치 孔子의 由·賜(자로, 자하)같음이다.

주해

- 달재(達財) : 재능을 이루게 하다. 재능을 달성하게 하다. '재財'는 '재才'와 같다.
  초순焦循의 《맹자정의孟子正義》에 "財卽才也, 才恐其滯而不通, 故達之."라고 했다.
- "成是成就. 德指天資純粹而欲自得者."(四書補註備旨)
- "達是通達. 財指天資明敏而欲有爲者."(四書補註備旨)
- 주자朱子가 말했다. "成就其德, 德則天資純粹者. 通達其材, 材是天資明敏者."(大全註疏)

【備旨】

> 然이나 天下不皆若人也라 其次는 有天資純厚 而德之可成이면 則抑其過하고 引其不及하여 以成其德者ㅣ是成德이니 又一敎也요
> 有天資明敏 而材之可達이면 則矯其偏하여 歸之於正하여 以達其材者ㅣ是達材니 又一敎也요

그러나 천하 사람들이 모두 이와 같지 않다. 그 다음은 타고난 자질이 순수하고 후박厚朴하여 덕을 이룰 수 있으면, 그 지나친 것을 억제시키고 그 미치지 못한 것을 이끌어 그 덕을 이루게 하는 것이 바로 '성덕成德'이니, 또 하나의 가르침이다.

타고난 자질이 명민明敏하여 재능을 이룰 수 있으면, 그 치우친 것을 바로잡아 정도에 돌아가게 해서 그 재능을 이루게 하는 것이 바로 '달

재達材'이니, 이것이 또 하나의 가르침이다.

주해

- 약인(若人) : 이런 사람. 이와 같은 사람.
  《논어論語·공야장公冶長》에 나온다. "君子哉! 若人. 魯無君子者, 斯焉取斯?"

有答問者하며

"물음에 답하는 방법이 있다."

就所問而答之니 若孔孟之於樊遲萬章也라

묻는 바에 나아가 답을 하니, 공자孔子와 맹자孟子가 번지樊遲와 만장萬章에게 답한 것과 같다.

주해

- "答問是答其所問."(四書補註備旨)
- 경원보씨慶源輔氏가 말했다. "樊遲之粗鄙, 萬章之淺率, 孔孟皆必俟其問而後告教之是也."(大全註疏) 俟(기다릴 사)

【備旨】

> 又其次는 則有德無可成하고 材無可達이로되 但因其問而答之하여 以釋其疑 開其惑者는 是亦言教之所及이니 又一教也라

또 그 다음은 덕이 있으나 이룰 수가 없고 재능을 이룰 수도 없는데, 다만 그 물음으로 인하여 답을 해서 그 의심을 풀어주고 그 의혹을 열어주는 것이 바로 또한 언교言教가 미친 바이니, 또 하나의 가르침이다.

주해

● 언교(言教) : 윗사람이 아랫사람에게 분명하게 일깨워주다.
강설講說로 진행하는 교육.
《진서晉書·효우전孝友傳·이밀李密》에 나온다.
"孔明與言者無己敵, 言教是以碎耳."

有私淑艾者하니

"사숙私淑을 통해 자신을 다스리는 방법이 있다."

私는 竊也요 淑은 善也요 艾는 治也라
人或不能及門受業하고 但聞君子之道於人 而竊以善治其身이면 是亦君子教誨之所及이니 若孔孟之於陳亢夷之ㅣ是也라
孟子ㅣ亦曰 予未得爲孔子徒也나 予私淑諸人也라하시니라

'사私'는 '개인적으로'라는 뜻이다. '숙淑'은 선善이요, '애艾'는 다스림이다.

사람이 혹 문하에서 수업을 받지 못하고 다만 남에게 군자의 道를 듣고서 사적으로 그 몸을 선하게 다스린다면 이 또한 군자의 가르침

이 미친 것이니, 공자孔子와 맹자孟子가 진항陳亢과 이지夷之에게 미친 영향과 같은 경우가 이것이다.

맹자 또한 가라사대 "나는 공자孔子의 문도門徒가 될 수 없었으나, 내 개인적으로 여러 사람들에게 사숙私淑하였다."라고 하셨다.

주해

● 사숙(私淑) : 훌륭한 스승에게 직접 배우지는 못했으나, 그의 학문과 인품에 감복하여 스승으로 모시는 일.
조기趙岐의 註에 "淑, 善也. 我私善之於賢人耳, 蓋恨其不得學於大聖人也." 라고 풀이했다.

● "淑字, 進善邊多. 艾字, 去惡邊多."(四書補註備旨)

● 주자朱子가 말했다. "有答問者, 未及師承, 只是來相答問而已. 私淑艾者, 未嘗親見面授, 只是或聞其風而師慕之. 或私竊傳其善言善行, 學之以善於其身, 是亦君子之教誨也."(大全註疏)

【備旨】

> 又其次는 則有地不相近하고 時不相及하여 聞君子之道於人하고 私竊之하여 以淑艾其身者는 是亦風教之所及이니 又一教也니라

또 그 다음은 지역이 서로 가깝지 않고 시기가 서로 맞지 않아서, 군자의 道를 남들에게 듣고 개인적으로 사숙私淑하여 그 몸을 선善하게 다스린 자는, 이 또한 풍교風教가 미친 바이니 또 하나의 가르침이다.

주해

● 풍교(風教) : 풍화風化. 곧 풍속과 교화를 말한다.
〈모시서毛詩序〉에 "風, 風也, 教也. 風以動之, 教以化之."라고 했다.

此五者는 君子之所以教也니라

"이 다섯 가지는 군자가 가르치는 방법이다."

聖賢施教는 各因其材하여 小以成小하고 大以成大하여 無棄人也니라

성현聖賢이 가르침을 베풀 때는 각각 그 재질에 따라 작은 사람은 작게 이루게 하고 큰 사람은 크게 이루게 하여 버리는 사람이 없다.

주해

- "是指上五者而申結之."(四書補註備旨)
- 조씨趙氏가 말했다. "君子之教人, 如天地之生物, 各因其材而篤焉. 天地無棄物, 聖賢無棄人."(大全註疏)

【備旨】

凡此五者는 高下大小에 異其科며 先後遠近에 殊其迹이니 皆君子之所以曲成天下以爲教也니 又安有棄人哉리오

무릇 이 다섯 가지는 재능의 고하高下와 대소大小에 따라 그 과목을 달리하고, 지역의 선후先後와 원근遠近에 따라 그 자취를 달리 한 것이니, 모두 군자가 천하 사람들을 정성스럽게 가르치는 바이다. 그러니 또한 어찌 버리는 사람이 있겠는가?

[13·41]

公孫丑曰 道則高矣 美矣나 宜若似登天然이라 似不可及也니 何不使彼로 爲可幾及而日孶孶也잇고

孟子曰 大匠이 不爲拙工하여 改廢繩墨하며 羿ㅣ不爲拙射하여 變其彀率이니라

공손추가 가로되 "道는 지극히 높고 아름다워 마치 하늘에 오르는 것처럼 미칠 수 없는 것 같습니다. 어찌 저들에게 미칠 수 있게 해서 날마다 부지런히 힘쓰게 하지 않는 것입니까?"
맹자 가라사대 "큰 목수는 졸렬한 목공을 위하여 승묵繩墨을 고치거나 폐지하지 않으며, 예羿는 졸렬한 사수射手를 위하여 그 구율彀率을 바꾸지 않는 법이다."

彀率은 彎弓之限也라
言教人者 皆有不可易之法하니 不容自貶以殉學者之不能也니라

'구율彀率'은 활시위를 당기는 정도程度이다.

사람을 가르치는 자는 모두 바꿀 수 없는 법도가 있으니, 스스로 폄하貶下하여 배우는 능력이 부족한 자에게 맞추는 것을 용납하지 않는다는 말이다.

주해

- "高是峻大. 美是純粹."(四書補註備旨)

● "彼是學者. 孳孳是汲汲."(四書補註備旨) 孳(불어날 자)
● 의약(宜若) : 마치 ~인 듯하다. '의약疑若'과 같다.
《전국책戰國策·제책 육齊策六》에 나온다. "且夫救趙之務, 宜若奉漏甕沃燋釜." 甕(독 옹) 燋(홰 초)
● 기급(幾及) : 미치다. 겨우 도달하다.
《신오대사新五代史·잡전雜傳·화응和凝》 편에 나온다. "瓌戰敗, 脫身走, 獨凝隨之……已而一騎追瓌幾及, 凝叱之不止, 卽引弓射殺之." 瓌(구슬이름 괴)
● 구율(彀率) : 활시위를 당기는 정도. 彀(당길 구)
청淸나라 엽섭葉燮의 《원시原詩》에 나온다. "雖所得或未至十分, 苟有氣以鼓之, 如弓之括力至引滿, 自可無堅不摧, 此在彀率之外者也."

【備旨】

昔에 公孫丑ㅣ不能用力於道하여 而欲孟子貶教以徇人이라 故로 言曰 君子之道는 則誠高矣며 而又美矣로되 但就由教入道者하여 觀之면 則向慕雖勤이나 從入無自하여 宜若登天之難然하여 似不可及也니 何不少貶焉하여 別爲卑近易行之說하여 使彼學者로 得以幾及而日孳孳하여 由其教以至於道也잇고

전에 공손추公孫丑가 道에 재능을 발휘할 수 없자, 맹자께 가르침을 낮춰서 사람들의 요청에 따라 주시기를 원했다. 그래서 말하여 가로되 "군자의 道는 진실로 높고 또한 아름답지만, 다만 가르침으로 말미암아 도에 들어간 자의 측면에서 살피건대, 마음속의 흠모를 다하나 좇아 들어갈 길이 없으니, 마치 하늘에 오르는 것처럼 어려워 미칠 수가 없을 것 같습니다. 그러니 어찌 조금 낮춰서 따로 천근淺近하여 쉽게 행할 수 있는 학설을 펴고, 저 배우는 자들로 하여금 도달할 수

있게 해서 날마다 부지런히 힘써 그 가르침으로 말미암아 도에 이르지 하지 않으십니까?"

주해

● 용력(用力) : 재능을 발휘하다.
  당唐나라 한유韓愈의 〈송이원귀반곡서送李願歸盤谷序〉에 나온다. "大丈夫之遇知於天子, 用力於當世者之所爲也."

● 순인(徇人) : 자신을 낮추고 남을 따르다.
  송宋나라 소주蘇籒의 〈난성선생유언欒城先生遺言〉에 나온다. "若用心專模仿一人, 舍己徇人, 未必貴也." 籒(전자 주) 欒(나무이름 난)

● 향모(向慕) : 향왕앙모向往仰慕. 마음속으로 흠모하다.
  《후한서後漢書·방술전하方術傳下·계자훈薊子訓》에 나온다. "於是子訓流名京師, 士大夫皆承風向慕之." 薊(삽주 계)

● 비근(卑近) : 천근淺近하다.
  송宋나라 증공曾鞏의 〈균주학기筠州學記〉에 나온다. "言道德者, 矜高遠而遺世用. 語政理者, 務卑近而非師古."

【備旨】

孟子曰 天下之道有定體하고 而君子之教有成法하나니 卽如大匠이 教人에 不爲拙工無能하여 改廢繩墨以徇之하며 羿之教人에 不爲拙射無能하여 變其彀率以徇之하나니 良以繩墨彀率로 法有一定하여 不容易也라 曲藝且然이온 況君子之道乎아

맹자 가라사대 "천하의 도는 정체定體가 있고, 군자의 가르침은 성법成法이 있다. 이는 마치 대목수가 사람을 가르치는데 졸렬하고 무능한 목공을 위하여 승묵繩墨을 고치거나 폐지해서 그를 따르지 않으며,

예羿가 사람을 가르치는데 졸렬하고 무능한 사수射手를 위하여 그 구율彀率을 바꾸어 그를 따르지 않는 것과 같다.

진실로 승묵繩墨과 구율彀率은 일정한 법도가 있어 바꿀 수가 없다. 곡예曲藝도 그러하거늘 하물며 군자의 道이겠는가?"

주해

- 곡예(曲藝) : 기능技能. 작은 재주[小技].
《예기禮記·문왕세자文王世子》에 나온다. "曲藝皆誓之." 이에 대해 공영달孔穎達의 소疏에 "曲藝謂小小技術, 若醫蔔之屬也."라고 풀이했다. 蔔(무 복)

君子ㅣ引而不發하여 躍如也하여 中道而立이어든 能者從之니라

"군자가 활시위를 힘껏 당기되 쏘지 않으면서 뛰어나갈 듯이 하고, 중도中道를 지키고 서있으면 능한 자가 이를 좇는다."

引은 引弓也요 發은 發矢也라 躍如은 如踊躍而出也라

因上文彀率하여 而言君子教人에 但授以學之之法이요 而不告以得之之妙니 如射者之引弓而不發矢라 然이나 其所不告者가 已如踊躍而見於前矣니라

中者는 無過不及之謂니 中道而立은 言其非難非易라

能者從之는 言學者當自勉也라

此章은 言道有定體하고 教有成法하니 卑不可抗이요 高不可貶이요 語不能顯이요 默不能藏이니라

'인引'은 활을 당기는 것이요, '발發'은 화살을 쏘는 것이다. '약여躍如'는 뛰어 나가는 것과 같다.

상문上文의 구율彀率로 인하여 다음과 같이 말하였다. "군자가 사람을 가르치는데, 다만 그것을 배우는 방법만 전수해주고 그것을 체득하는 묘법妙法은 알려주지 않는다. 예를 들어 사수射手가 활을 힘껏 당기되 화살을 쏘지 않지만, 그러나 그 말해주지 않는 것이 이미 뛰어나갈 듯 앞에 나타난 것과 같다."

'중中'이란 과불급過不及이 없다는 말이니, '중도이립中道而立'은 그 어렵지도 않고 쉽지도 않다는 말이다.

'능자종지能者從之'는 배우는 자가 마땅히 스스로 힘써야 한다는 말이다.

이 장은 道에는 정체定體가 있고 가르침에는 성법成法이 있으니, 낮은 것을 높여서도 안 되고 높은 것을 낮추어서도 안 되며, 말로 드러낼 수도 없고 말없이 감출 수도 없음을 말한 것이다.

주해

- "中道卽繩墨彀率. 立卽不改變也."(四書補註備旨)
- "能就學者有爲說. 之指中道言."(四書補註備旨)
- 주자朱子가 말했다. "引而不發, 謂漸啓其端, 而不竟其說. 躍如, 謂義理昭著, 如有物躍然於心目之間."(大全註疏)
- 주자朱子가 말했다. "躍如是道理活潑潑地發出在面前, 如由中躍出."(大全註疏)
- 남헌장씨南軒張氏가 말했다. "聖人之道, 天下之定理, 不可過不可不及也. 自卑者, 視之以爲甚高而不知其高之爲中也. 自溢者, 視之以爲甚大而不知其大之爲常也."(大全註疏)

【備旨】

是故로 君子教人에 但授以致知力行之法이요 而不告以心領神會之妙하니 正如射者教人에 但引滿其弓以示之 而不發矢라 然이나 其所不告者ㅣ已躍如而見於前矣니 是道也는 非難非易요 惟中道而立은 其教者也니 在能善學者ㅣ從而得之라 不然이면 是亦一拙工拙射耳니 君子ㅣ亦無如之何也어늘 其肯貶教以徇學者哉리오

이 때문에 군자가 사람을 가르치는데 다만 앎을 이루고 힘써 행하는 방법만 전해주되, 심령신회心領神會의 묘법은 알려주지 않는다. 이는 바로 사수射手가 사람들에게 활쏘기를 가르치는데, 다만 그 활을 힘껏 당기면서 화살을 발사하지 않는 것이다. 그러나 그 말해주지 않는 바가 앞으로 뛰어나갈 듯 앞에 나타난 것과 같다. 이 道는 어렵지도 않고 쉽지도 않으며, 오직 중도中道에 서는 것이 그 가르치는 것이니, 능히 잘 배우는 자가 이를 좇아 체득할 수 있다. 그렇지 않으면 이 또한 하나의 졸렬한 공인工人과 졸렬한 사수射手일 뿐이니, 군자도 또한 어찌할 수가 없다. 그러니 그 가르치는 것을 낮춰서 배우는 자를 따르겠는가?

주해

● 심령신회(心領神會) : 마음으로 깨닫다.
명明나라 오매吳海의 〈송부덕겸환임천서送傅德謙還臨川序〉에 나온다. "讀書有得, 冥然感於中, 心領神會, 端坐若失."

[13·42]

孟子曰 天下有道엔 以道殉身하고 天下無道엔 以身殉道하나니

맹자 가라사대 "천하에 道가 있을 때는 출세하여 道가 내 몸을 따르게 하고, 천하에 道가 없을 때는 은둔하여 내 몸이 道를 따르게 한다."

殉은 如殉葬之殉이니 以死隨物之名也라

身出則道在必行이요 道屈則身在必退니 以死相從而不離也니라

'순殉'은 순장殉葬의 순殉과 같으니, 죽음으로써 사물을 따른다는 뜻이다.

몸이 벼슬에 나아가면 道가 반드시 행해지는데 있고, 道를 펴지 못하면 몸은 반드시 물러남에 있으니, 죽음으로써 서로 좇으며 떠나지 않는다.

주해

● 이도순신(以道殉身) : 道가 내 몸을 따르게 하다.
조기趙岐의 註에 "殉, 從也. 天下有道, 得行王道, 道從身施, 功實也."라고 풀이했다.

● 조씨趙氏가 말했다. "道不可離也. 雖時有治亂, 己有窮達, 非道殉身, 卽身殉道, 以死相從, 豈可得而離哉."(大全註疏)

【備旨】

孟子ㅣ爲枉道徇人 而發曰 君子一身은 與道爲體者也라 身固不能離道요 道亦不能離身이라 故로 當天下有道之時하여는 身可出矣니 身出則道在必行하여 以道殉身而不離焉이요 當天下無道之時하여는 道不行矣니 道屈則身在必退하여 以身殉道而不離焉이니라

맹자께서 道를 굽혀 남을 따르는 것 때문에 발명하여 가라사대 "군사의 몸은 道와 더불어 일체가 되기 때문에 몸은 진실로 道를 떠날 수 없고, 道 또한 몸을 떠날 수가 없다. 그러므로 천하에 道가 있는 때를 만나면 몸이 벼슬에 나아갈 수 있으니, 몸이 벼슬에 나아가면 道는 반드시 행해지는데 있게 되고 道로써 몸을 따르게 하여 떨어지지 않는다. 천하에 道가 없는 때를 만나면 道를 행할 수 없으니, 道를 굽히면 몸은 반드시 물러나는데 있게 되고 몸으로써 道를 따르게 하여 떨어지지 않는다."

未聞以道로 殉乎人者也케라

"道로써 남을 따른다는 말은 들어보지 못했다."

以道從人은 妾婦之道니라

道로써 남을 따르는 것은 첩부妾婦의 道이다.

주해

- "殉人是枉道意."(四書補註備旨)
- 남헌장씨南軒張氏가 말했다. "身與道不可離也. 以道殉人則是可離矣. 烏有所謂道哉."(大全註疏)

【備旨】

> 非以道殉身이면 卽以身殉道니 此則吾之所聞耳요 未聞道不殉身하고 身不殉道하여 乃苟且於功名富貴之會하여 以枉道而從乎人者也니 守道者ㅣ其知勉夫인저

道로써 몸을 따르지 않으면 곧 몸으로써 道를 따르게 되니, 이는 내가 들었던 말이다. 하지만 道로써 몸을 따르게 하지 않고 몸으로써 道를 따르게 하지 않아, 이에 구차하게 공명功名과 부귀富貴의 만남에서 道를 굽혀 남을 따른다는 것을 들어보지 못했으니, 道를 지키는 자는 힘쓸 줄 알아야 한다.

[13·43]

公都子曰 滕更之在門也에 若在所禮 而不答은 何也잇고

공도자公都子가 가로되 "등경滕更이 부자夫子의 문하에 있을 때, 정중하게 예우禮遇했어야 할 것 같은데 응답하지 않은 것은 무엇 때문입니까?"

趙氏曰 滕更은 滕君之弟로 來學者也라

조씨 가로되 "등경滕更은 등滕나라 인군人君의 동생으로 문하에 와서 배우는 자이다."

주해

- "在門, 在孟子之門."(四書補註備旨)
- "在所禮, 猶言當以禮貌待之意."(四書補註備旨)

【備旨】

> 公都子問曰 滕更之在於夫子之門也에 以國君之弟로 而知所以來學하니 若宜在所尊禮하여 而有問則答之矣어늘 夫子ㅣ顧乃不答其問은 何也잇고

공도자公都子가 물어 가로되 "등경滕更이 부자夫子의 문하에 있을 때, 국군國君의 동생으로서 찾아와 배울 줄을 알았습니다. 그러니 의당 정중하게 예우禮遇를 해서 물어보면 대답해주었어야 할 것 같은데, 부자께서 돌아보고 이에 그 물음에 대답하지 않은 것은 무엇 때문입니까?"

주해

- 존례(尊禮) : 정중한 예의. 예법을 존중하다.
  《예기禮記·표기表記》에 나온다. "周人尊禮尙施." 이에 대해 공영달孔穎達의 소疏에 "尊禮尙施者, 謂尊重禮之往來之法, 貴尙施惠之事也."라고 풀이했다.

孟子曰 挾貴而問하며 挾賢而問하며 挾長而問하며 挾有勳勞而問하며 挾故而問이 皆所不答也니 滕更이 有二焉하니라

맹자 가라사대 "귀한 신분을 믿고 물어보며, 현명함을 믿고 물어보며, 나이가 많은 것을 믿고 물어보며, 공로가 있는 것을 믿고 물어보며, 연고가 있는 것을 믿고 물어보면 나는 모두 대답하지 않으니, 등경滕更은 이중 두 가지에 해당한다."

趙氏曰 二는 謂挾貴挾賢也라

尹氏曰 有所挾이면 則受道之心이 不專하니 所以不答也니라

此는 言君子ㅣ雖誨人不倦이나 又惡夫意之不誠者니라

조씨趙氏[趙岐] 가로되 "두 가지는 자신의 귀한 신분을 믿고 자신의 현명함을 믿은 것을 말한다."

윤씨尹氏[尹焞] 가로되 "믿는 바가 있으면 道를 받는 마음이 전일專一하지 못하니, 이 때문에 대답하지 않은 것이다."

이는 군자가 비록 사람을 가르치는데 게으르지 않으나, 또한 뜻이 정성스럽지 못한 자를 싫어한다고 말한 것이다.

주해

- "挾貴是恃有爵."(四書補註備旨)
- "勳勞是有功於師."(四書補註備旨)
- "故是與師有故舊之好."(四書補註備旨)
- "二宜暗含挾貴狹賢."(四書補註備旨)

● 경원보씨慶源輔氏가 말했다. "學者之心, 須是專一, 方有受敎之地. 有所挾則二三也."(大全註疏)

● 신안진씨新安陳氏가 말했다. "挾者, 兼有而恃之之稱. 勳勞, 己嘗有功勞於師, 故謂己與師有舊好. 恃此以來學, 望師待以異意而敎之, 皆所不當答."(大全註疏)

【備旨】

> 孟子曰 學者之從師也에 不貴執求敎之禮하며 而貴有慕道之誠하니 若知有己之勢 而挾貴而問하며 知有己之德 而挾賢而問하며 恃其年之有先於人 而挾長而問하며 恃其功之嘗加於師 而挾有勳勞而問하며 恃其情之有舊好於師 而挾故而問하니 凡此五者ㅣ總之컨대 求師之意不誠하고 而受道之心이 不篤하니 皆所不答也라
>
> 今滕更所挾이 已有其二焉이라 此吾ㅣ所以不答其問者니 正欲矯其矜己驕人之失하여 而發其尊師重道之情也니 豈爲吝敎乎哉아

맹자 가라사대 "배우는 자가 스승을 따르는데 가르침을 구하는 예제禮制를 지키는 것을 귀하게 여기지 않고 道를 흠모하는 정성을 귀하게 여겨야 한다.

이처럼 자신에게 권세가 있는 줄만 알아 귀한 신분을 믿고 물어보며, 자신에게 덕이 있는 줄만 알아 현명함을 믿고 물어보며, 그 나이가 남보다 앞선 것만 의지하여 나이가 많은 것을 믿고 물어보며, 그 공로가 일찍이 스승에게 가해진 것만 의지하여 공로를 믿고 물어보며, 그 정이 스승과 오래된 것만 의지하여 연고를 믿고 물어보니, 이 다섯 가

지를 총괄하건대, 스승에게 가르침을 구하는 뜻이 정성스럽지 못하고, 道를 전해 받으려는 마음이 독실하지 못하니 모두 대답하지 않는 것이다.

이제 등경滕更이 믿는 바가 이미 두 가지가 있으니, 이것이 내가 그 물음에 대답하지 않은 이유이다. 바로 그 자신만을 믿고 남을 교만하게 대하는 잘못을 바로잡아서, 그 스승을 존중하고 道를 중시하는 마음을 발명시키려고 한 것이니, 어찌 가르침에 인색하다고 하겠는가?"

주해

- 집례(執禮) : 집수예제執守禮制. 곧 예제禮制를 지킨다는 말이다.
  《논어論語·술이述而》에 나온다. "子所雅言, 《詩》·《書》·執禮, 皆雅言也."
- 총지(總之) : 총괄해서 말하다.
  《사기史記·화식열전貨殖列傳》에 나온다. "總之, 楚越之地, 地廣人希."

[13·44]

孟子曰 於不可已而已者는 無所不已요 於所厚者薄이면 無所不薄也니라

맹자 가라사대 "그치지 말아야 하는 일을 그치는 자는 그치지 않는 일이 없을 것이요, 후대厚待해야 할 일을 박대薄待하면 박대薄待하지 않는 일이 없을 것이다."

已는 止也니 不可止는 謂所不得不爲者也라 所厚는 所當厚者也라

此는 言不及者之弊라

'이已'는 그치는 것이니, '불가지不可止'는 하지 않을 수 없다는 말이다. '소후所厚'는 마땅히 후대厚待해야 할 바이다.

이는 미치지 못한 자의 폐단을 말한 것이다.

주해

- "不可已, 凡有係於綱常倫理之大者皆是."(四書補註備旨)
- "所厚指親言. 薄是以不厚待之."(四書補註備旨)
- 주자朱子가 말했다. "厚薄是以家對國言之."·"所厚謂父子兄弟骨肉之恩, 理之所當然而人之不能已者."(大全註疏)

【備旨】

孟子ㅣ著失中之弊也曰 凡人立身行己에 不可不用其心이요 而亦不可過用其心이라 以處事言之컨대 凡事有關於綱常倫紀에 不可已者也니 若於不可已者 而亦已之면 則必逡巡畏縮하여 於一切小事에 無所不已矣요 以待人言之컨대 凡人有切於情義親愛에 此所當厚者也니 若於所當厚者 而亦薄之면 則必殘忍少恩하여 凡天下之人에 無所不薄矣라 二者에 不用其心이면 固宜廢弛니 此則不及之弊也니라

맹자께서 중도를 잃은 폐단을 드러내어 가라사대 "무릇 사람이 몸을 세워 道를 행하는데 그 마음을 쓰지 않을 수 없지만, 또한 그 마음을 지나치게 써서도 안 된다.

일을 처리하는 것으로써 말하건대, 무릇 강상綱常과 윤기倫紀에 관계되는 일은 그만 둘 수가 없다. 만약 그치지 말아야 할 일을 또한 그친

다면 반드시 준순외축逡巡畏縮하여 일체의 작은 일에도 그치지 않는 바가 없을 것이다.

사람을 응대하는 것으로써 말하건대, 무릇 사람에게 정의情義와 친애親愛가 간절한 것은 마땅히 후대厚待해야 한다. 만약 마땅히 후대해야 할 일을 또한 박대薄待한다면 반드시 잔인하고 각박해져 모든 천하 사람들에게 박대하지 않는 바가 없을 것이다.

두 가지에 그 마음을 쓰지 않으면 진실로 마땅히 피폐하고 해이解弛해질 것이니, 이는 곧 미치지 못하는 폐단이다."

주해

- 입신행기(立身行己) : 몸을 세워 道를 행하다.
  《삼국지三國志·위지魏志·왕창전王昶傳》에 나온다. "欲使汝曹立身行己, 遵儒者之教, 履道家之言, 故以玄默沖虛爲名, 欲使汝曹顧名思義, 不敢違越也."
- 강상윤기(綱常倫紀) : 윤리강기倫理綱紀. 곧 군신君臣·부자父子·부부夫婦·형제兄弟·붕우朋友 및 존비尊卑와 장유長幼 관계를 말한다.
  《유림외사儒林外史》 제8회에 나온다. "若非綱常倫紀大事, 其餘戶婚田土, 都批到縣裏去, 務在安輯, 與民休息."
- 준순외축(逡巡畏縮) : 두려워서 앞으로 나아가지 못하다.
  逡(뒷걸음질 칠 준) 縮(오그라질 축)
  명明나라 유기劉基의 《황금책黃金策·출행出行》에 나온다. "或鬼持世, 乃是逡巡畏縮之象, 欲行不行, 必懷疑貳."
- 폐이(廢弛) : 폐기廢棄하고 해이해지다. 곧 마땅히 시행해야 하는데 시행하지 않는 경우를 말한다.
  《한서漢書·왕망전상王莽傳上》에 나온다. "朝政崩壞, 綱紀廢弛."
  송宋나라 범중엄范仲淹의 《주섬서하북공수등책奏陝西河北攻守等策·하북비책河北備策》에 나온다. "州郡因循, 武事廢弛."

其進銳者는 其退速이니라

"그 나아감이 빠른 자는 그 물러남도 빠른 법이다."

進銳者는 用心太過하여 其氣易衰라 故로 退速이니라
三者之弊는 理勢必然이니 雖過不及之不同이나 然이나 卒同歸於廢弛니라

'진예進銳'는 마음 씀씀이가 너무 지나쳐서 그 기운이 쇠하기 쉽다. 그러므로 물러남이 빠르다.

세 가지의 폐단은 도리와 형세의 필연이니 비록 지나치거나 미치지 못함이 같지 않으나, 그러나 끝내 모두 폐이廢弛한 데로 돌아갈 것이다.

주해

- "進銳如安意躐等急遽無序."(四書補註備旨) 躐(건너뛸 렵)
- "退速是志不帥氣."(四書補註備旨)
- 각헌채씨覺軒蔡氏가 말했다. "進銳退速, 其病正在意氣方盛之時. 已有易衰之勢, 不待意氣已衰之後, 始見其失也."(大全註疏)

【備旨】

以爲學言之컨대 功固有所當進이요 亦有所當循이니 苟其進之果銳者는 則急遽無序 而氣易衰하여 其退必速矣니 是過用其心者요 亦同歸於廢弛니 此則太過之弊也라 可見天下事는 惟適中而已니 不及太過는 各有其弊也니라

치학治學으로 말하건대, 공부는 진실로 마땅히 나아가야 할 바가 있고, 또한 마땅히 따라야 할 바가 있다. 진실로 그 나아감이 과연 빠른 자는 곧 급히 서둘러 질서가 없고 기운이 쉽게 쇠하여 그 물러남도 반드시 빠르게 되니, 이는 지나치게 그 마음을 쓰는 자이다.

또한 마찬가지로 폐이廢弛에 귀착될 것이니, 이는 곧 지나침의 폐단이다. 그러므로 천하의 일은 오직 중도中道에 맞을 뿐이니, 미치지 못하거나 지나친 것은 각각 그 폐단이 있기 마련이다.

주해

- 위학(爲學) : 학문을 하다. '치학治學'과 같다.
  《노자老子》에 나온다. "爲學日益, 爲道日損."
  당唐나라 한유韓愈의 〈상고공최우부서上考功崔虞部書〉에도 나온다. "夫古之人四十而仕, 其行道爲學旣已大成, 而又之死不倦, 故其事業功德, 老而益明, 死而益光."
- 급거(急遽) : 급히 서두르는 모양.
  '총망匆忙'·'창촉倉促'과 같다. 倉(갑자기 창)
  송宋나라 구양수歐陽修의 〈회영주통판양우부서回潁州通判楊虞部書〉에 나온다. "旦夕之間, 方思布款, 急遽之至, 先以惠音."

[13·45]

孟子曰 君子之於物也에 愛之而弗仁하고 於民也애 仁之而弗親하나니 親親而仁民하며 仁民而愛物이니라

맹자 가라사대 "군자는 만물에 대해 사랑하되 인애仁愛하지 않으며, 백성에 대해 인애仁愛하되 친애親愛하지 않으니, 친한 이를 친애하고서 백성을 인애仁愛하며, 백성을 인애仁愛하고서 만물을 사랑한다."

物은 謂禽獸草木이라 愛는 謂取之有時하고 用之有節이라

程子曰 仁은 推己及人이니 如老吾老하여 以及人之老니 於民則可나 於物則不可라 統而言之면 則皆仁이요 分而言之면 則有序니라

楊氏曰 其分不同이라 故로 所施에 不能無差等하니 所謂理一而分殊者也니라

尹氏曰 何以有是差等고 一本故也니 無僞也니라

'물物'은 금수禽獸와 초목草木을 말한다. '애愛'는 취하는 데 때가 있고, 쓰는 데 절도가 있다는 말이다.

정자程子[伊川] 가로되 "'인仁'은 자기를 미루어 남에게 미치는 것이니, 우리 집 노인을 노인으로 대하여 남의 집 노인에게 미치는 것과 같다. 백성에게는 가능하나 만물에는 불가하다. 통괄하여 말하면 모두 인仁이요, 나누어 말하면 차례가 있는 것이다."

양씨楊氏[楊時] 가로되 "그 분별이 같지 않기 때문에 베풀 때 차등이 없을 수 없다. 이른바 이치는 하나지만 분수分殊가 다른 것이다."

윤씨尹씨[尹焞] 가로되 "무엇 때문에 이런 차등이 생기는가? 근본이 하나이기 때문이니, 거짓이 없다."

주해

- "愛是愛惜不暴殄意. 仁便有許多惠澤."(四書補註備旨) 殄(다할 진)
- 신안진씨新安陳氏가 말했다. "當取則取, 當用則用. 但有時有節, 卽愛也. 若釋氏以不取不用則非矣."(大全註疏)
- 경원보씨慶源輔氏가 말했다. "統而言之則皆自吾一性之仁, 分而言之則有輕重之序. 然在學者言之, 則於此三者之序有由之而不知者, 有得於此而失於彼者, 又有倒行逆施雜亂無次者. 要當因聖賢之言, 反求之心, 涵養於未發之前, 體察於已發之後, 勿惑於異端, 勿汨於私欲, 然後是聖學工夫."(大全註

疏) 汩(빠질 골)

- 서산진씨西山眞氏가 말했다. "凡生於天地間者, 莫非天地之子, 而吾之同氣者也, 是之謂理一. 然親者吾之同體, 民者吾之同類, 而物則異類矣, 是謂分殊."(大全註疏)
- 신안진씨新安陳氏가 말했다. "理一所以爲仁, 分殊所以爲仁之義."(大全註疏)
- 경원보씨慶源輔氏가 말했다. "一本故無僞而有差等. 若無差等, 是僞而二本也."(大全註疏)

【備旨】

孟子ㅣ論君子施恩之有序曰 天下之理는 本一而分則殊하니 君子之於物也에 取有時用有節은 愛矣나 然이나 但愛之而已니 而弗加之仁也요 於民也에 欲與聚 惡勿施는 仁矣나 然이나 但仁之而已니 而弗加之親也라 然則於誰而親之乎아 吾有親焉하니 天性之恩과 一本之誼는 不在民物之數者也라 親其親而仁以及民하고 仁其民而愛以及物하나니 不以待民者로 施之物은 以其有貴賤之分也요 不以待親者로 施之民은 以其有親疏之殺也라 於無所不愛之中에 而不失其貴賤親疏之等하니 此君子之仁이 所以歷萬世 而無弊也라

맹자께서 군자가 은혜를 베푸는데 차례가 있음을 논하여 가라사대 "천하의 이치는 근본이 하나이나 분별이 다르다. 군자가 만물에 대해 취하는데 때가 있고 쓰는 데 절도가 있는 것은 사랑이지만, 그러나 다만 만물을 사랑할 뿐이요 '인仁'을 더하지는 않는다. 백성에 대해 하고자하는 바는 함께 하도록 하고, 싫어하는 바는 하지 않는 것이 인仁이지만, 그러나 다만 백성을 인애仁愛할 뿐이요 '친親'을 더하지는 않는다.

그렇다면 누구에게 친애親愛하겠는가? 나에게 친한 이가 있으니 천성天性의 은혜와 일본一本의 정의情誼가 백성이나 만물의 범주에는 들어 있지 않다.

그 친한 이를 친애하고서 인仁이 백성에게 미치고, 그 백성을 인애仁愛하고서 사랑이 만물에 미친다. 백성을 대하는 것으로써 만물에 베풀지 않는 것은 그 귀천貴賤의 분별이 있기 때문이요, 친한 이를 대하는 것으로써 백성에게 베풀지 않는 것은 친소親疏의 강쇄降殺가 있기 때문이다. 사랑하지 않는 바가 없는 가운데에 그 귀천貴賤과 친소親疎의 등급을 잃지 않으니, 이는 군자의 인仁이 만세를 지나도록 폐단이 없는 이유이다."

주해

- 수(數) : 범주. 규율. 도리.

  강쇄(降殺) : 차례대로 줄이다. '체감遞減'·'삭감削減'과 같다.

  殺(줄일 쇄) 遞(갈마들 체)

  《좌전左傳·양공26년襄公二十六年》條에 나온다. "自上以下, 降殺以兩, 禮也."

  《송사宋史·예지9禮志九》에도 나온다. "天子七廟, 諸侯五, 大夫三, 士一, 降殺以兩."

[13·46]

孟子曰 知者ㅣ無不知也나 當務之爲急이요 仁者ㅣ無不愛也나 急親賢之爲務니 堯舜之知로 而不徧物은 急先務也오 堯舜之仁으로 不徧愛人은 急親賢也니라

맹자 가라사대 "지혜로운 자는 모르는 것이 없으나, 마땅히 힘써야 할 일을 급선무로 삼는다. 어진 자는 사랑하지 않는 것이 없으나, 어진 이를 친애하는 데 힘쓰는 일을 급선무로 삼는다. 요순堯舜의 지혜로도 사물을 두루 다스리지 못한 것은 먼저 힘쓸 일을 시급하게 여긴 것이요, 요순堯舜의 인仁으로도 사람을 두루 사랑하지 못한 것은 어진 이를 친애하는 데 시급했기 때문이다."

知者는 固無不知라 然이나 常以所當務者爲急이면 則事無不治하여 而其爲知也ㅣ大矣요
仁者는 固無不愛라 然이나 常急於親賢이면 則恩無不洽하여 而其爲仁也ㅣ博矣리라

지혜로운 자는 진실로 모르는 것이 없다. 그러나 항상 마땅히 힘써야 할 바를 급선무로 여기면, 다스려지지 않는 일이 없어 그 지혜로움이 크게 된다.

어진 자는 진실로 사랑하지 않는 것이 없다. 그러나 항상 시급하게 어진 이를 친애하면, 흡족하지 않는 은혜가 없어 그 인仁이 넓어진다.

주해

- "堯舜之知, 指如神則哲言. 偏是周偏."(四書補註備旨)
- "上四句言知仁之理, 下六句擧堯舜之知仁以實之."(大全註疏)

【備旨】

孟子ㅣ論治貴知所務也曰 人君之治天下는 知與仁而已矣라 知主於知하니 知者ㅣ於事에 固無不知也나 然이

나 非事事而急之也니 惟當先務之事爲急이면 則大綱旣擧하고 細目自張하여 而事無不治矣요 仁主於愛하니 仁者ㅣ於人에 固無不愛也나 然이나 非人人而親之也니 惟急於親賢之爲務이면 則衆賢在位하고 庶事自理하여 而恩無不洽矣라 試觀之컨대 古堯之聖神과 舜之睿哲은 稱極知矣나 奚嘗徧物以知之哉리오 惟急於授時齊政하고 封山濬川之先務 而加之意耳요 堯之如天과 舜之好生은 稱至仁矣니 奚嘗盡人而愛之哉리오 惟急於求得乎舜하고 求得乎禹皐陶하여 以親夫賢耳라 此則辨乎輕重大小之等이니 堯舜所以爲知仁之極也니라

맹자께서 다스림은 힘쓸 바를 아는 것이 귀하다는 사실을 논하여 가라사대 "인군人君이 천하를 다스리는 것은 지智와 인仁일 뿐이다. 지知는 아는 것을 주장하니, 지혜로운 자는 일에 대해 진실로 모르는 것이 없다. 그러나 일마다 시급하게 여기는 것이 아니라, 오직 마땅히 먼저 힘써야 할 일을 시급하게 여긴다면, 대강大綱이 이미 세워지고 세목細目이 저절로 펴져서 다스려지지 않는 일이 없게 된다. 인仁은 사랑을 주장하니 어진 자는 사람들에 대해 진실로 사랑하지 않는 것이 없다. 그러나 사람마다 친애하는 것이 아니라, 오직 어진 이를 친애하는 것을 급선무로 여긴다면, 많은 어진 이들이 지위에 있고 모든 일들이 저절로 다스려져 흡족하지 않는 은혜가 없게 된다. 시험 삼아 살피건대, 옛날 요堯의 성신聖神과 순舜의 성명聖明은 지혜를 다했다고 일컬어졌으니, 어찌 일찍이 만물을 두루 사랑하여 이를 알았겠는가? 오직 천시天時를 알려 정사政事를 가지런히 하고, 봉산封山과 준천濬川을 급선무로 여겨 이에 뜻을 더했을 뿐이다.

요堯의 인덕仁德은 하늘과 같고, 순舜의 인덕仁德은 살려주는 것을 좋아하여 '지극한 인仁'이라고 일컬어졌으나, 어찌 일찍이 인사人事를 다하여 사랑하였겠는가? 오직 순舜에게서 구하는 것을 급선무로 삼고 우禹와 고요皐陶에게 구하는 것을 급선무로 삼아 어진 이를 친애했을 뿐이다. 이는 곧 경중輕重과 대소大小의 등급을 변별한 것이니, 요순堯舜이 지인知仁의 지극함이 되는 이유이다."

주해

- 예철(睿哲) : 밝은 지혜. '성명聖明'·'명지明智'와 같다.
  당唐나라 한유韓愈의 《순종실록順宗實錄五》에 나온다. "皇太子某睿哲溫文, 寬和慈惠."
- 극지(極知) : 지혜를 다하다.
  《한비자韓非子·세난說難》 편에 나온다. "周澤未渥也, 而語極知, 說行而有功則德忘."
- 수시(授時) : 천시天時를 기록하여 백성들에게 알리다. 곧 역서曆書를 반포하여 시행하는 것을 말한다.
  《서경書經·요전堯典》에 나온다. "曆象日月星辰, 敬授人時." 이에 대해 《공전孔傳》에 "敬記天時以授人也."라고 풀이했다.
- 봉산(封山) : 산에 제단을 쌓아 하늘에 제사지내다.
  《서경書經·순전舜典》에 나온다. "封十有二山, 濬川." 이에 대해 《공전孔傳》에 "有流川, 則深之使通利."라고 풀이했다.
- 준천(濬川) : 물길을 소통시키다. 濬(파낼 준)
- 요지여천(堯之如天) : 요堯의 인덕仁德이 하늘과 같다.
  《사기史記·오제본기五帝本紀》에 나온다. "제요帝堯의 이름은 방훈이니, 그 인덕은 하늘과 같고, 그 지혜는 신과 같았으며, 가까이 나아가 보면 따스한 햇볕과 같았고, 멀리서 바라보면 비를 내려 주는 구름과 같았다. [帝堯者, 放勳, 其仁如天, 其知如神, 就之如日, 望之如雲.]"
- 순지호생(舜之好生) : 순舜은 사람을 살리는 것을 좋아하다.
  《서경書經·우서虞書·대우모大禹謨》에 나온다. "죄가 의심스러우면 가벼이 형벌하고, 공이 의심스러우면 중하게 상주시며, 무고한 사람을 죽이기보다는 차라리 떳떳한 법 집행에 어긋난 과실을 범하는 것이 낫다고 하여, 살려주기를 좋아하는 덕이 백성들의 마음을 흡족하게 했다. [罪疑惟輕, 功疑惟重, 與其殺不辜, 寧失不經, 好生之德, 洽于民心.]"
辜(허물 고) 洽(적실 흡)

不能三年之喪 而緦小功之察하며 放飯流歠 而問無齒決이 是之謂不知務니라

"삼년상은 지키지 못하면서 시마緦麻와 소공小功을 살피며, 밥숟가락을 크게 뜨고 국을 흘려 마시면서, 유독 마른고기를 이빨로 끊지 말라고 따지니, 이것을 일러 급선무를 모른다고 하는 것이다"

三年之喪은 服之重者也라 緦麻는 三月이요 小功은 五月이니 服之輕者也라 察은 致詳也라 放飯은 大飯이요 流歠은 長歠이니 不敬之大者也라 齒決은 齧斷乾肉이니 不敬之小者也라 問은 講求之意라
此章은 言君子之於道에 識其全體면 則心不狹하고 知所先後면 則事有序니라
豐氏曰 知不急於先務면 雖徧知人之所知하고 徧能人之所能이라도 徒弊精神 而無益於天下之治矣요 仁不急於親賢이면 雖有仁民愛物之心이라도 小人在位하여 無由下達하여 聰明이 日蔽於上하고 而惡政이 日加於下하리니 此는 孟子ㅣ所謂不知務也니라

'삼년지상三年之喪'은 복상服喪의 중요한 것이다. '시마緦麻'는 3개월의

주해

- 도행역시(倒行逆施) : 일을 처리하는데 상리常理를 벗어나게 수단방법을 가리지 않다.
《사기史記·오자서열전伍子胥列傳》에 나온다. "吾日暮途遠, 吾故倒行而逆施之."

公孫丑曰 何謂也잇고

梁惠王이 以土地之故로 糜爛其民而戰之하여 大敗하고 將復之하되 恐不能勝이라 故로 驅其所愛子弟하여 以殉之하니 是之謂以其所不愛로 及其所愛也니라

공손추公孫丑가 가로되 "무슨 말씀이십니까?"
(맹자 가라사대) "양혜왕梁惠王이 토지를 쟁탈하기 위해 그 백성을 훼상毁傷시켜 전쟁을 하였는데 크게 패했다. 그리고 장차 다시 싸우려고 하는데 능히 이기지 못할까 두려워해서 그 사랑하는 자제子弟를 내몰아 죽게 만들었으니, 이것을 일러 그 사랑하지 않는 것을 그 사랑하는 자에게 미치게 했다는 것이다."

梁惠王以下는 孟子答辭也라

糜爛其民은 使之戰鬪하여 糜爛其血肉也라 復之는 復戰也라 子弟는 謂太子申也라

以土地之故로 及其民하고 以民之故로 及其子하니 皆以其所不愛로 及其所愛也니라

此는 承前篇之末三章之意하여 言仁人之恩은 自內及外하고 不仁之禍은 由疏逮親이니라

양혜왕 이하는 맹자가 답변한 말이다.

'미란기민糜爛其民'은 백성을 싸우게 하여 그 혈육血肉을 훼상하게 만든 것이다. '부지復之'는 다시 싸우는 것이다. '자제子弟'는 태자 신申을 말한다.

토지 때문에 재앙이 그 백성에게 미치고, 백성 때문에 재앙이 그 자식에게 미치니, 모두 그 사랑하지 않는 것을 그 사랑하는 자에게 미치게 한 것이다.

이는 전편의 마지막 세 장의 뜻을 이어 어진 이의 은덕이 안에서 밖으로 미치고, 불인不仁의 재앙이 소원한데서 지친至親에 미친 것을 말하였다.

주해

- 미란(糜爛) : 훼상毁傷시키다. 糜(문드러질 미) 爛(문드러질 란)
  한漢나라 유향劉向의 《설원說苑·경신敬愼》에 나온다. "接刃流血, 伏屍暴骸, 糜爛國家, 十有餘年."
- 운봉호씨雲峯胡氏가 말했다. "承所厚者薄親親仁民. 仁者, 無不愛而言."(大全註疏)

【備旨】

公孫丑曰 所謂以其所不愛로 及其所愛者는 何謂也잇고 孟子曰 爲人君者ㅣ以土地視民이면 則土地在所不愛요 而民在所愛며 以民視子弟면 則民在所愛요 而子弟는 尤在所愛也어늘 今梁惠王이 以爭土地之故로 驅民於

鋒鏑之下하여 糜爛其血肉而戰之하고 至於大敗하여 將復戰之하되 恐民不用命 而不能取勝이라 故로 驅其所愛子弟 太子申者하여 以殉之하니 是因土地之故하여 及其民하고 甚至及其子弟하니 此之謂以其所不愛로 及其所愛也니라 吾故曰 不仁哉라 梁惠王也여하나니 後之爲君者ㅣ可以鑒矣니라

공손추公孫丑 가로되 "이른바 그 사랑하지 않는 것을 그 사랑하는 자에게 미치게 한다는 것은 무엇을 말하는 것입니까?"

맹자 가라사대 "인군人君이 된 자가 토지를 백성에 비교한다면, 토지는 사랑하지 않는 바에 있고 백성은 사랑하는 바에 있다. 백성을 인군人君의 자제와 비교한다면, 백성은 사랑하는 바에 있고 자제는 더욱 사랑하는 바에 있다. 이제 양혜왕梁惠王이 토지를 다투기 위해 백성들을 봉적鋒鏑 아래로 내몰아 그 혈육血肉을 훼상毁傷시켜 싸웠다가 크게 패하였다. 그러다가 장차 다시 싸우려고 하는데 백성들이 명을 따르지 않아 승리하지 못할까 두려웠기 때문에 그 사랑하는 자제인 태자 신申을 전쟁에 내몰아 죽게 만들었다. 이는 토지 때문에 재앙이 그 백성에게 미치게 하고, 심지어 그 자제에게까지 미치게 한 것이니, 이것을 일러 그 사랑하지 않는 것을 그 사랑하는 자에게 미치게 했다는 것이다. 그래서 내가 '어질지 못하구나, 양혜왕이여!'라고 말한 것이니, 뒤의 인군人君이 된 자가 거울로 삼을 수 있으리라."

주해

- 봉적(鋒鏑) : 칼날과 화살촉. 곧 병기兵器와 전쟁을 의미한다.
  鋒(칼끝 봉) 鏑(살촉 적)
  《사기史記·진한지제월표秦漢之際月表》에 나온다. "墮壞名城, 銷鋒鏑, 鉏豪桀, 維萬世之安." 鉏(호미 서)

● 용명(用命) : 명령을 듣다. 충성을 다하다.
《사기史記·은본기殷本紀》에 나온다. "祝曰'欲左, 左. 欲右, 右. 不用命, 乃入吾網.'"

[14·2]

孟子曰 春秋에 無義戰하니 彼善於此 則有之矣니라

맹자 가라사대 "《춘추春秋》에 의로운 전쟁에 대한 기록이 없으나, 저 싸움이 이 싸움보다 낫다고 말한 것은 있다."

春秋에 每書諸侯戰伐之事에 必加譏貶하여 以著其擅興之罪하고 無有以爲合於義而許之者라 但就中에 彼善於此者則有之하니 如召陵之師之類ㅣ是也니라

《춘추春秋》에 매번 제후들이 전벌戰伐한 일을 기록할 때는 반드시 풍자와 질책을 가하여 그들이 멋대로 전쟁을 일으킨 죄상을 드러냈고, 의리에 부합되어 허여한다고 한 내용이 없다.

다만 그 중에서 저 싸움이 이 싸움보다 낫다고 말한 것은 있었으니, '소릉昭陵의 전역戰役' 같은 경우가 이것이다.

주해

● "春秋指經言, 非春秋時也. 無義戰是無有戰合於義也."(四書補註備旨)
● 기폄(譏貶) : '기자폄책譏刺貶責'. 풍자하고 질책하다.
譏(나무랄 기) 貶(내칠 폄)

진晉나라 갈홍葛洪의 《포박자抱樸子·양규良規》에 나온다. "或諫餘以此言爲傷聖人, 必見譏貶."

● 소릉지사(召陵之師) : 소릉昭陵의 전역戰役. 제齊 환공桓公이 초楚나라를 토벌하자 초楚나라 성왕成王이 굴완屈完을 보내 설득하고 맹약을 맺은 일. 《춘추좌씨전春秋左氏傳·희공4년僖公四年》 條에 나온다.

● 擅(멋대로 천)

【備旨】

> 孟子ㅣ追論春秋無王之罪하여 以儆戒當時也曰 古之戰者는 皆以義動하되 若春秋一書에 所記戰伐之事는 或書名以示貶하고 或書人以示譏하여 無有以爲合於義而許之者라 但就其中에 亦有假尊王之名以行之하고 聲無王之罪以擊之하여 而爲彼善於此者則有之矣라 要之컨대 皆無義戰也니라

맹자께서 춘추시대 존왕尊王을 따르지 않는 죄를 추론하여 당시를 경계하며 가라사대 "옛날의 전쟁은 모두 의로써 움직였으나, 《춘추春秋》 일서一書에 기록된 전벌戰伐의 일은 혹 명칭을 기록하여 폄하를 했고 혹 사람을 기록하여 풍자를 했으며, 의리에 부합되어 허여한다고 하는 내용은 없었다. 다만 그 가운데 또한 존왕尊王의 명분을 빌어 싸운다거나 존왕尊王을 따르지 않는 죄를 성토해서 공격하고, 저 싸움이 이 싸움보다 낫다고 한 것은 있었다. 요컨대 모두 의로운 전쟁은 없었다."

주해

● 존왕(尊王) : 왕실王室을 존숭尊崇하다. 춘추시대에 주周나라 왕실이 쇠퇴하자, 제환공齊桓公과 진문공晉文公 등이 '존왕尊王'을 내걸고 패자霸者가 된 것

을 말한다.

《사기史記·태사공자서太史公自序》에 나온다. "趙夙事獻, 衰續厥緒. 佐文尊王, 卒爲晉輔."

征者는 上이 伐下也니 敵國은 不相征也니라

"'정征'은 위에 있는 천자가 아래에 있는 제후를 치는 것이니, 세력이 대등한 제후국은 서로 정벌하지 못한다."

征은 所以正人也라 諸侯有罪면 則天子ㅣ討而正之하나니 此ㅣ春秋所以無義戰也니라

'정征'은 사람을 바르게 하는 것이다. 제후에게 죄가 있으면 천자가 토벌하여 바르게 하니, 이는 춘추시대에 의로운 전쟁이 없다고 한 이유이다.

주해

- 정(征) : 정벌征伐하다. 토벌討伐하다. 征(칠 정)
  《주역周易·겸괘謙卦》에 나온다. "利用行師征邑國."
  "上指天子, 下指諸侯."(四書補註備旨)
- 적국(敵國) : 세력이 대등한 나라.
  "敵國以諸侯勢相等言."(四書補註備旨)
- 신안진씨新安陳氏가 말했다. "春秋以道名分, 使征伐, 自天子出, 春秋不作矣. 惟不自天子出, 而自諸秋出, 春秋所以作也. 無義戰三字, 斷盡春秋諸侯兵爭之罪."(大全註疏)

【備旨】

> 夫春秋에 所以無義戰者는 何也오 蓋征者는 上이 伐下之名也니 諸侯有罪면 則天子ㅣ命方伯以討之하나니 是征伐이 自天子出也라
> 若均之爲諸侯 而稱敵國者는 則不可相征也니 相征則無王矣라 春秋에 諸侯 皆敵國相征이라하니 此所以無義戰也니라

무릇《춘추春秋》에 의로운 전쟁이 없다고 한 것은 무엇 때문인가? 대개 '정征'이란 위에 있는 천자가 아래에 있는 제후를 토벌한다는 말이다. 제후에게 죄가 있으면 천자가 방백方伯에게 명하여 토벌하니, 이 정벌은 천자에게 나온 것이다.

예를 들어 모두 제후가 되어 세력이 대등한 나라 간에는 서로 정벌할 수 없으니, 서로 정벌한다면 이는 주周 왕실을 받들지 않는 것이다. 《춘추春秋》에 모두 세력이 대등한 제후국인데 제후들이 서로 정벌한다고 했으니, 이는 의로운 전쟁이 없다고 말한 이유이다.

주해

- 방백(方伯) : 제후의 우두머리. 지방장관.
  《예기禮記·왕제王制》에 나온다. "千裏之外設方伯."
  《사기史記·주본기周本紀》에도 나온다. "周室衰微, 諸侯强並弱, 齊楚秦晉始大, 政由方伯."

[14·3]

孟子曰 盡信書則不如無書니라

맹자 가라사대 "《서경書經》의 내용을 모두 믿는다면, 차라리 《서경書經》이 없느니만 못할 것이다."

程子曰 載事之辭엔 容有重稱而過其實者하니 學者ㅣ當識其義而已라 苟執於辭면 則時或有害於義하니 不如無書之愈也니라

정자程子 가로되 "역사적 사실을 기록한 말에는 혹 과도한 칭송을 하여 그 실제를 지나친 경우가 있으니, 배우는 자가 마땅히 그 의리를 알아야 한다. 만일 문자에 구애되면 때로 혹 의리에 해로움이 있으니, 차라리 《서경書經》이 없는 것이 나을 것이다."

주해

- "盡信是泥其辭."(四書補註備旨)
- 중칭(重稱) : 숭고한 명예와 명성.
  한漢나라 채옹蔡邕의 《문범선생진중궁명文範先生陳仲弓銘》에 나온다. "先生存獲重稱, 亡歆血食."
- 容(혹 용)

【備旨】

孟子ㅣ因當時好殺之徒ㅣ多藉口於書辭以自解라 故辨之曰 載事之書는 學者ㅣ當識其義요 不可執其辭 而盡

信之也니 若盡信乎書면 反以滋後世之惑하니 固不如無書之爲愈也니라

맹자께서 당시 살육을 좋아하는 무리들이 대부분《서경書經》의 내용에서 구실을 찾아 스스로 변명했기 때문에 이를 분별하여 가라사대 "역사적 사실을 기록한《서경書經》에 대해 배우는 자가 마땅히 그 의리를 알아야 하고, 그 문자에 구애되어 모두 믿어서는 안 된다.《서경書經》의 내용을 모두 믿는다면, 도리어 후세의 의혹만 부풀릴 것이니, 진실로《서경書經》이 없는 것이 나을 것이다."

주해

- 자구(藉口) : 남의 말을 인용하여 근거로 삼다.
《좌전左傳·성공3년成公二年》 條에 나온다. "若苟有以藉口而復於寡君, 君之惠也." 이에 대해 두예杜預의 註에 "藉, 薦. 復, 白也."라고 했고, 공영달孔穎達의 소疏에 "言無物則空口以爲報, 少有所得則與口爲藉, 故曰藉口."라고 풀이했다.
- 자해(自解) : 스스로 변명하고 해명하다.
《한비자韓非子·난삼難三》에 나온다. "以不忠之臣事不明之君, 君不知, 則有燕操子罕田常之賊. 知之, 則以管仲寺人自解."

吾於武成에 取二三策而已矣로라

"나는 〈무성편武成篇〉의 글 중에서 두세 쪽의 내용만 취할 따름이다."

武成은 周書篇名이니 武王伐紂하고 歸而記事之書也라 策은 竹簡也니 取其二三策之言이요 其餘는 不可盡信也니라

程子曰 取其奉天伐暴之意와 反政施仁之法而已니라

'〈무성武成〉'은 《서경書經·주서周書》의 편명篇名이니, 무왕武王이 주紂를 정벌하고 돌아와 사실을 기록한 책이다.

'책策'은 죽간竹簡이니 그 두세 쪽의 내용만 취할 뿐이요, 그 나머지는 다 믿을 수 없다는 것이다.

정자程子 가로되 "그 천명天命을 받들어 포악한 자를 정벌한 뜻과 정사政事를 돌이켜 인정仁政을 베푼 법을 취할 따름이다."

주해

- 책(策) : 죽간竹簡 또는 간책簡策. 옛날에는 죽간으로 글을 썼는데, '일책一策'은 오늘날의 '일면一面'에 해당된다.
- "策是簡策. 二三策指伐暴施仁說."(四書補註備旨)
- 장자張子가 말했다. "不以文害辭, 不以辭害意, 此教人讀詩法也. 於武成取二三策而已, 此教人讀書法也."(대전주소)

【備旨】

何以見書之不可盡信也오 彼武成一書는 乃其武王伐紂之事者也니 宜可盡信也나 然이나 吾於武成에 但取其二三策이니 如奉天伐暴와 反政施仁而已矣요 其餘는 固不可盡信也니라

무엇으로 《서경書經》의 내용을 전적으로 믿을 수는 없다는 점을 알겠는가? 저 〈무성편武成篇〉의 글은 곧 그 무왕武王이 주紂를 정벌한 내용이니, 의당 다 믿을 수는 있다.

그러나 나는 〈무성편武成篇〉의 글 중에서 그 두세 쪽의 내용만 취할 뿐이니, 예를 들어 천명天命을 받들어 포악한 자를 정벌하고 정사政事

를 돌이켜 인정仁政을 베푼 내용일 따름이요, 그 나머지는 진실로 다 믿을 수는 없다.

仁人은 無敵於天下니 以至仁으로 伐至不仁이어니 而何其血之流杵也리오

"어진 사람은 천하에 적이 없으니, 지극히 어진 사람이 지극히 불인不仁한 사람을 치는데, 어찌 그 피가 흘러 방패를 떠내려가게 할 수가 있겠는가?"

杵는 舂杵也라 或作鹵하니 楯也라
武成에 言武王伐紂에 紂之前徒ㅣ倒戈하여 攻于後以北하여 血流漂杵라하니 孟子言此則其不可信者라
然이나 書本意는 乃謂商人自相殺이요 非謂武王殺之也라
孟子之設是言은 懼後世之惑이요 且長不仁之心耳니라

'저杵'는 절굿공이이다. 혹 '노鹵'라고 되어 있으니 방패이다.

〈무성편武成篇〉에 말하되 "무왕武王이 주왕紂王을 치는데, 주왕紂王의 앞에 있던 무리들이 창을 거꾸로 들고 뒤에 있는 군사들을 공격하여 달아나게 하니 피가 흘러 방패를 떠내려가게 하였다."라고 하였는데, 맹자께서 이는 믿을 수 없다고 말한 것이다.

그러나 《서경書經》의 본뜻은 바로 상商나라 사람들이 스스로 서로 죽였다는 말이요, 무왕武王이 그들을 죽였다는 말이 아니다. 맹자께서 이 말을 한 것은 후세 사람들이 의혹을 가지고 또한 불인不仁의 마음을 조장할까 두려워서이다.

주해

- "仁人泛指行仁之君."(四書補註備旨)
- "至仁指武王言. 至不仁指紂言."(四書補註備旨)
- "流杵是言殺人之多."(四書補註備旨)
- 杵(공이 저) 舂(찧을 용) 鹵(방패 로) 北(달아날 배)

【備旨】

> 卽武成所記血流漂杵之辭하여 可槪見焉이라 夫仁人之師는 無敵於天下니 以武王之至仁으로 而伐紂至不仁에 應不戰 而屈其兵矣니 而何其與商人敵하여 至殺之而血流漂杵也리오 觀於周書컨대 則凡書之不可盡信을 可知矣니 吾故曰 盡信書면 不如無書也니라

〈무성편武成篇〉에 기록된 '피가 흘러 방패를 떠내려가게 하였다.'라는 기록에서 개괄적으로 알 수 있다.

무릇 어진 이의 군대는 천하에 적이 없으니, 무왕武王의 지극한 인仁으로 주왕紂王의 지극히 불인不仁을 치니, 응당 싸우지 않고도 그 군대를 굴복시켰을 것이다. 그런데 어찌 그 상商나라 사람들과 대적하여 그들을 죽이고 피가 흘러 방패가 떠내려가게 할 수 있겠는가?

〈주서周書〉의 내용을 살피건대, 무릇 《서경書經》의 내용을 전적으로 믿을 수 없다는 것을 알 수 있다. 그러므로 내가 '《서경書經》의 내용을 모두 믿는다면, 차라리 《서경書經》이 없느니만 못할 것이다.'라고 말한 것이다.

[14·4]

孟子曰 有人이 曰我善爲陳하며 我善爲戰이라하면 大罪也니라

맹자 가라사대 "어떤 사람이 '나는 진법陣法'을 잘 설치하며 나는 전쟁을 잘한다.'라고 말한다면, 그는 큰 죄인이다."

制行伍曰陳이요 交兵曰戰이라

항오行伍를 제어하는 것을 '진陣'이라 하고, 교병交兵하는 것을 '전戰'이라 한다.

주해

- "人指當時事君者. 曰是自負之言."(四書補註備旨)
- "大罪, 重害民上."(四書補註備旨)
- "以帝王之世律之, 大罪人也."(大全註疏)

【備旨】

孟子ㅣ著强兵之罪也曰 兵者는 聖人不得已 而用之어늘 今有人이 曰我ㅣ善爲陳而行伍之必明하며 我善爲戰而交兵之必勝이라하면 彼固自以爲有大功矣어니와 自我言之컨대 若而人者는 蓋徒逞一己之功이요 而不顧殘萬民之命하니 以帝王之世로 律之면 大罪也니라

맹자께서 강병强兵의 죄를 드러내 가라사대 "병兵이란 성인이 부득이

하게 사용하거늘, 이제 어떤 사람이 말하기를 '나는 진법을 잘 설치하여 항오行伍를 이루면 반드시 분명하며, 나는 전쟁을 잘하여 교병交兵을 하면 반드시 이긴다.'라고 한다면, 그런 자는 진실로 스스로 큰 공을 세울 수 있다고 여기는 것이다.

그러나 내가 말하건대, 이와 같은 자들은 대개 한갓 일신의 공功만 과시하고 만민萬民의 생명을 해치는 것은 고려하지 않으니, 제왕帝王이 다스리던 시대로 보면 큰 죄인이다."

주해

- 영공(逞功) : 공功을 드러내다. 공功을 과시하다. 逞(즐겁게 할 령)
  북제北齊 위수魏收의 〈북제무성제이삼태궁위대흥성사조北齊武成帝以三台宮爲大興聖寺詔〉에 나온다. "天保之末, 經構頗興, 仍創棟宇, 規摹宏博, 有司過實, 匠人逞功."
- 율(律) : 저울질하다. 경중輕重을 따지다. '전銓'과 같다. 銓(저울질할 전)

國君이 好仁이면 天下에 無敵焉이니 南面而征에 北狄이 怨하며 東面而征에 西夷 怨하여 曰奚爲後我오하니라

"국군國君이 인仁을 좋아하면 천하에 적이 없게 된다. 남쪽을 정벌하면 북적北狄이 원망하며, 동쪽을 정벌함에 서이西夷가 원망하여 가로되 '어찌 우리를 뒤로 미루는가?' 라고 한다."

此는 引湯之事以明之하니 解見前篇하니라

이는 탕왕湯王의 일을 인용하여 밝힌 것이니, 해설이 전편에 보인다.

주해

- "好仁指弔伐言."(四書補註備旨)
- "無敵是不戰而屈人兵."(四書補註備旨)
- "言北狄西夷俱是擧遠以該近."(四書補註備旨)
- "後我是後來征我國. 此正是怨之辭.."(四書補註備旨)
- 狄(오랑캐 적)

【備旨】

> 且今之國君이 所以必用善陳善戰者는 爲其以威武로 服天下也라 不知國君誠好仁하여 以寬代虐이면 則天下皆引領 而望之矣니 其誰與敵焉이리오 又安用彼善陳善戰爲哉아

또한 지금의 국군國君이 반드시 진법을 잘 설치하고 전쟁을 잘하는 자를 등용한 이유는 그가 위무威武로써 천하를 복종시키기 위해서다. 알지 못하겠노라. 국군國君이 진실로 인仁을 좋아하고 관대함으로 포학暴虐함을 대신한다면, 천하 사람들이 모두 목을 빼고 간절히 그를 기다릴 것이니, 그 누가 대적할 수 있겠는가? 그러니 또한 어찌 저 진법을 잘 설치하고 전쟁을 잘하는 자를 쓰겠는가?

주해

- 인령(引領) : 목을 길게 빼고 멀리 바라보다. 곧 간절하게 기대한다는 뜻이다.
  《좌전左傳·성공13년成公十三年》 條에 나온다. "及君之嗣也, 我君景公引領西望曰 '庶撫我乎!'"
  《사기史記·태사공자서太史公自序》에 나온다. "漢旣通使大夏, 而西極遠蠻, 引領內鄕, 欲觀中國."

【備旨】

何以見仁者之無敵也오 如成湯은 好仁之君이니 其征諸國也는 南面而征에 北狄怨하며 東面而征에 西夷怨하여 怨之者曰 我亦苦於虐政이어늘 奚爲而後來 征我之國也오하나니 夫湯師一出 而斯民屬望如此하니 其有敵之者ㅣ誰乎아

어진 자에게 적이 없다는 것을 어떻게 알 수 있는가? 예를 들어 성탕成湯은 인仁을 좋아하는 인군人君이니, 그가 여러 나라를 정벌할 때 남쪽을 치면 북적北狄이 원망하고, 동쪽을 치면 서이西夷가 원망하였다. 원망하는 자들이 가로되 '우리도 학정虐政에 고통을 당하고 있는데 어찌하여 우리나라를 뒤에 정벌하러 오는가?'라고 하였다.

무릇 탕왕湯王의 군대가 출사出師하는데 이 백성들의 기대가 이와 같으니, 그를 대적할 자가 누구이겠는가?

주해

- 촉망(屬望) : 촉망囑望하다. '기망期望'·'기대期待'와 같다. 屬(바랄 촉) 《후한서後漢書·이고전李固傳》에 나온다. "旣拔自困殆, 龍興卽位, 天下喁喁, 屬望風政." 喁(화답할 우)

武王之伐殷也에 革車ㅣ三百兩이요 虎賁이 三千人이러니라

"무왕武王이 은殷나라를 칠 때, 혁거革車가 3백 양兩이요, 호분虎賁이 3천 명이었다."

又以武王之事 明之也라
兩은 車數니 一車 兩輪也라
千은 書序에 作百하니라

다시 무왕武王의 일로 밝히신 것이다.
'양兩'은 수레의 숫자이니, 일거一車에는 두 바퀴가 있다.
'천千'은 《서경書經·목서牧誓》의 서序에 '백百'으로 되어 있다.

주해

- 혁거(革車) : 병거兵車의 일종. 무기와 식량 등을 운반한다.
  《손자병법孫子兵法》에 나온다. "凡用兵之法, 馳車千駟, 革車千乘, 帶甲十萬, 千裏饋糧. 則內外之費, 賓客之用, 膠漆之材, 車甲之奉, 日費千金, 然後十萬之師擧矣."
  "革車以皮革裹車, 載器械資糧者."(四書補註備旨) 裹(쌀 과)
- 양(兩) : 수레를 세는 양사. '양輛'과 같다.
- 호분(虎賁) : 호랑이처럼 날랜 병사. '용사勇士'와 같다. 賁(날랠 분)
  "虎賁言士之勇如虎之賁. 三百三千言其少也."(四書補註備旨)
  《서경書經·고명顧命》에 나온다. "以二幹戈, 虎賁百人, 逆子釗於南門之外." 釗(힘쓸 소)

【備旨】

> 武王이 亦好仁之君也라 其伐殷也에 載輜重之革車ㅣ 三百兩而已요 執射御之虎賁이 三千而已니 初不盛兵威也라

무왕武王은 또한 인仁을 좋아하는 인군人君이다. 그가 은殷나라를 칠 때 치중輜重을 실은 혁거革車가 3백 양兩일 뿐이요, 사어射御를 잡은 호

분虎賁이 3천 명일 뿐이었으니, 처음에는 병위兵威가 성하지 않았다.

주해

● 치중(輜重) : 외출할 때 수레에 싣는 물자物資. 군대 수레에 싣는 군용기계 또는 양식이나 꼴을 말함. 輜(짐수레 치)

王曰 無畏하라 寧爾也라 非敵百姓也라하신대 若崩厥角하여 稽首하니라

"무왕武王이 가로되 '두려워 말라. 너희를 편안하게 할 것이며, 너희 백성들을 적으로 삼지 않을 것이다.' 라고 하시니, 짐승들이 그 뿔을 땅에 대듯이 백성들이 머리를 조아렸다."

書太誓文은 與此小異니 孟子之意는 當云 王謂商人曰 無畏我也하라 我來伐紂는 本爲安寧汝이요 非敵商之百姓也라하신대 於是에 商人이 稽首至地를 如角之崩也니라

《서경書經·태서太誓》의 글은 이와 조금 다르다.

맹자의 뜻은 마땅히 왕이 상나라 사람들에게 일러 가로되 나를 두려워하지 말라고 함을 이른 것이다. 내 와서 紂를 정벌함은 본래 너희들의 安寧(안녕)을 위함이요, 상나라의 백성을 원수로 대함이 아니라 하신대, 이에 商人들이 머리를 조아려 땅에 이르기를 마치 뿔이 무너지는 것 같이 하였다.

주해

● "此叮嚀慰諭, 正見仁心流露處."(四書補註備旨)
● "崩是首向下意, 言其叩首如獸角下觸也."(四書補註備旨)

【備旨】

> 且其入殷之初에 謂商人曰 爾無畏我也하라 我之伐紂는 本以安寧爾也요 非與百姓爲敵也라하신대 於是에 商人이 稽首至地를 如獸角之崩焉하니라
> 夫武王이 不以力取勝이요 而有商之民이 輸誠如此하니 其有敵之者ㅣ誰乎아

또한 무왕武王이 은殷나라에 처음 들어가서 상인商人들에게 일러 가로되 "그대들은 나를 두려워하지 말라. 내가 주왕紂王을 친 것은 본래 그대들을 편안하게 해주려는 것이요, 백성들과 적이 되려고 한 것이 아니다."라고 하였다. 이에 상인商人들이 머리를 땅에 조아리기를 마치 짐승들이 뿔을 땅에 대듯이 하였다.

무릇 무왕武王이 무력으로 승리를 취한 것이 아니요, 상商나라 백성들의 귀순이 이 이와 같았으니, 그를 대적할 자가 누가 있겠는가?

주해

● 수성(輸誠) : 귀순歸順하다. 항복降服하다.
《위서魏書·원번전袁翻傳》에 나온다. "故能使淮海輸誠, 華陽卽序, 連城請面, 比屋歸仁."

征之爲言은 正也니 各欲正己也니 焉用戰이리오

"'정征' 이라는 말은 바로잡는다는 뜻이다. 각기 자신의 나라를 바로잡아 주기를 바라니, 어찌 싸울 필요가 있겠는가?"

民爲暴君所虐하여 皆欲仁者ㅣ來하여 正己之國也니라

백성들이 폭군暴君에게 학대를 받아 모두 어진 자가 와서 자기 나라를 바로잡아 주기를 바랐다.

주해

- "正是正其罪. "(四書補註備旨)
- "各字, 指天下受虐之民言."(四書補註備旨)
- "焉用, 何用也."(四書補註備旨)
- 운봉호씨雲峯胡氏가 말했다. "觀此復引書而言, 則可知前章所謂盡信書不如無書者矣. 大抵此四章, 亦相承而言. 一章以梁王之戰爲不仁. 二章以春秋之戰爲無義. 三章言武王仁義之師必無血流漂杵之事. 四章言湯武仁義之師必無用我善戰之人."(大全註疏)

【備旨】

由湯武之事로 觀之컨대 則知征之爲言은 是以己之正으로 而正人之不正者也라 民이 爲暴君所虐하여 皆欲仁者ㅣ來하여 正己之國을 如望湯之師 而有後我之怨하며 望武之師 而有稽首之誠하니 自無與之爲敵者也

어늘 而又焉用戰哉리오 旣不用戰이면 則彼善陳善戰者는 誠無所用之矣니라

탕왕湯王과 무왕武王의 일로 말미암아 살피건대, '정征'이라는 말은 자신의 바름으로 남의 바르지 못함을 바로잡아 주는 것임을 알 수 있다. 백성들이 폭군暴君에게 학대를 받아 모두 어진 자가 와서 자기 나라를 바로잡아 주기를 바랐다.

예를 들어 탕왕湯王의 군대를 기대하다가 자신의 나라를 나중에 정벌하자 이를 원망하였고, 무왕武王의 군대를 기대하면서 머리를 조아리는 정성을 보였다. 이처럼 스스로 그들과 적이 되지 않았으니, 또한 어찌 싸울 필요가 있었겠는가? 이미 싸울 필요가 없다면 저 진법을 잘 설치하고 싸움을 잘하는 자는 진실로 쓸 바가 없을 것이다.

[14·5]

孟子曰 梓匠輪輿ㅣ能與人規矩언정 不能使人巧니라

맹자 가라사대 "재장梓匠이나 윤여輪輿는 남에게 규구規矩를 가르쳐줄 수 있으나, 남들로 하여금 기교를 터득하게 해줄 수는 없다."

尹氏曰 規矩는 法度니 可告者也오 巧則在其人하니 雖大匠이라도 亦末如之何也已라 蓋下學은 可以言傳이요 上達은 必由心悟니 莊周所論斲輪之意가 蓋如此라

윤씨尹氏[尹焞] 가로되 "'규구規矩'는 법도이니, 남에게 말해 줄 수 있다. '교巧'는 익히는 사람에게 달려있으니, 비록 큰 장인匠人이라도 또한 어떻게 할 수가 없다. 대개 하학下學은 말로 전할 수 있으나, 상달上達은 반드시 마음으로 깨달아야 한다. 장주莊周가 논한 '수레바퀴를 깎는다.'는 뜻이 대개 이와 같다."

주해

- "梓匠, 木工. 輪輿, 車工."(四書補註備旨)
- "規矩是爲方圓之法."(四書補註備旨)
- "巧是心中奇巧處."(四書補註備旨)
- 하학(下學) : 인사人事에 관한 공부를 하다.
  《논어論語·헌문憲問》에 "子曰 不怨天, 不尤人, 下學而上達. 知我者, 其天乎?"라고 했는데, 이에 대해 하안何晏의 《논어집해論語集解》에 공안국孔安國의 설을 인용하여 "下學而上達者, 言已下學人事, 上知天命."이라 풀이했다.
- 상달(上達) : 위로 천명天命을 알다. 군자가 덕성德性을 닦아 인의仁義에 통달하기를 구하다.
  《논어論語·헌문憲問》에 "君子上達, 小人下達."이라 했는데, 이에 대해 형병邢昺의 소疏에 "言君子小人所曉達不同也. 本爲上, 謂德義也. 末爲下, 謂財利也. 言君子達於德義, 小人達於財利."라고 풀이했다.
- 신안진씨新安陳氏가 말했다. "巧卽循規矩熟後自得之妙."(大全註疏)
- 梓(가래나무 재) 匠(장인 장) 斲(깎을 착)

【備旨】

孟子ㅣ示人心悟之學也曰 道有可傳者며 有不可傳者하니 嘗觀之曲藝焉이니라 彼梓匠輪輿之敎人也에 但能與人以規矩而示以可循之成法이요 至於由是規矩而獨巧焉은 非不欲使之나 而不能使之也니 亦在人之自得而已라 然則聖賢之道ㅣ下學은 可以言傳이니 卽規矩

之謂也요 上達은 必由心悟니 卽巧之謂也라 學者ㅣ可不會心於道哉아

맹자께서 사람들에게 마음으로 깨닫는 학문을 보여 가라사대 "道는 전할 수 있는 것이 있고, 전할 수 없는 것도 있으니, 일찍이 《예기禮記·곡예曲藝》 편을 보면 알 수 있다.

저 재장梓匠과 윤여輪輿는 남을 가르칠 때, 다만 남들에게 규구規矩로써 따를 수 있는 성법成法을 보여줄 수 있다. 그러나 이 규구規矩로 말미암아 홀로 기교를 터득하게 되는 것은 그가 터득하기를 원치 않는 것이 아니지만 그가 터득하도록 만들 수는 없다. 그러니 또한 배우는 자가 스스로 체득하는데 달려있을 뿐이다.

그러므로 성현聖賢의 道에서 하학下學의 공부는 말로 전할 수 있으니 규구規矩를 말하며, 상달上達의 공부는 반드시 마음으로 깨달아야 하니 기교를 말한다. 배우는 자가 道를 마음으로 깨닫지 않겠는가?"

주해

- 회심(會心) : 깨닫다. 체득하다. '영회領會'와 같다.
  남조南朝 송宋나라 유의경劉義慶의 《세설신어世說新語·언어言語》 편에 나온다. "簡文入華林園, 顧謂左右曰 '會心處不必在遠, 翳然林水, 便自有濠濮閒想也.'" 翳(가릴 예) 濠(해자 호) 濮(강이름 복)

[14·6]

孟子曰 舜之飯糗茹草也애 若將終身焉이러시니 及其爲天子也하샨 被袗衣 鼓琴하시며 二女果를 若固有之러시다

맹자 가라사대 "순舜이 마른 밥을 먹고 푸성귀를 먹으며 장차 그대로 몸을 마칠 것같이 하시더니, 천자天子가 되어 꽃무늬가 있는 비단옷을 입고 거문고를 타며 두 여자가 모시는 것을 마치 원래부터 그런 것처럼 하셨다."

飯은 食也라 糗는 乾糒也라 茹는 亦食也라 袗은 畫衣也라 二女는 堯二女也라 果는 女侍也라

言聖人之心이 不以貧賤而有慕於外하고 不以富貴而有動於中하여 隨遇而安이요 無預於己하니 所性이 分定故也니라

'반飯'은 먹는 것이다. '구糗'는 마른 밥이다. '여茹'는 또한 먹는 것이다. '진袗'은 그림을 그린 옷이다. '이녀二女'는 요堯의 두 딸이다. '과果'는 여자가 시중드는 것이다.

성인聖人의 마음은 빈천貧賤 때문에 몸 밖을 바라지도 않고, 부귀富貴 때문에 마음속에 동요가 없으며, 어디에 처하든 마음이 편안하고 자신에게 관여됨이 없게 하니, 본성의 분수가 정해져 있기 때문이다.

주해

- "以後之富貴觀之, 舜非終身貧賤而乃若將終身."(四書補註備旨)
- "以前之貧賤觀之, 舜非固有富貴而乃若固有."(四書補註備旨)
- 화의(畫衣) : 채색 무늬를 수놓은 옷.

  《주례周禮·천관天官·내사복內司服》에 "褘衣"라고 했고, 정현鄭玄이 정사농鄭司農의 말을 인용한 註에 "褘衣, 畫衣也."라고 했다. 褘(조복 위)

  조씨趙氏가 말했다. "畫黼黻絺繡之衣也."(大全註疏)

  黼(수 보) 黻(수 불) 絺(고운 갈포 치)
- 수우(隨遇) : 처한 환경에 순응하다.

  청淸나라 진종석陳宗石의 《염노교念奴嬌·장지양원주중유감화대형전운將之梁

園舟中有感和大兄前韻》사詞에 나온다. "行藏隨遇, 試看天上明月."

● 무예(無預) : 상관하지 않다. 관여하지 않다. '무여無與'와 같다.
남조南朝 송宋나라 유의경劉義慶의 《세설신어世說新語·간오簡傲》에 나온다.
"阮謂王曰 '偶有二鬪美酒, 當與君共飮. 彼公榮者, 無預焉.'"

● 糗(볶은 쌀 구) 茹(먹을 여) 袗(수놓은 옷 진) 果(모실 과) 糒(건량 비)

【備旨】

孟子ㅣ表舜之心曰 常人之情은 未有不隨遇爲欣戚者나 乃舜之在側微也에 所飯者糗耳요 所茹者草耳니 其貧賤이 何極也오 而舜之心은 則安於貧賤하여 雖未嘗終其身이나 而自舜視之면 若將終身焉이러시니
及其受堯禪 而爲天子也하산 所被而服者則袗畵之衣요 所鼓而適者則五絃之琴이요 所果而侍者則堯之二女니 其富貴ㅣ何極也오 而舜之心이 亦安於富貴하여 雖非其素有나 而自舜視之면 則若固有之러시니 蓋所性分定하여 不以窮達爲加損이 如此하시니 舜之所以不可及歟인저

맹자께서 순舜의 마음을 드러내어 가라사대 "상인常人의 마음은 처한 상황에 따라 기뻐하거나 슬퍼하지 않는 자가 없다.

그러나 순舜은 비천卑賤한 신분일 때 먹은 음식은 마른 밥일 뿐이요, 먹은 채소는 푸성귀일 뿐이었으니, 그 빈천함이 얼마나 심하였겠는가? 하지만 순舜의 마음은 빈천에도 편안하여, 비록 일찍이 그렇게 몸을 마치지 않았으나 순舜으로부터 보자면 장차 그 몸을 마칠 듯이 하였다.

순舜이 요堯의 선위禪位를 받아 천자天子가 되니, 몸에 걸쳐 입은 옷은 꽃무늬가 있는 비단 옷이요, 풍악을 울려 앞장선 것은 오현五絃의 거문

고요, 모시고 시중든 자는 요堯의 두 딸이니, 그 부귀함이 얼마나 성대하였겠는가? 하지만 순舜의 마음은 또한 부귀富貴에도 편안하여, 비록 본디 누리지는 않았으나 순舜으로부터 보자면 본디 지니고 있는 듯이 하였다.

대개 본성의 분수가 정해져서 궁달窮達 때문에 더하거나 덜하지 않음이 이와 같았으니, 순舜에게 가히 미칠 수 없는 이유로다!"

주해

● 측미(側微) : 미천微賤하다.

《서경書經·순전舜典》에 "虞舜側微."라고 했고, 이에 대해 공영달孔穎達의 소疏에 "此云側微, 即〈堯典〉側陋也. 不在朝廷謂之側, 其人貧賤謂之微."라고 풀이했다.

《사기史記·태사공자서太史公自序》에도 나온다. "申呂肖矣, 尙父側微, 卒歸西伯, 文武是師."

[14·7]

孟子曰 吾ㅣ今而後에 知殺人親之重也와라 殺人之父면 人亦殺其父하고 殺人之兄이면 人亦殺其兄하나니 然則非自殺之也언정 一間耳니라

맹자 가라사대 "내가 이제야 남의 부형父兄을 죽이는 것이 중대한 일인지를 알았도다. 남의 아버지를 죽이면 남도 또한 내 아버지를 죽이고, 남의 형을 죽이면 남도 또한 내 형을 죽이게 된다. 그러므로 내가 죽이지 않았다고 해도 그 차이는 극히 미세할 뿐이다."

言吾今而後知者는 必有所爲而感發也라

一間者는 我往彼來하여 閒一人耳니 其實은 與自害其親으로 無異也라

范氏曰 知此則愛敬人之親이니 人亦愛敬其親矣리라

내가 이제야 알았다고 말한 것은 반드시 어떤 일이 있어 감발感發했다는 뜻이다.

'일간一間'이란 내가 가고 저가 와서 한 사람의 사이일 뿐이니, 사실은 스스로 내 어버이를 해친 것과 다름이 없다.

범씨范氏[范祖禹] 가로되 "이를 알면 남의 어버이를 사랑하고 공경할 것이니, 남도 또한 내 어버이를 사랑하고 공경할 것이다."

주해

- "親兼父兄言. 重是所係之大."(四書補註備旨)
- 소위(所爲) : 행위나 동작이 발생하게 된 원인.
  《공양전公羊傳·은공삼년隱公三年》 條에 나온다. "先君之所爲不與臣國而納國乎君者, 以君可以爲社稷宗廟主也."
- 일간(一間) : 아주 작은 간격. '간間'은 '격隔' 또는 '이離'와 같다.
  명明나라 풍몽룡馮夢龍의 《동국열국지東周列國志》에 나온다. "公子重耳, 仁人也. 父子兄弟, 相去一間耳."
  "間是假手意."(四書補註備旨)

【備旨】

孟子ㅣ有爲而發曰 我前日에 但知殺人之親이 爲不可요 而不知其禍之甚重也러니 自今而後에 乃知殺人父兄之親之重也니 何也오 天道好還하여 無施不報하나니

> 殺人之父면 人亦殺其父以報之하고 殺人之兄이면 人亦殺其兄以報之라 然則己之父兄은 本非自殺之也나 而致其見殺者는 實由於己하니 是我往彼來하여 特間一人耳니 其實은 與手殺父兄者로 何以異乎리오 人可不愼所施哉아

맹자에게 어떤 연유가 있어 발하여 가라사대 "내가 전에는 다만 남의 부형을 죽이는 것이 잘못이라는 것만 알고, 그 재앙이 심히 중차대한 일인지는 알지 못했다. 그런데 이제야 비로소 남의 부형을 죽이는 것이 중차대한 일인지를 알았으니, 이는 무엇 때문인가?

천도天道는 대가를 치르게 하나니, 반드시 보응報應을 내린다. 내가 남의 아버지를 죽이면 남도 또한 나의 아버지를 죽여 보답을 하고, 남의 형을 죽이면 남도 또한 나의 형을 죽여 보답을 한다. 그렇다면 자신의 부형父兄을 본래 스스로 죽인 것이 아니더라도, 그들을 죽음에 이르게 한 것은 실제로 자신에게서 말미암은 것이다. 이는 내가 가고 저가 와서 다만 한 사람의 사이일 뿐이니, 그 실제는 내 손으로 부형父兄을 죽인 것과 무엇이 다르겠는가? 그러므로 사람이 베푸는 바를 삼가지 않겠는가?"

주해

- 천도호환(天道好還) : 천도天道는 보응報應을 내린다. 곧 자신이 저지른 일에 대해 반드시 대가를 치르게 된다는 말이다. '환還'은 '보복報應'·'보복報復'의 뜻이다.

  《노자老子》 제30장에 나온다. "以道佐人主者, 不以兵强天下, 其事好還. 師之所處, 荊棘生焉."

[14·8]

孟子曰 古之爲關也는 將以禦暴러니

맹자 가라사대 "옛날에 관문關門을 만든 것은 장차 포악한 자를 막기 위해서였다."

譏察非常이라

비상非常한 일을 기찰譏察하는 것이다.

주해

- "以抱關擊柝者守之."(四書補註備旨)
- 기찰(譏察) : 감찰監察하다. 독찰督察하다. 譏(간할 기)
  《구당서舊唐書·직관지이職官志二》에 나온다. "善狀之外, 有二十七最……其二十四曰譏察有方, 行旅無壅, 爲關津之最." 壅(막을 옹)

【備旨】

孟子ㅣ傷今思古意曰 關은 一也나 而古今之爲 則有異焉하니 古之爲關也는 將欲譏察非常하여 以之禦暴也러니

맹자께서 당시의 현실을 슬퍼하고 옛날을 생각하며 뜻하여 가라사대 "관문은 동일한데 옛날과 지금이 만든 것이 다르니, 옛날에 관문을 만든 것은 장차 비상非常한 일을 기찰譏察하여 포악한 자를 막기 위해서였다."

今之爲關也는 將以爲暴로다

"지금 관문關門을 만든 것은 장차 포악한 짓을 행하기 위해서이다."

征稅出入이라
范氏曰 古之耕者는 什一이러니 後世엔 或收大半之稅하니 此는 以賦斂爲暴也요 文王之囿는 與民同之러시니 齊宣王之囿는 爲阱國中하니 此는以園囿爲暴也니 後世爲暴는 不止於關이라 若使孟子用於諸侯면 必行文王之政이니 凡此之類를 皆不終日而改也시리라

출입하는 사람에게 세금을 거두는 것이다.

범씨范氏[范祖禹] 가로되 "옛날에는 경작하는 자에게 십분의 일의 세금을 거두었다. 후세에는 혹 절반이 넘는 세금을 거두니, 이는 부렴賦斂으로 포악한 짓을 한 것이다. 문왕文王의 원유園囿는 백성과 함께 나누었는데, 제齊나라 선왕宣王의 원유園囿는 나라 안에 함정을 만들었으니, 이는 원유園囿로 포악한 짓을 한 것이다. 후세의 포악한 짓은 관문에만 그치지 않았다. 만약 맹자가 제후에게 등용되었다면 반드시 문왕文王의 정사政事를 시행했을 것이니, 이와 같은 포악한 짓을 모두 하루도 지나지 않아 고쳤을 것이다."

주해

- "以有司權貨者治之."(四書補註備旨) 権(전매 각)
- 대반(大半) : 절반을 초과하다. 곧 '과반수過半數' 또는 '대부분大部分'과 같다. 《사기史記·회음후열전淮陰侯列傳》에 나온다. "龍且軍大半不得渡."
  송宋나라 소식蘇軾의 〈걸진제절서칠주장乞賑濟浙西七州狀〉에도 나온다. "熙寧

中饑疫人死大半，城中寂寥.”

【備旨】

乃今之爲關은 則譏察之法은 輕이요 而征求之法은 重하여 將欲征稅出入 而以之爲暴하니 民其如之何哉아 夫卽一關 而古今之仁暴이 相遠如此하니 深可慨矣로다

이에 지금 관문을 만드는데 기찰譏察의 법은 가볍게 하고 징수征收의 법은 무겁게 하여, 장차 출입하는 자에게 세금을 징수하고 관문으로 포악한 짓을 하니, 백성들이 어떠하겠는가?

무릇 곧 관문은 동일한데 옛날과 지금의 인정仁政과 폭정暴政의 거리가 이렇게 멀기만 하니 심히 개탄스럽도다.

주해

● 징구(征求) : 징수征收하다. '구색求索'과 같다. 征(구할 징) 《곡량전谷梁傳·환공15년桓公十五年》 條에 나온다. “古者諸侯時獻於天子，以其國之所有，故有辭讓而無征求.”

[14·9]

孟子曰 身不行道면 不行於妻子요 使人不以道면 不能行於妻子니라

맹자 가라사대 “몸으로 道를 행하지 않으면 처자에게도 행해지지 아니하고, 사람을 부리는데 道로써 하지 않으면 처자에게도 행할 수 없다.”

身不行道者는 以行言之니 不行者는 道不行也요
使人不以道者는 以事言之니 不能行者는 令不行也니라

'몸으로 道를 행하지 않는다'는 것은 행위로써 말한 것이니, '불행不行'이란 道가 행해지지 않는다는 말이다.

'사람을 부리는데 道로써 하지 않는다'는 것은 일로써 말한 것이니, '불능행不能行'이란 명령이 행해지지 않는다는 말이다.

주해

- "道是當然之埋."(四書補註備旨)
- 신안진씨新安陳氏가 말했다. "關有譏有征. 古者禁異服譏異言以譏爲主. 今以征爲主而已."(大全註疏)
- 경원보씨慶源輔氏가 말했다. "關則一, 而古今所以爲關之意則不同. 譏察非常, 爲義也天理也. 征稅出入, 爲利也人欲也. 天下之事莫不然. 孟子擧關之一事言之."(大全註疏)

【備旨】

孟子ㅣ示人以端本之化曰 道者는 由己及人之本也니 如身不行道하고 綱常未立하여 倫紀不修면 則觀法無自하여 其化ㅣ不行於妻子요 如使人不以道하고 工作非時하여 奔走無節이면 則處置失宜하여 其令이 不能行於妻子라

夫妻子至近으로 仰吾以爲天者도 尙不可化 不可行이온 況他人乎아 然則正己以率物 而愼令以使人이니 君子ㅣ誠有不容已者矣니라

맹자께서 사람들에게 근본을 다스리는 교화를 보여 가라사대 "道는 자기로 말미암아 남에게 미치는 것이 근본이다. 예를 들어 몸으로 도를 행하지 않고 강상綱常을 세우지 않으며 윤기倫紀를 닦지 않으면, 스스로 법도를 관찰할 수 없어 그 교화가 처자에게 행해지지 않는다. 예를 들어 사람을 부리는데 道로써 하지 않고 일을 제 때에 하지 않으며 분주하기만 하고 절도가 없으면, 일처리가 마땅함을 잃어 그 명령을 처자에게도 행할 수가 없다.

무릇 지극히 가까운 처자처럼 나를 우러러 하늘로 삼는 자도 오히려 교화할 수 없고 명령을 행할 수도 없거늘, 하물며 타인이겠는가?

그러므로 자기를 바르게 하여 남에게 모범이 되고 명령을 삼가서 남을 부려야 하니, 군자에게 진실로 몸을 용납하지 못할 것이 있다."

주해

- 단본(端本) : '단본정원端本正源'. 근본을 바르게 하다. 근본을 가지런히 다스리다.
  《진서晉書·은중감전殷仲堪傳》에 나온다. "端本正源者, 雖不能無危, 其危易持."
- 관법(觀法) : 법도를 관찰하다.
  《순자荀子·성상成相》 편에 나온다. "上通利, 隱遠至, 觀法不法見不視."

[14·10]

孟子曰 周于利者는 凶年이 不能殺하고 周于德者는 邪世ㅣ不能亂이니라

맹자 가라사대 "재리財利에 주밀周密한 자는 흉년도 그를 죽일 수 없고, 덕이 충실한 자는 악한 세상도 그를 어지럽게 할 수 없다."

周는 足也니 言積之厚則用有餘라

'주周'는 족足하다는 뜻이니, 넉넉히 쌓아두면 재용財用에 남음이 있다는 말이다.

주해

- "利指財利言."(四書補註備旨)
- "周于德, 就仁義充足說."(四書補註備旨)
- "邪世是邪說橫流之世. 不能亂是有足見定守意."(四書補註備旨)
- 경원보씨慶源輔氏가 말했다. "德貴畜積然後有餘用, 而外物不足以亂之. 若夫挾一善一長, 而自以爲足, 而欲以遊於邪世, 則鮮有不爲其所亂者矣."(大全註疏)

【備旨】

孟子ㅣ勉人蓄德意曰 君子之處世에 亦何患世道之不正哉아 患吾德之未周耳니라 我觀周於利者는 積儲素充而凶荒有備하여 雖凶年이라도 不能殺矣온 況君子之周於德者는 理明而知德已深하고 守定而執德已固하니 雖經邪世라도 而吾之所以處事應用者ㅣ皆有以自立하여 而不失其正하리니 豈能移其志 而爲之亂哉리오 人當思厚蓄其德爾矣니라

맹자께서 사람들이 덕을 쌓도록 권면하여 뜻하여 가라사대 "군자가 세상 사람들과 살아가는데 또한 어찌 세도世道가 바르지 못하다고 근심하겠는가? 내 덕이 주밀周密하지 못한 것을 근심할 따름이다.

내가 살피건대, 재리財利에 주밀周密한 자는 축적된 것이 평소 충실

하여 흉년을 대비하니, 비록 흉년이라도 그를 죽일 수가 없다. 하물며 덕이 충실한 군자는 사리에 밝아서 지덕知德이 이미 깊고, 덕을 굳게 지켜서 집덕執德이 이미 견고하니, 비록 사세邪世를 거칠지라도 그가 처세하고 응용한 바가 모두 스스로 서서 그 정도를 잃지 않을 것이니, 어찌 능히 그 뜻을 옮겨 어지럽힐 수 있겠는가? 사람은 마땅히 그 덕德을 두텁게 쌓을 것을 생각해야 한다."

주해

- 지덕(知德) : 도덕을 이해하다. 남이 베푼 은덕을 알다.
  《논어論語·위령공衛靈公》에 나온다. "子曰'由, 知德者鮮矣.'"
  《국어國語·주어하周語下》에도 나온다. "其君在會, 步言視聽, 必皆無謫, 則可以知德矣."
- 집덕(執德) : 인덕仁德을 고수하다. 도덕규범을 준수하다.
  《논어論語·자장子張》 편에 나온다. "執德不弘, 信道不篤."
  《한서漢書·성제기成帝紀》에도 나온다. "朕執德不固, 謀不盡下."
- 수정(守定) : 굳게 지키다.
  송宋나라 구양수歐陽修의 《여소승상서與蘇丞相書》 권5에 나온다. "爲客在門前守定, 寫簡不成, 悉之."

[14·11]

孟子曰 好名之人은 能讓千乘之國하나니 苟非其人이면 簞食豆羹에 見於色하나니라

맹자 가라사대 "명예를 좋아하는 사람은 천승千乘의 나라를 사양할 수 있다. 만일 그런 사람이 아니라면, 단사두갱簞食豆羹에서도 그 얼굴빛이 드러난다."

好名之人은 矯情干譽라 是以로 能讓千乘之國이라 然이나 若本非能輕富貴之人이면 則於得失之小者에 反不覺其眞情之發見矣라 蓋觀人을 不於其所勉이요 而於其所忽이니 然後에 可以見其所安之實也니라

명예를 좋아하는 사람은 진실을 가리고 명예를 구한다. 이 때문에 천승千乘의 나라를 사양할 수 있다. 그러나 만약 본래 부귀를 가볍게 여기는 사람이 아니라면, 득실得失이 작은 것에 도리어 자신도 모르게 그 속마음을 드러내게 된다.

대개 사람은 그가 힘쓰는 데서 살피지 말고, 그가 소홀히 하는 데서 살펴야 한다. 그러면 그가 편안히 여기는 바의 실제를 알 수 있다.

주해

- "好名, 好輕富貴之名."(四書補註備旨)
- "其人謂能讓國者. 好名之人便是非其人."(四書補註備旨)
  주자朱子가 말했다. "千乘之國, 惟賢人能之. 然好名之人亦有時而能之, 本非眞能讓國也, 徒出一時之慕名, 而勉强爲之耳."(大全註疏)
- 교정간예(矯情干譽) : 진실을 은폐하고 명예를 구하다.
  矯(속일 교) 干(구할 간)
  《이각박안경기二刻拍案驚奇》 권24에 나온다. "其餘凡貪官汙吏……及矯情幹譽欺世盜名種種之人, 無不隨業得報, 一一不爽."
  경원보씨慶源輔氏가 말했다. "矯情者務勉於其大而難久. 至誠者不忽於其小而有常. 其鄙吝之眞情實態, 乃發露於忽易不虞之地也. "(大全註疏)
  虞(헤아릴 우)
- 신안진씨新安陳氏가 말했다. "所安對所勉言. 勉强者, 多矯飾於大而不免發露於小. 安焉者則貴小, 大皆出於眞實也."(大全註疏)
- 단사두갱(簞食豆羹) : 한 그릇의 밥과 한 그릇의 국. 곧 변변치 못한 음식이나 '소리小利'를 말한다. 簞(대광주리 단) 食(밥 사) 羹(국 갱)
  《맹자孟子·고자상告子上》에 나온다. "一簞食, 一豆羹, 得之則生, 弗得則死."

【備旨】

孟子ㅣ論人之所忽者에 足以觀人也曰 讓은 美德也요 能讓은 美名也라 天下有好名之人은 矯情干譽라 是以로 能讓千乘之國하나니 苟非實能輕富貴之人이면 則雖簞食豆羹 得失之小者에 反不覺其喜怒之見於色矣하나니 觀人者ㅣ信當考其實 而不可徒徇其名也니라

맹자께서 남들이 소홀히 하는 데서 사람을 살필 수 있음을 논하여 가라사대 "사양은 아름다운 덕德이요, 능히 사양할 수 있는 것은 아름다운 명예이다. 천하에 명예를 좋아하는 사람은 속마음을 속이고 명예를 구하니, 이 때문에 능히 천승千乘의 나라를 사양할 수 있다. 만일 실제로 부귀를 가볍게 여길 수 있는 사람이 아니라면, 비록 단사두갱簞食豆羹과 같이 작은 득실得失에 대해서도 도리어 자신도 모르게 그 좋아하고 화내는 마음을 안색에 드러내게 된다. 그러므로 사람을 살피는 자는 진실로 마땅히 그 실제를 상고하되 부질없이 그 명성을 좇아서는 안 된다."

[14·12]

孟子曰 不信仁賢則國이 空虛하고

맹자 가라사대 "인군人君이 어질고 현명한 이를 믿지 않으면 나라가 공허空虛해진다."

空虛는 言若無人然이라

'공허空虛'는 사람이 없는 것과 같다는 말이다.

주해

- "信是誠心委任意. 仁賢, 有德之總稱."(四書補註備旨)
- "空虛, 若無人然.."(四書補註備旨)
- 경원보씨慶源輔氏가 말했다. "仁者, 德之首. 賢則總言其有德耳."(大全註疏)
- 신안진씨新安陳氏가 말했다. "仁賢, 分言則仁仁人也, 賢有德之人也. 合言則仁德之賢人也."(大全註疏)

【備旨】

> 孟子ㅣ論爲國之要曰 人君之爲國에 有三要焉하니 仁賢은 國之楨幹也라 苟不信任夫仁賢하여 或外親而內疎하며 或始用而終疑면 則國無倚賴 而空虛하여 若無人矣리라

맹자께서 나라를 다스리는 요체要諦를 논하여 가라사대 "인군人君이 나라를 다스리는데 세 가지 요체가 있다. 어질고 현명한 자는 나라의 정간楨幹이니, 만일 어질고 현명한 자를 신임하지 않고 혹 겉으로는 친하면서 속으로는 소홀히 하며, 혹 처음에는 등용했다가 마지막에는 의심한다면, 나라가 의지할 데가 없고 공허하여 사람이 없는 것과 같을 것이다."

주해

- 정간(楨幹) : 담장을 세울 때 사용하는 나무 기둥. 전하여 중요한 역할을 하는 인물이나 사물을 의미한다. 楨(광나무 정)
  《서경書經·비서費誓》에 "峙乃楨幹."나온다. 이에 대해 공전孔傳에 "題曰楨, 旁曰幹."이라 했고, 공영달孔穎達의 소疏에 "題曰楨, 謂當牆兩端者也. 旁曰

幹, 謂在牆兩邊者也."라고 풀이했다.
《삼국지三國志·오지吳志·육개전陸凱傳》에 나온다. "姚信·樓玄·賀邵·張悌·郭逴·薛瑩……皆社稷之楨幹, 國家之良輔."

無禮義 則上下ㅣ亂하고

"예의禮義가 없으면 상하가 어지럽게 된다."

禮義는 所以辨上下 定民志니라

'예의禮義'는 상하를 분별하고 백성의 마음을 안정시키는 것이다.

주해

- "禮以別尊卑. 義以防僭竊."(四書補註備旨) 僭(참람할 참)
- "亂是名分不正."(四書補註備旨)

【備旨】

禮義는 國之典常也니 苟無禮以節民性하며 無義以正民行이면 則名分不辨하여 而上下ㅣ於是乎亂矣리라

예의禮義는 나라의 전상典常이다. 진실로 예禮로써 백성의 본성을 절제하지 못하고, 의義로써 백성의 행실을 바로잡지 못하면, 명분名分이 분별되지 않아 상하上下가 이에 어지럽게 된다.

주해

● 전상(典常) : 변치 않는 도리道理. '상리常理'·'상도常道'와 같다. 《주역周易·계사하繫辭下》에 나온다. "初率其辭而揆其方, 旣有典常. 苟非其人, 道不虛行." 이에 대해 한강백韓康伯의 註에 "能循其辭以度其義, 原其初, 以要其終, 則唯變所適, 是其常典也."라고 풀이했다.

無政事 則財用이 不足이니라

"'정사政事'가 없으면 나라의 재용財用이 부족하게 된다."

生之無道하고 取之無度하며 用之無節故也니라
尹氏曰 三者는 以仁賢爲本이니 無仁賢則禮義政事가 處之ㅣ皆不以其道矣리라

생산하는데 방도가 없고, 취하는데 법도가 없으며, 쓰는데 절제가 없기 때문이다.

윤씨尹氏[尹焞] 가로되 "세 가지는 인현仁賢을 근본으로 삼으니, 인현仁賢이 없으면 예의禮義와 정사政事의 일처리를 모두 그 道로써 하지 못할 것이다."

주해

● "政是大綱. 事是大綱中條目."(四書補註備旨)
● "財用指公家言. 不足指空乏言."(四書補註備旨)
● 남헌장씨南軒張氏가 말했다. "信仁賢則君有所輔, 民有所庇, 社稷有所託, 姦宄有所憚, 國本樹立而堅固矣."(大全註疏) 庇(의탁할 비) 宄(도둑 귀)

【備旨】

政事는 國之紀綱也니 苟無政事하여 凡所以之綱之紀者廢墜而不擧焉이면 則源之不開하고 流之不節하여 而財用이 於是乎不足矣리라 凡此三者는 皆爲國之要로되 而仁賢其本也니 能信仁賢이면 則禮義由之以出하고 政事由之以立하여 而王道ㅣ其易易矣리라

'정사政事'는 나라를 다스리는 기강紀綱이다. 만일 정사政事가 없어 무릇 기紀가 되고 강綱이 되는 바가 무너져 없어지면, 나라의 수입이 막히고 지출에 절제가 없어 나라의 재용財用이 이에 부족하게 된다.

무릇 이 세 가지는 모두 나라를 다스리는 요체要諦인데 인현仁賢이 그 근본이다. 능히 어질고 현명한 자를 믿는다면, 예의禮義가 이로 말미암아 나오고, 정사政事가 이로 말미암아 바로 설 것이니, 왕도王道가 그 쉽고도 쉬울 것이다.

주해

- 지강지기(之綱之紀) : 사방의 기강紀綱이 되다. '강기綱紀'는 그물의 법도, 곧 '강령綱領'을 말한다. 위의威儀와 덕음德音을 갖춘 성왕成王이 현자賢者를 두루 등용하여 무궁한 복을 받고 사방의 기강紀綱이 되었다는 뜻이다.
  《시경詩經·대아大雅·가락假樂》에 나온다. "之綱之紀, 燕及朋友. 百辟卿士, 媚於天子. 不解於位, 民之攸塈."
- 폐추(廢墜) : 쇠망衰亡하다. 멸절滅絶되다.
  《좌전左傳·소공9년昭公九年》 條에 나온다. "文武成康之建母弟, 以蕃屛周, 亦其廢隊是爲, 豈如弁髦而因以敝之."
- 원류(源流) : 본원本源과 지류支流. 기원과 발전. 여기서는 수입과 지출을 비유한 말이다.

원元나라 유기劉祁의 《귀잠지歸潛志》 권7에 나온다. "惟僥幸一時進用, 不顧平日源流, 此可爲長太息也." 祁(성할 기) 僥(바랄 요)

[14·13]

孟子曰 不仁而得國者는 有之矣어니와 不仁而得天下는 未之有也니라

맹자 가라사대 "어질지 않으면서 나라를 얻는 자는 있으나, 어질지 않으면서 천하를 얻는 자는 있지 않다."

言不仁之人이 騁其私智하여 可以盜千乘之國이나 而不可以得丘民之心이니라

鄒氏曰 自秦以來로 不仁而得天下者ㅣ有矣라 然이나 皆一再傳而失之하니 猶不得也라 所謂得天下者는 必如三代而後에 可하니라

어질지 않은 사람이 그 사사로운 지혜를 펴서 천승千乘의 나라를 훔칠 수는 있으나, 구민丘民의 마음은 얻을 수 없다는 말이다.

추씨鄒氏[鄒浩] 가로되 "진秦나라 이래로 어질지 않으면서 천하를 얻은 자가 있다. 그러나 모두 한두 대代를 전하다 잃고 말았으니 얻지 못한 것과 같다. 이른바 천하를 얻었다는 것은 반드시 삼대三代와 같이 된 연후에야 가능한 것이다."

주해

- 빙(騁) : 발휘하다. '시전施展'과 같다. 騁(펼 빙)

其壇壝而更置之하나니 亦年不順成 八蜡不通之意라 是는 社稷이 雖重於君이나 而輕於民也니라

예禮를 잃지 않고 제사祭祀를 올렸는데 토지신과 곡신穀神이 백성을 위해 재앙이나 환난을 막아주지 못하면 그 단유壇壝를 허물고 새로 옮겨 설치한다. 또한 '농사가 순조롭지 못하면 팔사八蜡가 통하지 못한다'는 뜻이다.

이는 사직이 비록 인군人君보다 중요하나 백성보다는 가벼운 것이다.

주해

- "純色曰犧. 全體曰牲."(四書補註備旨)
  趙岐의 註에 "犧牲已成肥腯……然而其國有旱乾水溢之災, 則毁社稷而更置之."라고 풀이했다. 腯(살찔 돌)
- "旱乾言天旱而地乾燥. 水溢言雨多而水漲溢."(四書補註備旨) 漲(넘칠 창)
- "是改立祀神之地, 非改立其神也."(四書補註備旨)
  운봉호씨雲峯胡氏가 말했다. "兩變置者不同, 集註釋之亦異. 變置諸侯者, 改立其人也. 變置社稷者, 改立其祀神之壇壝, 而非改立其神也."(大全註疏)
- 자성(粢盛) : 고대에 제기祭器에 담아서 제사에 받치는 곡물.
  粢(기장 자) 盛(담을 성)
  《공양전公羊傳·환공14년桓公十四年》 條에 "御廩者何?粢盛委之所藏也."라고 했고, 이에 대해 하휴何休의 註에 "黍稷曰粢, 在器曰盛."라고 풀이했다. 黍(기장 서)
- 연불순성 팔사불통(年不順成 八蜡不通) : 사방의 농사가 순조롭게 이루어지지 않으면 팔사八蜡를 다른 지방들과 똑같이 지내지 않는다. 蜡(납향 사)
  《예기禮記·교특생郊特牲》에 나온다. : "팔사八蜡를 통하여 사방의 풍흉豐凶을 기록한다. 사방의 농사가 순조롭게 이루어지지 않으면 팔사를 다른 지방들과 똑같이 지내지 않으니, 이는 백성으로 하여금 재물을 쓰는 것을 신중히 함을 알도록 하려는 것이다. [八蜡以記四方. 四方年不順成, 八蜡不通, 以謹民財也.]"

【備旨】

何以見社稷之次之也오 蓋社稷之立은 爲民而立也니 苟所陳之犧生이 旣備腯而告成하며 所供之粢盛이 旣馨香而告潔하며 春祈秋報하여 不失祭祀之時면 則爲民以事社稷者ㅣ已無不至矣라 然而土穀之神이 乃不能爲民禦災捍患하여 而旱乾水溢有不免焉이면 是地之不靈 而神以不顯也니 則毁其壇壝하고 而更置社稷之神於彼焉하나니라 夫以社稷之變置는 係於生民之利害니 然則社稷이 雖重於君이나 而實輕於民也니 民之貴爲何如哉아 世之欲立民命者ㅣ亦可以省矣니라

무엇으로 사직社稷이 백성보다 중하지 않음을 알 수 있는가? 대개 사직을 세우는 것은 백성을 위해서이다.

만일 진설陳設한 희생犧牲이 이미 살이 쪄서 성숙됨을 고하고, 바치는 자성粢盛이 이미 향기로워 정결함을 고하며, 봄에 토지신에게 기원하고 가을에 토지신에게 보답하여 제사를 지내는 때를 잃지 않았다면, 백성을 위하여 사직社稷을 섬기는 것이 이미 지극하지 않음이 없다.

그러나 토지신과 곡신穀神이 이에 능히 백성을 위해 재앙과 환난을 막아주지 못하여 가뭄과 수해水害를 면하지 못한다면, 이는 땅이 신령스럽지 못하여 신神이 나타나지 않은 것이니, 그 단유壇壝를 헐고 다시 사직社稷의 신神을 다른 곳에 설치해야 한다.

무릇 사직을 옮겨 세우는 것은 생민生民의 이해利害와 관계되는 것이니, 그렇다면 사직社稷이 비록 인군人君보다 중요하나 사실은 백성보다 가벼운 것이다. 그러니 백성이 얼마나 존귀한가? 세상에 백성의 천명天命을 세우고자 하는 자는 또한 가히 살펴야 할 것이다.

주해

● 춘기추보(春祈秋報) : 봄가을에 토지신에게 제사를 지내다. '춘기春祈'는 사일社日[仲春의 吉日]에 거행하고, '추보秋報'는 추수 후[孟冬의 吉日]에 거행한다.

《주례周禮·춘관春官·사사肆師》에 나온다. "社之日, 涖蔔來歲之稼." 이에 대해 당唐나라 가공언賈公彦의 소疏에 "涖蔔來歲之稼者, 祭社有二時, 謂春祈秋報, 報者, 報其成熟之功. 今蔔者來歲亦如今年宜稼, 以不但春稼秋穡, 不言穡而言稼者, 秋穡由於春稼, 故據稼而言之."라고 풀이했다.

'추보秋報'는 《시경詩經·주송周頌·양사서良耜序》에 나온다. "良耜, 秋報社稷也." 耜(보습 사)

[14·15]

孟子曰 聖人은 百世之師也니 伯夷柳下惠ㅣ是也라 故로 聞伯夷之風者는 頑夫ㅣ廉하며 懦夫ㅣ有立志하고 聞柳下惠之風者는 薄夫ㅣ敦하며 鄙夫ㅣ寬하나니 奮乎百世之上이어든 百世之下에 聞者ㅣ莫不興起也하니 非聖人而能若是乎아 而況於親炙之者乎아

맹자 가라사대 "성인은 백세의 스승이니 백이伯夷와 유하혜柳下惠가 이런 분들이다. 그러므로 백이伯夷의 청풍淸風을 들은 자는 완고한 사람이라도 청렴해지고 나약한 사람이라도 뜻을 세운다. 유하혜柳下惠의 화풍和風을 들은 자는 각박한 사람이라도 돈후해지고 비루한 사람이라도 너그러워진다. 백세 전에 듣고 분발하였는데 백세후에도 듣고 흥기하지 않은 이가 없으니, 성인이 아니고서 능히 이와 같이 할 수 있겠는가? 하물며 성인에게 친히 훈도薰陶를 받은 사람은 어떠하겠는가?"

興起는 感動奮發也라 親炙는 親近而薰炙之也라 餘見前篇하니라

'흥기興起'는 감동하여 분발하는 것이다. '친자親炙'는 친히 가르침을 받고 감화를 받는다는 뜻이다.

나머지는 전편에 보인다.

주해

- "頑夫是至愚. 廉是有分辨."(四書補註備旨)
- "懦夫是至柔, 立志是卓有定志."(四書補註備旨) 懦(나약할 나)
- "薄夫是輕薄. 敦是和厚."(四書補註備旨)
- "鄙夫是量窄. 寬是量洪."(四書補註備旨) 窄(좁을 착)
- 친자(親炙) : 직접 가르침과 훈도薰陶를 받다.
《논형論衡·지실知實》에 나온다. "非聖而若是乎? 而況親炙之乎?"
- 남헌장씨南軒張氏가 말했다. "夷惠稱聖人, 以其聖於淸聖於和而得名也."(大全註疏)
- 운봉호씨雲峯胡氏가 말했다. "四時之風, 莫和於春, 莫淸於秋, 物無有不動者. 然在物猶有跡也. 仲尼元氣也, 渾然無跡矣."(大全註疏)

【備旨】

孟子ㅣ著夷惠師世之遠하여 以見其爲聖人也曰 古之人이 有以聖人稱者는 其制行也高하고 其流澤也遠하니 蓋不特一世之師요 實百世之師也니 求其可以當此者인댄 伯夷柳下惠ㅣ其人也라 蓋伯夷는 淸者也니 是廉且立志之人也라 伯夷往矣 而聞其風之淸者는 頑夫ㅣ變而廉焉하여 不苟取也하며 懦夫ㅣ變而有立志焉하여 不苟安也니 未有聞其風而不師其淸者也요 柳下惠는 和

者也니 是敦且寬之人也라 柳下惠往矣 而聞其風之和者는薄夫ㅣ變而敦焉하여 行歸厚也며 鄙夫ㅣ變而寬焉하여 量有容也니 未有聞其風而不師其和者也라 夫夷惠以清和 而奮起乎百世之上 而百世之下에 聞其風者ㅣ莫不興起而爲廉 爲立志爲敦爲寬也니 是는 非淸和之極하여 而一無所勉之聖人이면 而能若是乎아 夫聞夷惠之風하고 未親炙夷惠之爲人하되 猶莫不興起ㅣ如是온 而況生當夷惠之時하여 親見而薰炙之는 則所以感發人心者ㅣ又當何如也오 蓋道之所在는 卽師之所在요 百世之心은 卽一世之心이니 信乎라 夷惠之爲聖人은 可稱百世師矣로다

맹자께서 백세百世의 스승인 백이伯夷와 유하혜柳下惠를 드러내어 그들이 성인임을 보여 가라사대 "옛 사람들이 성인이라고 칭할 수 있는 자는 그 덕행이 고상하고 그 은택이 심원하니, 대개 일세一世의 스승일 뿐만 아니라 실로 백세의 스승인 것이다. 이에 해당되는 자를 구한다면 백이伯夷와 유하혜柳下惠가 그런 사람들이다.

대개 백이伯夷는 맑은 자이니, 청렴하면서 또 뜻을 세운 사람이다. 백이伯夷가 지나가면 그 청풍淸風을 들은 사람 가운데 완악한 자는 변하여 청렴해지고 구차히 취하지 않으며, 나약懦弱한 자는 변하여 뜻을 세우고 구차하게 편안함을 구하지 않으니, 그 풍도를 듣고 그 청렴을 스승으로 삼지 않는 자가 없었다.

유하혜柳下惠는 온화한 자이니, 돈후하면서 또 관대한 사람이다. 유하혜柳下惠가 지나가면 그 화풍和風을 들은 사람 가운데 각박한 자는 변하여 돈후해지고 행실이 돈후함에 돌아가며, 비루한 자는 변하여 관

대해지고 도량에 용납함이 있으니, 그 풍도를 듣고 그 온화함을 스승으로 삼지 않는 자가 없었다.

무릇 백이伯夷와 유하혜柳下惠는 청풍清風과 화풍和風으로 백세百世 전에 떨치고 일어났는데, 백세百世 뒤에도 그 풍도를 들은 자가 흥기하여 청렴해지고 뜻을 세우며, 돈후해지고 너그럽지 않은 자가 없다. 이는 청풍清風과 화풍和風이 지극하여 조금도 억지로 힘쓴 바가 없는 성인이 아니라면 능히 이와 같을 수 있겠는가?

대저 백이伯夷와 유하혜柳下惠의 풍도를 듣고 친히 가르침과 훈도薰陶를 받지 않고도 오히려 흥기하지 않음이 없는 것이 이와 같거늘, 하물며 백이伯夷와 유하혜柳下惠의 당시에 태어나 친히 만나 가르침을 받고 훈도를 받으면 인심에 감발感發한 바가 또한 마땅히 어떠했겠는가?

대개 道가 있는 곳이 바로 스승이 있는 곳이요, 백세百世의 마음이 바로 일세一世의 마음이니, 진실로 백이伯夷와 유하혜柳下惠 성인聖人은 백세의 스승으로 칭할만하다.

주해

- 구안(苟安) : 구차하게 편안함을 구하다.

  송宋나라 소식蘇軾의 〈걸개항주서호상乞開杭州西湖狀〉에 나온다. “臣以侍從, 出膺寵寄, 目睹西湖有必廢之漸, 有五不可之憂, 豈得苟安歲月, 不任其責.”
- 제행(制行) : 덕행德行.

  명明나라 송렴宋濂의 〈제탕처사묘명후題湯處士墓銘後〉에 나온다. “予觀老友陶先生 所撰〈湯處士墓銘〉, 嘆其制行淳厚.”

  청淸나라 유대괴劉大櫆의 〈제좌견재문祭左繭齋文〉에도 나온다. “君之制行, 可謂無咎.” 繭(고치 견) 咎(허물 구)

[14·16]

孟子曰 仁也者는 人也니 合而言之하면 道也니라

맹자 가라사대 "인仁이란 사람이라는 뜻이니, 합하여 말하면 도道이다."

仁者는 人之所以爲人之理也라 然이나 仁은 理也요 人은 物也니 以仁之理 로 合於人之身而言之면 乃所謂道者也니라
程子曰 中庸所謂率性之謂道가 是也니라
或曰 外國本에 人也之下에 有義也者宜也 禮也者履也, 智也者知也 信也者實也 凡二十字라하니
今按如此 則理極分明이라 然이나 未詳其是否也로라

'인仁'은 사람이 사람답게 되는 이치이다. 그러나 인仁은 이치요, 인人은 물건이니, 인仁이라는 이치로써 사람의 몸에 합하여 말하면 바로 이른바 道라는 것이다.

정자程子 가로되 "《중용中庸》에서 말한 '본성을 따르는 것을 도道라고 한다.'는 것이 이것이다."

혹자가 가로되 "외국 판본에는 '인야人也' 아래에 '의義는 마땅하다는 뜻이요, 예禮는 실천한다는 뜻이요, 지智는 안다는 뜻이요, 신信은 진실하다는 뜻이니, 모두 20자가 있다.[義也者宜也 禮也者履也, 智也者知也 信也者實也 凡二十字]'라고 했다. 이제 살피건대, 이와 같이 하면 이치가 극히 분명해 진다. 그러나 그런지 아닌지는 자세하지 않다."

주해

- 인(仁) : '인仁'은 '인人'과 통한다.
  "仁者, 生生之理. 人指人生之身."(四書補註備旨)
  《설문해자說文解字》에 "仁, 親也. 從人二."라고 했고, 《중용中庸》에 "仁者, 人也."라고 했다.
- "合是合仁於人身. 道是率性之道."(四書補註備旨)
- 신안진씨新安陳氏가 말했다. "若據此本, 則是合仁義禮智信而言之, 皆道也. 且又見得仁義禮智兼信而言五常之道, 尤爲明備云."(大全註疏)

【備旨】

> 孟子ㅣ以仁責人意曰 道는 率於性者也니 欲知所謂道인댄 必先知所謂仁이니 仁也者는 非他라 在天에 爲生物之心이요 在人에 爲有生之理니 卽人之所以爲人者也라 然이나 仁은 理也요 人은 物也라 單說人則物이니 固無所恃以立이요 若單說仁則理니 亦無所恃以行이라 惟以仁之理로 合於人之身而言之하되 性以宰形하고 形以率性하면 便爲天然自有之則과 至當不易之行이니 而天下古今에 共由之道ㅣ卽此而在矣니 人可不體仁以盡道乎哉아

맹자께서 인仁으로 사람에게 책선責善하는 것을 뜻하여 가라사대 "道는 성품을 따르는 것이니, 이른바 道를 알려고 하면 반드시 먼저 이른바 인仁을 알아야 한다. 인仁은 다른 것이 아니라, 하늘에 있어서는 만물을 생生하게 하는 마음이 되고, 사람에게 있어서는 타고난 이치가 되니, 곧 사람이 사람답게 되는 바이다.

그러나 인仁은 이치요 인人은 물건이다. 단독으로 인人만을 말하면

물건이니, 진실로 믿고 설 수가 없다. 만약 단독으로 인仁만을 말하면 이치이니, 또한 믿고 행할 수가 없다. 오직 인仁의 이치로써 사람의 몸에 합하여 말하되, 본성으로 육신을 주재主宰하고 육신으로 본성을 따르게 하면, 천연적으로 스스로 지닌 법칙과 지극히 당연하여 바꿀 수 없는 행동이 된다. 천하 고금古今에 함께 말미암은 道가 여기에 있으니, 사람이 인仁을 체득하여 道를 다하지 않겠는가?"

주해

- 지당불역(至當不易) : 지극히 당연하여 바꿀 수 없다. 매우 합당하다. 명明나라 이지李贄의 《분서焚書·독사讀史·공명위후주사신한관자육도孔明爲後主寫申韓管子六韜》에 나온다. "故汲長孺謂其內多欲而外施仁義, 而論六家要指者, 又以'博而寡要, 勞而少功'八字概之, 可謂至當不易之定論."

[14·17]

孟子曰 孔子之去魯에 曰遲遲라 吾行也여하시니 去父母國之道也요 去齊에 接淅而行하시니 去他國之道也니라

맹자 가라사대 "공자孔子께서 노魯나라를 떠날 때에는 '더디고 더디구나, 내 떠나는 발걸음이여.' 라고 하셨으니, 이는 부모의 나라를 떠날 때의 도리이다. 제齊나라를 떠날 때에는 밥을 지으려고 담가두었던 쌀을 건져 급히 떠나셨는데, 이는 타국을 떠나는 도리이다."

重出이라

거듭 나왔다. 〈만장 하萬章下〉

주해

- "以受女樂而去."(四書補註備旨)
- "以吾老矣之言而去."(四書補註備旨)
- 접석(接淅) : 이미 일은 쌀을 건져내다. 곧 행색行色이 총망悤忙하다는 뜻이다. 淅(쌀일 석)
  주자朱子의 《사서집주四書集註》에 "接, 猶承也. 淅, 漬米也. 漬米將炊, 而欲去之速, 故以手承米而行, 不及炊也." 漬(담글 지)

【備旨】

> 孟子ㅣ論孔子去國之有道曰 孔子之道는 時而已矣니 卽一去國之際에 亦可槪見焉이라 當魯之受女樂하여 而三日不朝하니 孔子ㅣ嘗去魯矣로되 乃猶望於郊祭之致膰하여 而未忍遽去曰 遲遲라 吾行也여하시니 此以魯父母之國으로 義則已決 而恩猶未忘이니 其去之之道ㅣ當如是其久也요 當齊景公有老不能用之言하여 嘗去齊矣로되 時漬米將炊에 乃以手承水取米而行하니 此非急遽也라 蓋以齊乃他國으로 義旣不合 則志當自裁니 其去之之道ㅣ當如是其速也라 夫同一去國也로되 而遲速이 各當其可니 非聖人이면 其孰能之리오

맹자께서 공자孔子가 나라를 떠나실 때 道가 있음을 논하여 가라사대 "공자孔子의 道는 시중時中일 따름이니, 공자가 나라를 떠나실 때 역시 개략적으로 엿볼 수 있다.

노魯나라 인군人君이 여악女樂을 선물로 받고 삼 일 동안 조회를 하지 않으니, 공자께서 일찍이 노나라를 떠나시는데, 여전히 교제사를 지낸 제사 고기가 도착하기를 바라시며 차마 갑자기 떠나지 못하고 '더디고 더디구나, 내 떠나는 발걸음이여!'라고 하셨다. 이는 노魯나라가 부모

의 나라로써 의리는 이미 결정되었으나 은혜를 여전히 잊지 못한 것이니, 그 부모의 나라를 떠나는 道가 마땅히 이와 같이 더딘 것이다.

제齊나라 경공景公이 나이가 들어 등용하지 못하겠다는 말을 듣고 일찍이 제나라를 떠나시는데, 당시 쌀을 물에 담가 밥을 지으려다가 이에 두 손으로 쌀을 물에서 건져서 서둘러 떠났으니, 이는 급히 떠난 것이 아닌가? 대개 제나라는 타국으로 의리가 이미 맞지 않으면 마땅히 스스로 결정해야 하니, 그 제나라를 떠나는 道가 마땅히 이와 같이 빠른 것이다.

대저 똑같이 나라를 떠난 것이나, 더디고 빠른 것이 각각 그 옳음에 마땅하니, 성인聖人이 아니라면 그 누가 할 수 있겠는가?"

주해

- 시중(時中) : 입신행사立身行事가 시의時宜에 부합하여 지나치거나 미치지 못함이 없는 것을 말한다.
  《중용장구中庸章句》 제2장에 나온다. "仲尼曰 君子中庸, 小人反中庸. 君子之中庸也, 君子而時中, 小人之中庸也, 小人而無忌憚也.
- 자재(自裁) : 스스로 결정하다. 자제自制하다.
  《구당서舊唐書·장진전蔣鎭傳》에 나온다. "旣知不免, 每憂沮, 常懷刃將自裁, 多爲兄鍊所救而罷。"
- 膰(제사고기 번)

[14·18]

孟子曰 君子之戹於陳蔡之間은 無上下之交也니라

맹자 가라사대 "군자가 진陳나라와 채蔡나라 사이에서 곤액을 당한 것은 두 나라 군신들과 교왕交往이 없었기 때문이다."

君子는 孔子也라 戹은 與厄同이라
君臣皆惡하여 無所與交也라

'군자君子'는 공자孔子이다. '액戹'은 '액厄'과 같다.
군신君臣이 모두 악하여 더불어 사귈 수가 없었다.

주해

- "戹以絶糧言."(四書補註備旨)
- 경원보씨慶源輔氏가 말했다. "陳蔡之戹, 聖人之極否也. 是亦氣數之窮, 在聖人則何與焉."(大全註疏)
- 戹(곤궁할 액)

【備旨】

孟子ㅣ歎孔子所遭之窮曰 君子之處世也에 知而用之면 其交在上이요 知而薦之면 其交在下하여 而所恃以無厄窮者는 此耳어늘 乃孔子之厄於陳蔡之間者는 其故何哉오 蓋以上無禮賢下士之君하고 下無推賢讓能之臣한대 以爲之交也라 是는 君子厄窮이 乃有國者之恥耳니 於君子乎에 何尤리오

맹자께서 공자孔子가 만난 궁액窮阨을 탄식하여 가라사대 "군자君子가 세상에 처하는데 알고서 등용을 하면 그 사귐이 인군人君에게 있고, 알고서 천거를 하면 그 사귐이 신하에 있으니, 의지해서 액궁厄窮이 없는 이유는 이것 때문이다. 그런데 공자께서 진陳나라와 채蔡나라 사이에서 액궁厄窮을 당한 것은 그 까닭이 무엇인가?

대개 위로 현자를 예우하고 선비를 존경하는 인군人君이 없고, 아래

로 현자를 천거하고 능력 있는 자에게 자리를 양보하는 신하가 없는데도 그들과 교왕交往하셨기 때문이다. 이는 군자君子의 궁액厄窮이 나라를 다스리는 자의 치부일 뿐이니, 군자에게 어찌 허물을 돌리겠는가?"

주해

- 예현하사(禮賢下士) : 현자賢者를 예우하고 선비를 존경하다. 《송서宋書·강하문헌왕의공전江夏文獻王義恭傳》에 나온다. "禮賢下士, 聖人垂訓. 驕多矜尙, 先哲所去."
- 추현양능(推賢讓能) : 현자를 천거하고 능력있는 자에게 자리를 양보하다. 《상서尙書·주관周官》에 나온다. "推賢讓能, 庶官乃和."

[14·19]

貉稽曰 稽大不理於口호이다

맥계貉稽 가로되 "계稽는 여러 사람들에게 크게 비난을 받습니다."

趙氏曰 貉은 姓이요 稽는 名이니 爲衆口所訕이라 理는 賴也라하니라
今按漢書컨대 無俚를 方言에 亦訓賴하니라

조씨趙氏[趙岐] 가로되 "'맥貉'은 성이요, '계稽'는 이름이니, 여러 사람들의 입에 올라 비난을 받았다. '리理'는 의뢰依賴하다는 뜻이다."

이제 《한서漢書》를 살피건대, '무리無俚'를 방언方言에 또한 '뢰賴'라고 풀이하였다.

주해

- "大甚也. 不理於口言爲衆口所訕而無所依賴意."(四書補註備旨)
  訕(헐뜯을 산)
- 무리(無俚) : 무료無聊하다. 의지할 데가 없다.
  '리俚'는 '리里'와 통한다.
  한漢나라 왕부王符의 《잠부론潛夫論·권장勸將》에 "此亦陪克闒茸, 無里之爾." 라고 했고, 이에 대해 왕계배汪繼培의 전箋에 "里, 當作俚."라고 풀이했다.
  闒(다락문 탑) 茸(무성할 용)
  송宋나라 손혁孫奕의 《이재시인편履齋示兒編·총설總說·자훈변字訓辯》에도 나온다. "無聊之謂無俚."

【備旨】

> 貉稽ㅣ問於孟子曰 人之處世也에 常以得衆口之譽 而有所賴한대 若稽者는 爲人所訕하여 而大不理於衆口하니 則如之何오하니
> 是稽之意는 蓋惟憂人之有傷也라

맥계貉稽가 맹자에게 물어 가로되 "사람이 세상을 살아가는데 항상 여러 사람들의 입에서 나오는 칭찬에 의지합니다. 저[稽]와 같은 사람은 남들에게 비방을 받고, 여러 사람들의 입에 올라 크게 비난을 받고 있는데 어떻게 해야 합니까?"

이런 맥계貉稽의 뜻은 대개 남에게 훼상毁傷을 당할까 근심한 것이다.

孟子曰 無傷也라 士ㅣ憎茲多口하니라

맹자 가라사대 "상관없다. 선비는 더욱 여러 사람들의 입에 오르내린다."

趙氏曰 爲士者는 益多爲衆口所訕이라하니라
按此則憎當從土어늘 今本에 皆從心하니 蓋傳寫之誤니라

조씨趙氏[趙岐] 가로되 "선비란 자는 더욱 많은 사람들의 입에 올라 비난을 받기 마련이다."

이를 살피건대, '증憎'은 마땅히 토土변이어야 하는데, 금본今本에는 모두 심心변으로 되어 있으니, 대개 옮겨 쓸 때 잘못된 것이다.

주해

- "憎字當作增益也. 與上文大字, 正相應. 多口, 衆口也."(四書補註備旨)
- 신안진씨新安陳氏가 말했다. "爲士者往往見憎於此多口, 如語之屢憎於人."(大全註疏)

【備旨】

孟子ㅣ慰之曰 衆口所訕은 無傷於子也니라 吾觀컨대 爲士者는 旣異於凡民이니 則責備者ㅣ必至하여 德修而謗興하며 行高而毁來하니 爲憎茲多口所訕耳라

맹자께서 그를 위로하여 가라사대 "여러 사람들에게 비난을 받는 것은 그대에게 해롭지 않다. 내가 보건대, 선비란 자는 이미 일반 사람들과 다르니 책비責備하는 자가 반드시 찾아오기 마련이다. 그래서 덕德

을 닦아도 비방이 일어나고, 행실이 고상해도 헐뜯으니, 이는 많은 사람들의 입에 올라 비난을 받기 때문이다."

주해

- 책비(責備) : 남에게 원망을 품다. 자책自責하다.
  《회남자淮南子·범논훈氾論訓》에 나온다. "是故君子不責備於一人."
  《신당서新唐書·태종기찬太宗紀贊》에 나온다. "然《春秋》之法, 常責備於賢者."

詩云 憂心悄悄어늘 慍于羣小라하니 孔子也시고 肆不殄厥慍하시나 亦不隕厥問이라하니 文王也시니라

"《시경詩經》에 이르기를 '근심하는 마음에 초초悄悄하거늘, 많은 소인배들에게 노여움을 받았노라.' 라고 하였으니 공자孔子의 경우이다. '그 노여움을 끊을 수는 없었으나 또한 아름다운 명성을 실추하지 않았노라.' 라고 하였으니, 문왕文王의 경우이다."

詩는 邶風柏舟 及大雅緜之篇也라 悄悄는 憂貌요 慍은 怒也라 本言衛之仁人이 見怒於群小어늘 孟子以爲孔子之事ㅣ可以當之라하시니라

肆는 發語辭라 隕은 墜也라 問은 聲問也라 本言太王이 事昆夷에 雖不能殄絶其慍怒하시나 亦不自墜其聲問之美어늘 孟子以爲文王之事ㅣ可以當之라하시니라

尹氏曰 言人顧自處如何이니 盡其在我者而已니라

'시詩'는 〈패풍邶風·백주柏舟〉와 〈대아大雅·면緜〉 편이다. '초초悄悄'는 근심하는 모양이요, '온慍' 노여움이다. 본래 위衛나라의 어진 이가 여러 소인들에게 노여움을 받은 것을 말한 것인데, 맹자께서 공자孔子의 일이 여기에 해당된다고 말씀하신 것이다.

'사肆'는 발어사이다. '운隕'은 실추失墜하다는 뜻이다. '문問'은 명성의 뜻이다. 본래 태왕太王[古公亶父]이 곤이昆夷를 섬겼는데, 비록 그 노여움을 끊을 수는 없었으나 또한 스스로 그 아름다운 명성을 실추하지 않았음을 말한 것인데, 맹자께서 문왕文王의 일이 여기에 해당된다고 말씀하신 것이다.

윤씨尹氏[尹焞] 가로되 "사람은 어떻게 자처自處할 것인가를 돌아봐야 하니, 그것은 나에게 있는 것을 다할 뿐이라고 말한 것이다."

주해

- "群小, 詩作衆妾, 今作衆小人."(四書補註備旨)
- "孔子之事, 如武叔之毁東門之譏, 是也."(四書補註備旨)
- "問, 聞通, 謂聲譽也."(四書補註備旨)
- "文王之事, 如崇侯之謗羑里之囚, 是也."(四書補註備旨) 羑(인도할 유)
- 신안진씨新安陳氏가 말했다. "文王孔子二聖人, 尙不免逢人之慍怒. 況今能絶衆口之謗訕乎."(大全註疏)
- 殄(끊을 진) 隕(떨어질 운)

【備旨】

何以見士憎兹多口也오 孔子는 以士道師天下하시고 文王은 以士道君天下하시니 宜可以無慍 而免於多口矣나 然이나 亦不能免也라 詩云 憂心悄悄어늘 慍於群小라하니 是詩也는 雖非爲孔子言也로되 而吾以爲孔子之事ㅣ可以當之하나니 彼其畏天憫人하여 不勝悄悄之

心이어늘 而當時之沮且毁者ㅣ其群小之慍이 何多也나 然而無傷於孔子也요 詩云 肆不殄厥慍하시나 亦不隕厥問이라하니 是詩也는 雖非爲文王言也로되 而吾以爲文王之事ㅣ可以當之하나니 彼其文明柔順하여 雖無損於其德이어늘 而當時之蒙大難者ㅣ其慍이 亦何不殄也나 然而無傷於文王也라 此可見士患不爲孔子文王耳요 且苟有志於孔子文王이면 將爲天下士矣리니 不理於口를 庸何傷이리오

선비가 더욱 많은 사람들의 입에 올라 비난을 받는 것을 어떻게 알 수 있는가?

공자孔子는 사도士道로써 천하의 스승이 되셨고, 문왕文王은 사도士道로써 천하의 인군人君이 되셨으니, 의당 노여움을 받지 않고 많은 사람들의 비난을 면해야 되는데도 또한 비난을 면할 수가 없었다.

《시경詩經》에 이르기를 '근심하는 마음에 초초悄悄하거늘 많은 소인배들에게 노여움을 받았노라.'라고 하였다. 이 詩는 비록 공자孔子를 두고 한 말이 아니지만, 나는 공자의 경우가 이에 해당된다고 생각한다. 저 하늘을 두려워하고 사람을 불쌍히 여겨 초초悄悄한 마음을 이기지 못하였거늘, 당시 공자를 저지하고 헐뜯는 자들 중에 그 얼마나 많은 소인들이 노여워하였던가? 하지만 공자를 상심하게 하지는 못하였다.

《시경詩經》에 이르기를 '그 노여움을 끊을 수는 없었으나 또한 아름다운 명성을 실추하지 않았노라.'라고 하였다. 이 詩는 비록 문왕文王을 두고 한 말이 아니지만, 나는 문왕의 경우가 이에 해당된다고 생각한다. 저 문명文明이 유순柔順하여 비록 그 덕을 떨어뜨리지는 못했으나, 당시 큰 어려움을 당한 자들의 그 노여움이 또한 얼마나 끊임없이 이어졌던가? 하지만 문왕을 상심하게 하지는 못하였다.

이는 가히 선비 孔子와 文王이 되지 못함을 근심할 뿐이요, 또 진실로 孔子와 文王에게 뜻을 두면 장차 천하의 선비가 될 것임을 알 수 있으니, 중인의 입에 비방을 당하는 것을 어찌 상심하리오.

주해

- 외천민인(畏天憫人) : 천명天命을 경외敬畏하고 곤고困苦한 백성들을 불쌍히 여기다.

  수隋나라 왕통王通의 《중설中說·주공周公》에 나온다. "易之憂患, 業業焉, 孜孜焉, 其畏天憫人, 思及時而動乎?"
- 문명유순(文明柔順) : '문명文明'은 원래 '문채광명文采光明'의 뜻으로 《주역周易·건乾》괘에 "見龍在田, 天下文明."라고 했고, 이에 대해 공영달孔穎達의 소疏에 "天下文明者, 陽氣在田, 始生萬物, 故天下有文章而光明也."라고 풀이했다. 또한 '문명文明'은 '명찰明察'의 뜻이 있는데, '문명유순文明柔順'이라는 말은 《주역周易·명이明夷》괘에 나온다. "內文明而外柔順, 以蒙大難, 文王以之."
- 용하(庸何) : 어찌. 무엇 때문에. '하何'와 같다.

  《좌전左傳·문공18년文公十八年》 條에 나온다. "人奪女妻而不怒, 一抶女, 庸何傷?" 抶(매질할 질)

[14·20]

孟子曰 賢者는 以其昭昭로 使人昭昭어늘 今엔 以其昏昏으로 使人昭昭로다

맹자 가라사대 "옛날의 현자賢者는 그 밝음으로써 사람들을 밝게 하였는데, 지금의 위정자는 그 어두움으로 사람들을 밝게 하려고 하는구나."

昭昭는 明也요 昏昏은 闇也라
尹氏曰 大學之道는 在自昭明德 而施於天下國家하니 其有不順者ㅣ寡矣니라

'소소昭昭'는 밝음이요, '혼혼昏昏'은 어두움이다.

윤씨尹氏[尹焞] 가로되 "《대학大學》의 道는 스스로 명덕明德을 밝혀서 천하天下와 국가國家에 베푸는데 있으니, 그 따르지 않은 자가 적었다."

주해

- "賢者有德之人. 其指己身言."(四書補註備旨)
- "今指當時爲治者."(四書補註備旨)
- 慶源輔氏가 말했다. "以其昭昭使人昭昭者, 求之己也. 以其昏昏使人昭昭者, 求之人也."(四書補註備旨)

【備旨】

孟子ㅣ示人重身教者曰 人己同明이 斯爲德化之盛이나 然이나 貴以身先之니 如古賢者之君은 能省察克治하여 己德이 旣已昭昭然後에 乃以其昭昭者로 率先導之하여 使天下之人으로 皆昭昭焉이어늘 若今爲治者는 不能省察克治하여 反之於心에 私欲蔽錮하고 德且不明而昏昏矣니 而徒以刑驅勢迫하여 使天下之人으로 皆昭昭焉이라 是爲無本之治也니 其能强天下之人하여 以作新之化乎아 毋怪乎治之不古若也라

맹자께서 사람들에게 신교身教의 중요성을 보여 가라사대 "남과 내가 함께 밝으니 이는 성대한 덕화德化이다. 그러나 몸으로 솔선하는 것

을 귀하게 여긴다. 예를 들어 옛날 어진 인군人君은 능히 성찰하고 사욕私欲을 다스려, 자신의 덕이 이미 밝아진 연후에 이에 그 밝음으로 솔선하고 인도하여, 천하 사람들을 모두 밝아지게 하였다.

지금의 위정자는 능히 성찰하고 사욕私欲을 다스려 이를 마음에 돌이키지 못한다. 그래서 사욕에 가리고 덕德도 밝지 못해 어두운데, 다만 형벌로 내몰고 권세로 핍박하여 천하 사람들을 모두 밝아지게 만들려고 하니, 이는 근본이 없는 다스림이다.

그러니 억지로 천하 사람들에게 작신作新의 교화를 펼 수 있겠는가? 다스림이 옛날과 같지 않은 것도 이상한 일이 아니다."

주해

- 신교(身教) : 자신의 행위로 남을 가르치다.
  한漢나라 유향劉向의 《열녀전列女傳·노지모사魯之母師》에 나온다. "夫人諸姬皆師之, 君子謂母師能以身教."
- 극치(克治) : 사욕私欲과 사념邪念을 능히 다스리다.
  명明나라 왕수인王守仁의 《전습록傳習錄》 권상에 나온다. "俟其心意稍定, 只懸空靜守, 如槁木死灰, 亦無用須教他省察克治."
  俟(기다릴 사)
- 폐고(蔽錮) : 엄폐하다. 은닉하다. '폐고蔽固'와 같다.
  錮(가로막을 고)
  송宋나라 구양수歐陽修의 〈상도동이첩相度銅利牒〉에 나온다. "鑛銅側近居民, 懼見官中興置爐冶, 各相蔽固, 並稱無銅."
  《주자어류朱子語類》 권117에 나온다. "蓋天理在人, 亘萬古而不泯, 恁甚如何蔽錮……無時不自私意中發出." 恁(이같은 임)
- 작신(作新) : 백성을 교화하고 풍속을 좋게 변화시키다.
  《서경書經·강고康誥》에 나온다. "汝惟小子, 乃服惟弘王, 應保殷民. 亦惟助王, 宅天命, 作新民." 이에 대해 공전孔傳에 "弘王道, 安殷民, 亦所以惟助王者居順天命, 爲民日新之教."라고 풀이했다.

[14·21]

孟子ㅣ謂高子曰 山徑之蹊間이 介然用之而成路하고 爲間不用 則茅塞之矣나니 今에 茅塞子之心矣로다

맹자께서 고자高子에게 일러 가라사대 "산속의 오솔길이 잠깐 이용하면 길을 이루고, 잠깐 사이라도 이용하지 않으면 띠풀이 자라 길을 막나니, 지금 띠풀이 그대의 마음을 꽉 막고 있구나."

徑은 小路也요 蹊는 人行處也라 介然은 倏然之頃也라 用은 由也라 路는 大路也라 爲間은 少頃也라 茅塞은 茅草生而塞之也라
言理義之心이 不可少有閒斷也라

'경徑'은 작은 길이요, '혜蹊'는 사람이 다니는 곳이다. '개연介然'은 삽시간의 뜻이다. '용用'은 말미암는다는 뜻이다. '로路'는 대로大路이다. '위간爲間'은 잠깐 사이라는 뜻이다. '모색茅塞'은 띠풀이 자라서 막는 것이다.

의리를 지키는 마음은 잠시라도 간단間斷함이 있어서는 안 된다고 하는 말이다.

주해

- 조기趙岐가 말했다. "高子齊人. 嘗學於孟子, 去而學他術."(大全註疏)
- "蹊間謂僅用一個步的去處."(四書補註備旨) 蹊(좁은 길 혜)
- 위간(爲間) : 잠깐 사이.

《맹자孟子·등문공상滕文公上》에 나온다. "夷子憮然爲間曰'命之矣.'" 이에 대해 조기趙岐의 註에 "爲間者, 有頃之間也."라고 했다.

"介然爲間見通塞, 只在俄頃."(四書補註備旨)

- "茅塞指氣習物欲."(四書補註備旨)
- 경원보씨慶源輔氏가 말했다. "理義之心, 人所固有. 雖易發而亦易窒. 善端發處, 體察而力充之, 則可以成德. 否則內爲氣習所蔽, 外爲物欲所誘, 而遂窒之矣."(大全註疏)
- 倏(갑자기 숙)

【備旨】

> 孟子ㅣ以養心之學으로 謂高子曰 理義之心은 人所固有니 雖易發 而亦易窒이니 不觀之山徑乎아 彼山徑之蹊間은 本非共由之路也나 介然之頃에 用之以行 而成路하고 苟爲間之頃에 不用之以行이면 則茅生而塞之矣라 是人心之通塞이 有係於操舍者를 可例知也어늘 今吾子ㅣ學力不加하고 私欲交蔽하여 殆茅塞乎子之心矣니 可不思所以自用之哉아

맹자께서 마음을 기르는 공부를 고자高子에게 일러 가라사대 "이의理義의 마음은 사람이 본디 지니고 있는 것이니, 비록 쉽게 발하더라도 또한 쉽게 막히게 된다. 저 산길을 보지 않았는가?

저 산속의 오솔길은 본래 함께 다니는 길이 아니지만, 잠깐 동안 이용해서 다니면 길을 이루게 된다. 그러나 만일 잠깐 사이라도 이용해서 다니지 않으면 띠풀이 자라 길을 막아버린다.

이처럼 인심人心이 통하고 막히는 것은 마음을 잡거나 놓아버리는 것에 관계된다는 것을 실례에서 알 수 있다. 지금 그대는 공부하는 힘

을 더하지 못하고 사욕에 가려있어 거의 띠풀이 그대 마음을 꽉 막고 있으니, 스스로 배움에 힘쓸 바를 생각하지 않겠는가?"

[14·22]

高子曰 禹之聲이 尙文王之聲이로소이다

고자高子 가로되 "우왕禹王의 음악이 문왕文王의 음악보다 좋습니다."

尙은 加尙也라
豐氏曰 言禹之樂이 過於文王之樂이라

'상尙'은 더 낫다는 말이다.

풍씨豐氏[豐稷] 가로되 "우왕禹王의 음악이 문왕文王의 음악보다 낫다고 말한 것이다."

주해

● "聲字作樂字看. 不專指鐘."(四書補註備旨)

【備旨】

高子ㅣ執己見以論聖樂曰 夏禹周文은 皆古之盛王也라 聞樂知德은 所不敢言이나 而就樂論樂컨대 則禹之聲이 若過於文王之聲焉이로소이다

고자高子가 자신의 견해를 고수하며 성인聖人의 음악을 논하여 가로되 "하夏나라 우왕禹王과 주周나라 문왕文王은 모두 옛날의 성덕盛德을 지닌 군왕君王입니다. 음악을 듣고 성덕成德을 알 수 있다고 감히 말할 수는 없으나, 음악으로 음악을 논하건대 우왕禹王의 음악이 문왕文王의 음악보다 나은 듯합니다."

孟子曰 何以言之오
曰 以追蠡니이다

맹자 가라사대 "무엇 때문에 그렇게 말하는가?"
가로되 "종의 끈이 닳아서 끊어지려고 하기 때문입니다."

豐氏曰 追는 鐘紐也니 周禮所謂旋蟲이 是也라 蠡者는 齧木蟲也라 言禹時鐘在者는 鐘紐如蟲齧而欲絶하니 蓋用之者多요 而文王之鐘은 不然하니 是以로 知禹之樂이 過於文王之樂也라

풍씨豊氏[豊稷] 가로되 "'퇴追'는 종을 매다는 끈이니, 《주례周禮》에서 말한 '선충旋蟲'이 이것이다. '려蠡'는 나무를 갉아먹는 벌레이다. '우왕禹王 때의 종으로 남아 있는 것은 종의 끈이 벌레가 갉아먹은 것처럼 끊어지려고 하니 대개 사용한 자가 많은 것이요, 문왕文王의 종은 그렇지 않다. 이로써 우왕의 음악이 문왕의 음악보다 낫다는 것을 알 수 있다.'라고 말한 것이다."

주해

● 퇴려(追蠡) : 종의 끈이 끊어지려고 하는 모양. 또는 오랜 세월이 지나 부식된 종을 말한다. 追(종끈 퇴) 蠡(좀먹을 려)
조기趙岐의 註에 "追, 鍾鈕也, 鈕磨齧處深矣. 蠡, 欲絶之貌也."라고 했다. 紐(끈 뉴) 齧(갉아먹을 설)

● 선충(旋蟲) : 짐승 모양의 종을 매다는 끈.
《주례周禮·고공기考工記·부씨鳧氏》에 나온다. "鍾縣謂之旋, 旋蟲謂之幹." 이에 대해 정현鄭玄의 註에 "鄭司農云 '旋蟲者, 旋以蟲爲飾也.' 玄謂今時旋有蹲熊盤龍辟邪."라고 했고, 손이랑孫詒讓은 "旋蟲爲獸形, 獸亦稱蟲."라고 풀이했다. 鳧(오리 부) 蹲(웅크릴 준)

【備旨】

> 孟子曰 子ㅣ以禹之樂으로 過於文王之樂은 果何以言之오
> 高子曰 樂之高下는 恒視其用者之多少ㅣ何如耳니 今禹之鐘在者는 其追如蠡齧而欲絶하니 蓋因其用之者多也요 而文王之鐘은 不然이라 是以로 知禹之尙乎文王也니이다

맹자 가라사대 "그대가 우왕禹王의 음악이 문왕文王의 음악보다 낫다고 한 것은 과연 무엇 때문에 그렇게 말한 것인가?"

고자高子 가로되 "음악의 고하高下는 항상 그것을 사용하는 자가 얼마나 많은가를 보고 비교할 뿐입니다. 이제 우왕禹王 때의 종으로 남아 있는 것은 그 종의 끈이 마치 벌레가 갉아먹어 끊어질 듯하니, 대개 그 사용한 자가 많았기 때문입니다. 그러나 문왕文王 때의 종은 그렇지 않습니다. 이로써 우왕의 음악이 문왕의 음악보다 낫다는 것을 알 수 있습니다."

曰 是奚足哉리오 城門之軌ㅣ兩馬之力與아

가라사대 "이것으로 어찌 충분히 알 수 있겠는가? 성문의 수레바퀴 자국이 두 말이 끄는 수레 하나만의 힘이겠는가?"

豐氏曰 奚足은 言此何足以知之也라 軌는 車轍迹也라 兩馬는 一車所駕也라 城中之涂는 容九軌하니 車可散行이라 故로 其轍迹淺하고 城門은 惟容一車하니 車皆由之라 故로 其轍迹深하니 蓋日久車多所致요 非一車兩馬之力이 能使之然也라 言禹在文王前千餘年이라 故로 鐘久而紐絶이요 文王之鐘은 則未久而紐全이니 不可以此而議優劣也라

此章文義는 本不可曉라 舊說이 相承如此하고 而豐氏差明白이라 故로 今存之어니와 亦未知其是否也로라

풍씨豐氏[豐稷] 가로되 "'해족奚足'은 이것으로 어찌 충분히 알 수 있겠느냐는 말이다. '궤軌'는 수레바퀴 자국이다. '양마兩馬'는 한 수레에 멍에 하여 수레를 끈다. 성城안의 길은 아홉 대의 수레가 달릴 수 있으니 수레가 흩어져 다닐 수 있기 때문에 그 수레바퀴 자국이 얕게 난다. 하지만 성문城門은 오직 한 대의 수레만 지나갈 수 있으니, 모든 수레가 한 길만 이용하기 때문에 그 바퀴자국이 깊게 난다. 대개 시일이 오래 되고 수레가 많이 다녀서 그렇게 된 것이요, 양마가 끄는 수레 하나의 힘으로 그렇게 된 것이 아니다. 우왕禹王은 문왕文王보다 천여 년이 앞선다. 그러므로 종이 오래되어 종의 끈이 끊어지려고 한 것이다. 문왕의 종은 오래되지 않아 종의 끈이 온전한 것이니, 이것으로 음악의 우열優劣을 논할 수는 없다는 말이다."

이 장章의 글 뜻은 본래 알 수가 없다. 구설舊說이 이처럼 이어져 내려오는데, 풍씨의 말이 다소 분명하기 때문에 여기에 적어두었으나, 또한 그것이 옳은지는 알 수 없다.

주해

- "見不是一車兩馬所使也."(四書補註備旨)
- 구궤(九軌) : 아홉 대의 수레가 나란히 달릴 수 있는 넓은 도로. 곧 '대로大路'를 말한다.
  《주례周禮·고공기考工記·장인匠人》에 나온다. "國中九經九緯, 經塗九軌." 이에 대해 정현鄭玄의 註에 "經緯之塗, 皆容方九軌. 軌, 謂轍廣. 乘車六尺六寸, 旁加七寸, 凡八尺, 是爲轍廣. 九軌積七十二尺, 則此塗十二步也. 旁加七寸者, 輻內二寸半, 輻廣三寸半, 綆三分寸之二, 金轄之間, 三分寸之一."이라 풀이했다. 輻(바퀴살 복) 綆(두레박줄 경) 轄(비녀장 할)

【備旨】

> 孟子曰 是追蠡者ㅣ奚足以知聖樂之優劣哉리오 彼城門轍迹之軌를 較之城中에 爲獨深하니 豈一車兩馬之力이 能使之然與아
> 蓋由日久車多所致也라 然則禹在文王前千餘年하니 鐘久而紐絶이 猶城門之軌 積久而後深耳니 豈其過於文王之樂하여 而人專用之故耶아 信乎라 追蠡는 不足以言樂也어늘 子ㅣ乃據是以言樂하니 何其輕於議聖人哉아

맹자 가라사대 "이 종의 끈이 닳아서 끊어지려는 것으로 어찌 성인聖人 음악의 우열優劣을 가릴 수 있겠는가? 저 성문城門의 수레 바퀴자국의

길은 성城안의 수레 바퀴자국의 길에 비해 유독 깊은데, 이것이 어찌 두 말이 끄는 한 수레의 힘만으로 그렇게 된 것이리오. 대개 시일이 오래 되고 수레가 많이 다녀서 그렇게 된 것이다.

그리고 우왕禹王은 문왕文王보다 천여 년이 앞섰으니, 종이 오래되어 종의 끈이 끊어지려 하는 것은 성문의 수레 바퀴자국이 오랜 세월을 지나 깊게 난 것과 같을 뿐이다. 그러니 우왕의 음악이 문왕의 음악보다 뛰어났다고 하는 것이, 어찌 사람들이 오로지 우왕의 음악만을 사용했기 때문이겠는가? 진실로 종의 끈이 끊어지려고 하는 것으로 음악의 우열을 말 할 수가 없거늘, 그대는 바로 이것에 근거하여 음악을 논하니 어찌 그 성인聖人을 의론議論하는 것이 가벼운가?"

[14·23]

齊饑어늘 陳臻이 曰國人이 皆以夫子로 將復爲發棠이라하니 殆不可復이로소이다

제齊나라가 기근이 들자, 진진陳臻이 가로되 "제齊나라 백성들이 모두 부자夫子께서 장차 다시 한번 왕에게 권하여 당읍棠邑의 창고를 열어줄 것을 바라고 있습니다. 하지만 아마도 다시 하실 수 없을 듯합니다."

先時에 齊國嘗饑어늘 孟子ㅣ勸王發棠邑之倉하여 以賑貧窮이러니 至此又饑어늘 陳臻이 問言 齊人이 望孟子復勸王發棠이라하고 而又自言恐其不可也라하니라

지난 번 제齊나라에 기근이 들었을 때, 맹자께서 왕에게 권하여 당

읍棠邑의 창고를 열어 빈궁貧窮한 백성들을 구휼한 적이 있었다.

이때 다시 기근이 들자, 진진陳臻이 물어 말하기를 "제齊나라 백성들이 맹자께서 다시 왕에게 권하여 당읍棠邑의 창고를 열어줄 것을 바라고 있습니다."라고 말하고, 또 스스로 "아마도 다시 하실 수 없을 듯합니다."라고 말하였다.

주해

- "國人指齊民. 復是再勸."(四書補註備旨)
- 화양범씨華陽范氏가 말했다. "孟子在賓師之位, 方以仁義說齊王. 幸而聽其言, 故發棠邑之粟. 然而不行王政. 孟子言, 終不合. 及再饑, 孟子遂不復言, 度其不可言也."(四書補註備旨)
- 饑(주릴 기) 臻(이를 진) 賑(구휼할 진) 棠(팥배나무 당)

【備旨】

> 孟子ㅣ在齊하사 値齊國又饑어늘 陳臻이 問曰 國人이 皆望夫子將復爲勸王發棠이라하니 由臻觀之컨대 國人屬意ㅣ雖殷이나 夫子自處當重에 殆不可復請也로소이다

맹자께서 제齊나라에 계실 때 제齊나라가 또 기근을 당하자, 진진陳臻이 물어 가로되 "제나라 백성들이 모두 부자께서 장차 다시 왕에게 권하여 당읍棠邑의 창고를 열어줄 것을 바라고 있습니다. 제[陳臻]가 보건대 제나라 백성들의 부탁이 비록 간절하나, 부자夫子의 자처自處가 마땅히 중하니 아마도 다시 하실 수 없을 듯합니다.

주해

- 촉의(屬意) : 부탁하다. 간청하다. '귀심歸心' 또는 '착의着意'와 같다. 《사기史記·하본기夏本紀》에 나온다. "禹子啓賢, 天下屬意焉."

● 은(慇) : 마음으로 간절하다. '은근慇懃'의 뜻이다. 慇(성할 은)
《문선文選·사마천〈보임소경서〉司馬遷〈報任少卿書〉》에 나온다. "僕與李陵, 俱居門下, 素非能相善也. 趣舍異路, 未嘗銜盃酒, 接慇懃之餘懽."
● 值(만날 치)

孟子曰 是爲馮婦也로다 晉人有馮婦者 善搏虎라가 卒爲善士 則之野할새 有衆逐虎한대 虎負嵎어늘 莫之敢攖하여 望見馮婦하고 趨而迎之한대 馮婦攘臂下車하니 衆皆悅之하고 其爲士者는 笑之하니라

맹자 가라사대 "다시 제왕齊王에게 권한다면, 이는 내가 풍부馮婦가 되는 것이다. 진晉나라 사람 중에 풍부馮婦란 자가 있어 맨손으로 호랑이를 잘 잡았는데 나중에 선사善士가 되었다. 한번은 들에 나갔는데 많은 사람들이 호랑이를 쫓고 있었다. 호랑이가 산모퉁이를 등지고 있자 감히 달려들지 못했는데, 풍부馮婦를 바라보고 달려가 맞이하였다. 이에 풍부馮婦가 팔뚝을 걷고 수레에서 내리니 사람들이 모두 이를 기뻐하였다. 그러나 선비들은 그를 비웃었다."

手執曰搏이라 卒爲善士는 後能改行爲善也라 之는 適也라 負는 依也라 山曲曰嵎라 攖은 觸也라 笑之는 笑其不知止也라 疑此時에 齊王이 已不能用孟子하고 而孟子ㅣ亦將去矣라 故로 其言이 如此시니라

손으로 잡는 것을 '박搏'이라 한다. '졸위선사卒爲善士'는 나중에 행실

을 고쳐 선善한 사람이 된 것이다. '지之'는 가다는 뜻이다. '부負'는 의지함이다. 산굽이를 '우嵎'라 한다. '영攖'은 다가서다는 뜻이다. '소지笑之'는 그가 그칠 줄 모르는 것을 비웃은 것이다.

의심컨대 이때 제齊나라 왕은 이미 맹자를 등용할 수 없었고, 맹자 또한 장차 제나라를 떠나려고 했기 때문에 이처럼 말한 것이다.

주해

- "馮姓, 婦其名也. 便見非大丈夫."(四書補註備旨) 馮(성 풍)
- "善士二字, 宜淺看."(四書補註備旨)
- 경원보씨慶源輔氏가 말했다. "齊人之所望於孟子者, 利也. 而孟子之所以自守者, 義也. 夫告君以發粟賑民, 是亦美事, 固君子所樂爲者. 但是時齊王已不能用孟子, 而孟子亦將去矣. 故其義不當復有所言耳. 君子之所爲與時變化不主, 故常唯義理如何耳. 豈徇其常所爲者以取人之屢快哉."(四書補註備旨)
- 신안진씨新安陳氏가 말했다. "勸王發倉賑饑, 仁也. 知時不可言而不言, 智也."(四書補註備旨) 賑(구휼할 진)
- 搏(잡을 박) 嵎(산모롱이 우) 攖(다가설 영) 趨(달릴 추) 攘(물리칠 양) 臂(팔 비)

【備旨】

孟子ㅣ答之曰 以我今日之所遇로 而復勸王發棠이면 是不爲士君子之所爲요 而爲馮婦之行也로다 晋國之人有馮婦者하여 善於搏虎하더니 其卒也에 改行而爲善士하니 可謂善變이라 倘能自守면 必爲士人之所與矣라 一日則之野할새 有衆逐虎하니 虎ㅣ負山曲之嵎어늘 衆人이 遂失其勇 而莫之敢攖하여 望見馮婦하고 趨而迎之하니 蓋以前日之技로 望之也라 乃馮婦ㅣ不覺有喜心하여 遂攘臂下車 而前日之故態復萌하니 當是時하

여 衆皆悅之하여 以爲虎可搏也라하고 其爲士者는 則以不知止 而笑之하니라
使我ㅣ今日復勸王發棠이면 是又一馮婦也라 雖爲齊民所悅이나 其如士君子之笑ㅣ何오 君子之所謂殆不可復者를 吾固有以自裁矣니라

맹자께서 답하여 가라사대 "내가 오늘 처한 입장으로 다시 왕에게 권하여 당읍棠邑의 창고를 열게 한다면, 이는 사군자士君子가 할 일이 아니요 풍부馮婦가 하는 일이 된다. 진晋나라 사람 중에 풍부馮婦라는 자가 있어 맨손으로 호랑이를 잘 잡았는데, 그는 나중에 행동을 고쳐 선사善士가 되었으니, 선변善變한 자라고 말할 수 있다. 혹 능히 자수自守할 수 있다면 반드시 사인士人들이 인정하는 사람이 되었을 것이다.

하루는 들에 나갔는데 많은 사람들이 호랑이를 쫓고 있었다. 호랑이가 산모퉁이를 등지고 있자 감히 달려들지 못했는데, 풍부馮婦를 바라보고 달려가 맞이하니 옛날의 재주를 그에게 바라는 것이었다. 이에 풍부馮婦가 기쁜 마음을 이기지 못하고 마침내 팔뚝을 걷고 수레에서 내리니 옛날의 모습이 다시 살아난 것 같았다. 사람들이 모두 이를 기뻐하며 이제 호랑이를 잡을 수 있다고 하였다. 그러나 선비들은 풍부馮婦가 그칠 줄을 모른다고 비웃었다.

가사 내가 오늘 다시 제나라 왕에게 권하여 당읍棠邑의 창고를 열게 한다면, 이 또한 한 명의 풍부馮婦가 될 뿐이다. 비록 제나라 백성들이 기뻐하겠지만 그 사군자士君子들의 비웃음이 어떠하겠는가? 그대가 말한 '아마도 다시 하실 수 없을 듯합니다.'라는 말을 내가 진실로 자제自制할 수 있다."

주해

● 선변(善變) : 쉽게 변하다. 자주 변하다.

《사기史記·저리자감무열전樗里子甘茂列傳》에 나온다. "人皆言楚之善變也, 而公必亡之, 是自爲責也." 樗(가죽나무 저)

- 자재(自裁) : 스스로 결정하다. 자제自制하다.

《구당서舊唐書·장진전蔣鎭傳》에 나온다. "旣知不免, 每憂沮, 常懷刃將自裁, 多爲兄鍊所救而罷."

- 倘(혹시 당)

[14·24]

孟子曰 口之於味也와 目之於色也와 耳之於聲也와 鼻之於臭也와 四肢之於安佚也에 性也나 有命焉이라 君子不謂性也니라

맹자 가라사대 "입이 좋은 맛에 있어서와, 눈이 좋은 색깔에 있어서와, 귀가 좋은 음악에 있어서와, 코가 좋은 냄새에 있어서와, 사지가 안일安佚함에 있어서 좋아하는 것은 본성本性이다. 그러나 명命에 달려 있기 때문에 군자는 이를 본성本性이라고 말하지 않는다."

程子曰 五者之欲은 性也나 然이나 有分하여 不能皆如其願則是命也니 不可謂我性之所有 而求必得之也니라
愚按 不能皆如其願은 不止爲貧賤이요 蓋雖富貴之極이라도 亦有品節限制 則是亦有命也니라

정자程子 가로되 "다섯 가지의 욕구는 본성이다. 그러나 사람마다 분수가 있어 그가 원하는 대로 다 채울 수 없으니, 이는 운命이다. 내 본성에 지니고 있기 때문에 구하면 반드시 얻을 수 있다고 말해서는

안 된다."

내 살피건대, 그가 원하는 대로 다 채울 수 없다는 것은 다만 빈천貧賤의 경우에만 그런 것이 아니다. 대개 비록 지극히 부귀富貴할지라도 또한 품절品節의 제한이 있으니 이 또한 명命이다.

주해

- 품절(品節) : 등급等級과 층차層次에 따라 절제하다.
  《예기禮記·단궁하檀弓下》에 나온다. "品節斯, 斯之謂禮." 이에 대해 孔穎達의 疏에 "品, 階格也. 節, 制斷也."라고 풀이했다.
- "性之所欲, 此卽食色性也之性."(大全註疏)
- "願卽欲也. 命則天運之則也. 不可逾越其分限."(大全註疏)
- 신안진씨新安陳氏가 말했다. "此命字, 合理與氣言. 貧賤之安於分, 此以氣言也. 富貴之不過其則, 此以理言也."(大全註疏)
- "性以心所欲言. 命以分所限言."(四書備旨補註)
- "君子是立命之人. 不謂性是安命意."(四書備旨補註)

【備旨】

孟子ㅣ示人以性命之辨也曰 學莫大於性命 而人不知其所謂惟君子能辨之라 如口之於滋味에 有同嗜也며 目之於采色에 有同美也며 耳之於聲音에 有同聽也며 鼻之於氣臭에 有同好也며 四肢之於安佚에 有同適也니 所以然者는 人以其爲知覺運動之性也라 然이나 有限於貧賤 而不得遂하고 有節於富貴 而不敢過하니 此蓋有命存焉이라 使任性以自恣면 則將無所不至矣라 故로 君子ㅣ養心以甘淡泊하고 克己以去慆淫하니 不謂此爲性而徇之也니라

맹자께서 사람들에게 성명性命의 분별을 보여 가라사대 "배움은 성명性命보다 큰 것이 없으니, 사람들은 그 이른바 군자만이 분별할 수 있음을 알지 못한다. 예를 들어 좋은 맛에 대해 입으로 함께 즐기고, 좋은 색깔에 대해 눈으로 함께 좋아하며, 좋은 음악에 대해 귀로 함께 듣고, 좋은 냄새에 대해 코로 함께 좋아하며, 편안함에 대해 사지로 함께 만족해하니, 그러한 이유는 사람들이 그것을 지각운동知覺運動의 본성으로 삼았기 때문이다.

그러나 빈천貧賤의 한계로 이루지 못하고, 부귀富貴의 절제로 감히 지나치지 못하니, 이는 대개 명命이 있기 때문이다. 가사 제멋대로 방자해지면 장차 하지 못할 일이 없을 것이다. 그러므로 군자가 마음을 길러 담박함을 즐기고, 자신의 인욕을 이겨 도음慆淫을 제거하니, 이를 본성을 따른다고 말하지 않겠는가?"

주해

- 성명(性命) : 만물의 천부天賦와 품수稟受.
  《주역周易·건괘乾卦》에 나온다. "乾道變化, 各正性命." 이에 대해 공영달孔穎達의 소疏에 "性者, 天生之質, 若剛柔遲速之別. 命者, 人所稟受, 若貴賤夭壽之屬也."라고 했고, 주희朱熹의 《주역본의周易本義》에 "物所受爲性, 天所賦爲命."이라 풀이했다.
- 임성(任性) : 멋대로 방종하다.
  《후한서後漢書·양종전楊終傳》에 나온다. "終與廖(馬廖)交善, 以書戒之曰 '… 黃門郎年幼, 血氣方盛, 旣無長君退讓之風, 而要結輕狡無行之客, 縱而莫誨, 視成任性.'"
- 도음(慆淫) : 지나치게 향락에 빠지다. 태만하고 방종하다. 慆(방자할 도) 淫(음란할 음)
  《서경書經·탕고湯誥》에 나온다. "凡我造邦, 無從匪彝, 無卽慆淫." 이에 대해 채침蔡沉의 《서경집전書經集傳》에 "慆, 慢也. 慆淫, 指逸樂言."이라 풀이했다.

仁之於父子也와 義之於君臣也와 禮之於賓主也와 智之於賢者也와 聖人之於天道也에 命也나 有性焉이라 君子不謂命也니라

인仁이 부자간에 있어서와, 의義가 군신 간에 있어서와, 예禮가 빈주 간에 있어서와, 지智가 현자에 있어서와, 성인聖人이 천도天道에 있어서는 명命이나, 본성本性이 있기 때문에 군자는 명命이라 이르지 않는다.

程子曰 仁義禮智天道在人이면 則賦於命者니 所稟이 有厚薄清濁이라 然而性善하여 可學而盡이라 故로 不謂之命也니라

張子曰 晏嬰이 智矣로되 而不知仲尼하니 是非命邪아 愚按所稟者ㅣ厚而清이면 則其仁之於父子也에 至하고 義之於君臣也에 盡하고 禮之於賓主也에 恭하고 智之於賢否也에 哲하고 聖人之於天道也에 無不脗合而純亦不已焉이요 薄而濁이면 則反是하니 是皆所謂命也니라 或曰 者는 當作否요 人은 衍字라하니 更詳之니라

愚聞之師하니 曰此二條者는 皆性之所有而命於天者也라 然이나 世之人이 以前五者로 爲性이라하여 雖有不得이라도 而必欲求之하고 以後五者로 爲命이라하여 一有不至면 則不復致力이라 故로 孟子ㅣ各就其重處言之하사 以伸此而抑彼也시니 張子所謂 養則付命於天이요 道則責成於己니 其言이 約而盡矣로다

정자程子 가로되 "인의예지仁義禮智와 천도天道가 사람에게 있어서는 천명에서 받은 것이니, 부여받은 데에 후박厚薄과 청탁淸濁이 있다. 그러나 본성이 선하여 배워서 이를 다할 수 있기 때문에 명命이라고 말하지 않는다."

장자張子 가로되 "안영晏嬰은 지혜로운 사람이나 중니仲尼를 알지 못했으니, 이는 명命이 아니겠는가? 내 살피건대 부여받은 바가 돈후敦厚하고 청수淸秀하면 그 부자간에 인仁이 지극하고, 군신 간에 의義가 극진하며, 빈주賓主 간에 예禮가 공손하고, 현부賢否 간에 지혜가 밝으며, 성인聖人이 천도에 부합되지 않음이 없고 순수함이 또한 그치지 않을 것이다. 그러나 각박하고 혼탁하면 이와 반대니 이는 모두 이른바 명命이다. 혹자가 '자者는 마땅히 부否로 써야 하고, 인人은 연자衍字이다.'라고 하니 뜻이 더욱 상세하다."

내 스승에게 듣건대, 다음과 같이 말씀하셨다. "이 두 조항은 모두 본성性에 있는 것이요 하늘에서 명命을 받은 것이다. 그러나 세상 사람들이 앞의 다섯 가지를 본성으로 삼아 비록 얻지 못하더라도 반드시 구해서 채우려고 한다. 뒤의 다섯 가지를 명命으로 삼아 하나라도 이르지 못하면 다시 힘을 쏟지 않는다. 그러므로 맹자가 각각 그 중요한 곳에 나아가 말하여 이 도리를 펴고 저 인욕人欲을 억제하신 것이다. 장자張子가 말한 '기른다면 명을 하늘에 맡기고, 도道라면 이룸을 자신에게 책한다.'는 것이니, 그 말이 간악하고 극진하다."

주해

- "命兼所稟所遇言. 性卽天命之性."(四書補註備旨)
- "君子是全性之人. 不謂命是盡性意."(四書補註備旨)
- 책기(責己) : 자신을 꾸짖다.
  송宋나라 범공이范公偁의 《과정록過庭錄》에 나온다. "爾曹但以責人之心責己, 恕己之心恕人, 不患不到聖賢地位也." 曹(무리 조)
- 명분(命分) : 천부天賦 또는 품부稟賦와 같다.

《주자어류朱子語類》 권4에 나온다. "問'性分命分何以別?' 曰'性分是以理言之, 命分是兼氣言之. 命分有多寡厚薄之不同.'"

● 주자朱子가 말했다. "命也有性焉, 此命字專指氣而言, 此性字專指理而言. 如舜遇瞽瞍, 固是所遇氣數. 然舜惟盡事親之道, 期於底豫, 此所謂盡性. 大凡清濁厚薄之稟, 皆命也. 一以所稟言之, 一以所值言之. 所造之有淺有深, 所感之有應有不應. 但其命雖如此, 又有性焉. 故當盡性."(大全註疏)

● 운봉호씨雲峯胡氏가 말했다. "此命字, 專指氣而言. 然氣亦有二, 清濁美惡, 氣質之不齊也, 高下厚薄脩短, 氣數之有異也."(大全註疏)

【備旨】

如仁之於父子에 有至有不至也하고 義之於君臣에 有盡有不盡也하고 禮之於賓主에 有恭有不恭也하고 智之於賢者에 有知有不知也하고 聖人之於天道에 有安有勉也하니 所以然者는 人以其爲所稟所遇之命也라 然이나 所稟이 雖不同이나 而天之降衷無殊하며 所遇ㅣ雖不齊나 而民之秉彛無異하니 此蓋有性在焉이라 使聽命以自諉면 則將無所不已矣라 故로 君子ㅣ致曲以會其全하고 盡道以俟其化하여 不謂此爲命而棄之也라 可見 嗜好之性은 不當與數定之命爭衡이요 而純駁之命은 不當以維皇之性自限이니 此君子性命之學也니라

예를 들어 인仁은 부자지간에 지극하고 지극하지 않음이 있고, 의義는 군신君臣 간에 극진하고 극진하지 않음이 있고, 예禮는 빈주賓主 간에 공경하고 공경하지 않음이 있고, 지智는 현자에 대해 알고 알지 못함이 있고, 성인聖人은 천도天道에 대해 편안하고 억지로 함이 있으니, 그렇게 된 이유는 사람이 하늘에서 부여받고 자신이 처한 명命 때문이다.

그러나 하늘에서 부여받은 바가 비록 같지 않더라도 하늘이 내린 복은 다름이 없으며, 처한 바가 비록 가지런하지 않더라도 백성들이 간직한 상도常道는 다름이 없으니, 이는 대개 본성이 있기 때문이다.

가사 명命을 듣고 스스로 핑계 삼으면 장차 하지 못할 일이 없을 것이다. 그러므로 군자는 치곡致曲을 다하여 그 전체를 깨닫고, 道를 다하여 그 교화를 기다리며, 이를 命이라 하고 버리지 않는다.

기호嗜好의 성性은 기수氣數로 정한 명命과 우열을 다툴 수 없고, 순박純駁한 명命은 유황維皇의 성性으로 스스로 한정시킬 수 없음을 알 수 있으니, 이것이 바로 군자의 성명性命의 공부이다.

주해

- 강충(降衷) : 선을 베풀다. 강복降福과 같다,
  《서경書經·탕고湯誥》에 나온다. "惟皇上帝, 降衷於下民." 《공전孔傳》에 "衷, 善也."라고 했다.
- 병이(秉彝) : 상도常道를 잡다. 곧 하늘이 내려준 떳떳한 본성을 지니고 있다는 뜻이다. 彝(떳떳할 이)
  《시경詩經·대아大雅·증민烝民》에 나온다. "天生烝民, 有物有則. 民之秉彝, 好是懿德." 이에 대해 《모전毛傳》에 "彝, 常."이라 했고, 주희朱熹의 《집전集傳》에 "秉, 執."이라 했다. 懿(아름다울 의)
- 치곡(致曲) : 마음에서 일어나는 선善한 단서의 한쪽을 미루어 나가 지극한 경지로 나아가다. 곧 성인聖人 이하 대현大賢 및 학인學人들의 공부법을 말한다. '치致'는 추치推致의 뜻이고, '곡曲'은 일편一偏의 뜻이다.
- 쟁형(爭衡) : 우열優劣과 경중輕重을 다투다.
  《한서漢書·매복전梅福傳》에 나온다. "此皆輕量大臣, 亡所畏忌, 國家之權輕, 故匹夫欲與上爭衡也."
- 諉(핑계댈 위) 俟(기다릴 사)

[14·25]

浩生不害問曰 樂正子는 何人也잇고
孟子曰 善人也며 信人也니라

호생불해浩生不害가 물어 가로되 "악정자樂正子는 어떤 사람입니까?" 맹자 가라사대 "선인善人이며 신인信人이다."

趙氏曰 浩生은 姓이요 不害는 名이니 齊人也라

조씨趙氏[趙岐] 가로되 "호생浩生은 성姓이요, 불해不害는 이름이니, 제齊나라 사람이다.

주해

- "何人是問何等人品."(四書補註備旨)
- "善以資稟言. 信以學力所造言. 此處且虛說."(四書補註備旨)

【備旨】

浩生不害ㅣ問曰 樂正子 所造는 果何人也잇고
孟子曰 卽其今日資稟學力 而論之컨대 可謂之善人也며 亦可謂之信人也니 合善信而名之면 可以盡樂正子之爲人矣라

호생불해浩生不害가 물어 가로되 "악정자樂正子는 나아간 바가 과연 어떠한 사람입니까?"

맹자 가라사대 "그의 현재 자품資稟과 학력學力을 가지고 논하건대, 선인善人이라 말할 수 있으며 또한 신인信人이라 말할 수 있다. 선善과 신信을 합하여 일컬으면, 악정자樂正子의 사람됨을 다할 수 있다."

주해

● 소조(所造) : 나아간 바. 곧 '조예造詣'를 말한다.

何謂善이며 何謂信이닛고

무엇을 선인善人이라 하며 무엇을 신인信人이라 합니까?

不害問也라

불해不害가 물은 것이다.

주해

● "是究善信之實."(四書補註備旨)

【備旨】

不害ㅣ又問曰 何以謂之善이며 何以謂之信잇고

불해不害가 다시 물어 가로되 "어떻게 하는 것을 선善이라 하며, 어떻게 하는 것을 신信이라 합니까?"

【備旨】

然이나 謂之善人者는 或天資偶合하고 或知及之 而勉慕焉이나 未必能不失也니 必其於是善에 知之明하고 好之篤하여 實有是善於己 而無一虛僞니 此之謂信人也니라

그러나 그를 선인善人이라 말하는 것은 혹 천자天資가 우연히 부합되고, 혹 지혜가 거기에 미쳐서 힘써 본받으려고 하나, 반드시 선善을 간직할 수 있는 것은 아니다. 그러므로 반드시 그 이 善에 대하여 아는 것이 분명하고 좋아하는 것이 독실하여, 실제로 몸에 이 선善이 있어 하나라도 허위虛僞가 없어야 하니, 이런 사람을 신인信人이라 한다.

充實之謂美요

"선善이 몸 안에 충실한 사람을 '미인美人'이라 한다."

力行其善하여 至於充滿而積實이면 則美在其中而無待於外矣니라

힘써 그 선善을 행하여 몸에 충만하고 실제로 쌓이게 되면, 아름다움이 그 가운데 있어 외면에서 기다릴 필요가 없다.

주해

● 주자朱子가 말했다. "無待於外, 都是裏面流出來."(大全註疏)

● 주자朱子가 말했다. "旣信之則其行必力, 其守必固. 如是而不已焉, 則其所有之善, 充足飽滿於其身, 雖其隱微曲折之間, 亦皆淸和純懿而無不善之雜, 是則所謂美人也."(大全註疏)

● 경원보씨慶源輔氏가 말했다. "有諸己, 則己是知至意誠之事. 然又須見於履踐方得. 故云力行其善. 至於充滿其量, 蓄積成實然後, 美在其中而無所待於外矣."(大全註疏)

【備旨】

> 然이나 人之所以爲人者ㅣ 豈止於此哉리오 由信而進之면 非徒一善之成名也라 力行其善而不已하여 使所有之善으로 充滿而積實이면 則性分咸備하여 而純懿中存矣리니 不謂之美乎아

그러나 사람이 사람답게 되는 바가 어찌 여기에만 그치겠는가? 신인信人으로 말미암아 나아가면, 다만 일개 선인善人만 되는 것이 아니다. 그 선善을 힘써 행하고 그치지 아니하여, 지니고 있는 선善으로 하여금 몸 안에 충만하고 실제로 쌓이게 하면 본성이 모두 갖추어져 고상한 아름다움이 몸 안에 간직되니, 미인美人이라고 말하지 않겠는가?

주해

● 성분(性分) : 천성天性. 본성本性.
《후한서後漢書·일민전서逸民傳序》에 나온다. "然觀其甘心畎畝之中, 憔悴江海之上, 豈必親魚鳥樂林草哉, 亦雲性分所至而已."
《신당서新唐書·이상은전李尙隱傳》에도 나온다. "及還, 人或袖金以贈, 尙隱曰'吾自性分不可易, 非畏人知也.'"

● 순의(純懿) : 고상高尙하고 완미完美하다. 懿(아름다울 의)
《문선文選·장형張衡〈동경부東京賦〉》에 나온다. "今捨純懿而論爽德, 以《春

秋》所諱而爲美談." 이에 대해 이선李善의 註에 "純, 大. 懿, 美也."라고 풀이했다. 爽(맑을 상)
《주서周書·무제기상武帝紀上》에도 나온다. "民生而靜, 純懿之性本均."

充實而有光輝之謂大요

"선善이 몸 안에 충실하여 밖으로 밝게 드러난 사람을 '대인大人'이라 한다."

和順積中而英華發外하여 美在其中而暢於四支하고 發於事業이면 則德業至盛而不可加矣니라

온화하고 유순함이 몸 안에 쌓여 영화英華가 밖으로 드러나고, 몸 안에 있는 아름다움이 사지四肢에 펴져서, 사업事業에 발로發露가 되면 덕업德業이 지극히 성하여 더할 것이 없게 된다.

주해

- "光輝則美不容掩藏處. 大自德業之盛言."(四書補註備旨)
- 경원보씨慶源輔氏가 말했다. "大則形見於外矣. 故集註以德業至盛不可加言之."(大全註疏)
- 주자朱子가 말했다. "美能充於內而已, 未必其能發見於外也. 又如是而不已焉, 則其善之充於內者, 彌滿布濩, 洋溢四出而不可禦. 其在躬也則睟面盎背, 而施於四體. 其在事也則德盛仁熟, 而天下文明. 是則所謂大人者也."(大全註疏)

【備旨】

由美而進之면 非徒衆善之悉有也라 必其善之充實於內者를 蓄極而通하여 光輝發越이면 則誠中形外하면 已至廣大高明之域矣리니 不謂之大乎아

미인美人으로 말미암아 나아가면, 다만 모든 선인善人만 다 있는 것이 아니다. 반드시 그 선善이 몸 안에 충실한 자를 지극한 데까지 쌓아 통하고 밝은 빛이 드러나면 정성이 몸 안에서 겉으로 나타나면, 이미 광내廣大하고 고명高明한 지경에 이른 것이니, 대인大人이라고 말하지 않겠는가?

大而化之之謂聖이요

"대인大人이면서 융화融化하여 형적形迹이 없는 사람을 성인聖人이라 이른다."

大而能化하여 使其大者로 泯然無復可見之迹이면 則不思不勉하여 從容中道하여 而非人力之所能爲矣니라

張子曰 大는 可爲也어니와 化는 不可爲也니 在熟之而已矣니라

대인大人이면서 능히 융화融化하여 그 대인大人으로 하여금 민연泯然히 다시 볼 수 있는 자취가 없게 한다면, 생각하지도 않고 억지로 힘쓰지 않아도 자연히 道에 합치되니, 사람의 힘으로 능히 할 수 있는

바가 아니다.

장자張子 가로되 "대인大人은 될 수 있으나 융화融化는 할 수 없으니, 이는 익숙히 하는 데 달려 있을 따름이다."

주해

- "化是泯其大之迹. 聖是自然而不待勉强之名."(四書補註備旨)
- 민연(泯然) : 광대무변廣大無邊한 모양. 형적形迹이 없는 모양. 泯(망할 민) 《열자列子·탕문湯問》 편에 나온다. "其有所觸也, 泯然無際."
- 주자朱子가 말했다. "大而不化, 則其大者未能離乎方體形迹之間, 必其德之盛者日益盛, 仁之熟者日益熟, 則向之所謂大者, 方且春融凍解混然無迹, 而與天地合德, 日月合明, 四時合序, 鬼神合吉凶矣. 是則所謂聖人者也."(大全註疏)
- 경원보씨慶源輔氏가 말했다. "大則猶可以目見而指言. 至於化則無迹, 不可以目見, 不可以言傳, 無待於思惟, 無假於勉强, 從容自然與道爲一, 而非人之智力所能及矣."(大全註疏)
- 종용중도(從容中道) : 자연히 道에 합치되다.
  《중용장구中庸章句》 제20장에 나온다. "誠者, 天之道也. 誠之者, 人之道也. 誠者, 不勉而中, 不思而得, 從容中道, 聖人也. 誠之者, 擇善而固執之者也."

【備旨】

> 然이나 是大也는 猶有迹也니 惟有大而化之면 則德之化而無矜持之迹하며 業之盛而無作爲之勞하니 斯不思不勉하여 從容中道者矣리니 不謂之聖乎아

그러나 이런 대인大人은 여전히 형적形迹이 있다. 오직 대인大人이면서 융화融化하여 형적形迹이 없으면, 인덕仁德이 융화融化하되 스스로 자부하는 형적形迹이 없고, 사업事業이 성하되 이루었다고 하는 노고가 없다. 이에 생각하지 않고 억지로 힘쓰지 않아도 자연히 道에 맞게 되

니, 이를 성인聖人이라 말하지 않겠는가?

주해

- 긍지(矜持) : 스스로 대단하다고 자부하다. 矜(아낄 긍)
  북제北齊 안지추顔之推의 《안씨가훈顔氏家訓·명실名實》에 나온다. "有一士族, 讀書不過二三百卷, 天才鈍拙, 而家世殷厚, 雅自矜持, 多以酒犢珍玩交諸名士, 甘其餌者遞共吹噓." 犢(송아지 독) 遞(갈마들 체)
- 작위(作爲) : 행위. 사업상의 성취.
  양무梁斌의 《홍기보紅旗譜》35에 나온다. "一個學生娃子, 不過散散傳單, 喊喊口號, 也不會有什麽大的作爲."

聖而不可知之之謂神이니

"성인聖人이면서 헤아릴 수 없는 경계에 이른 사람을 신인神人이라 한다."

程子曰 聖不可知는 謂聖之至妙하여 人所不能測이니 非聖人之上에 又有一等神人也니라

정자程子 가로되 "성인이면서 헤아릴 수 없는 경계에 있다는 것은 성덕聖德이 지극히 신묘하여 사람이 능히 헤아릴 수 없는 바니, 성인聖人 위에 다시 한 등급의 신인神人이 있다는 말이 아니다."

주해

- "不可知是莫測其所以然. 神卽聖人之妙處."(四書補註備旨)
- 주자朱子가 말했다. "至於聖則造道立德之功, 至矣盡矣, 不可以有加矣. 是

其盛德至善之極, 無聲無臭之妙, 必有非耳目所能盡, 心思所能測者. 是則所謂神者而非聖人之上復有神人也."(大全註疏)

【備旨】

> 大ㅣ未至於聖이면 猶可知也어니와 旣至於聖 而自不可知矣라 至德은 純於不顯이로되 天下ㅣ莫知其所以爲德하며 大業은 輝於無外로되 天下ㅣ莫知其所以爲業하니 斯無方無體하고 變化不可測者矣니 不謂之神乎아

대인大人은 성인聖人의 자리에 이르지 못해도 오히려 알 수 있거니와, 이미 성인聖人의 자리에 이르면 스스로 알 수가 없다. 지덕至德은 순수하고 성대하지만 천하 사람들이 그 인덕仁德을 알지 못하며, 대업大業은 밝게 빛나 무궁하지만 천하 사람들이 그 공업功業을 알지 못한다. 그러므로 이에 방향도 없고 형체도 없어 변화를 헤아릴 수 없으니, 이를 신인神人이라 말하지 않겠는가?

주해

- 비현(不顯) : 성대한 모양. '不'은 '비丕'와 통한다. '비현丕顯'과 같다. 《악부시집樂府詩集·진교사가晉郊祀歌·향신가饗神歌》에 나온다. "不顯遺烈, 之德之純."
- 무외(無外) : 한도가 없다. 포괄하지 못할 것이 없다. '무궁無窮'과 같다. 《공양전公羊傳·은공원년隱公元年》 條에 나온다. "王者無外, 言奔, 則有外之辭也." 이에 대해 하휴何休의 註에 "王者以天下爲家, 無絶義."라고 풀이했다.
  《여씨춘추呂氏春秋·하현下賢》에도 나온다. "其大無外, 其小無內." 이에 대해 고유高誘의 註에 "道在大能大, 故無複有外."라고 풀이했다.

樂正子는 二之中이요 四之下也니라

"악정자樂正子는 선善과 신信의 중간이요, 미美와 대大와 성聖과 신神의 아래에 있다."

蓋在善信之間이니 觀其從於子敎면 則其有諸己者ㅣ或未實也리라

張子曰 顔淵樂正子皆知好仁矣로되 樂正子는 志仁無惡而不致於學이니 所以但爲善人信人而已요 顔子는 好學不倦하고 合仁與智하여 具體聖人이나 獨未至聖人之止耳시니라

程子曰 士之所難者는 在有諸己而已니 能有諸己 則居之安하고 資之深하여 而美且大를 可以馴致矣어니와 徒知可欲之善 而若存若亡而已면 則能不受變於俗者ㅣ鮮矣니라

尹氏曰 自可欲之善으로 至於聖而不可知之神은 上下一理니 擴充之至於神이면 則不可得而名矣리라

대개 선善人과 신信의 사이에 있으니, 그가 자오子敎를 따른 것을 보면 자기 몸에 간직한 바가 혹 성실하지 못한 것이다.

장자張子 가로되 "안연顔淵과 악정자樂正子는 모두 인仁을 좋아할 줄 알았다. 악정자樂正子는 인仁에 뜻을 두어 악惡함이 없었으나, 학문에 힘쓰지 않았기 때문에 다만 선인善人과 신인信人이 된 것이다. 안자顔子는 학문을 좋아하고 게으르지 않았으며, 인仁과 지智를 합하여 성인聖人의 모습을 갖추었으나, 다만 성인의 경지에 이르지 못했을 뿐이다."

정자程子 가로되 "선비가 어렵게 여기는 바가 자신의 몸에 있을 뿐이니, 능히 선善을 자기에게 두면 사는 것이 편안하고 자뢰資賴가 깊어서, 미인美人과 대인大人의 경지에 점차 이를 수 있다. 그러나 다만 남들이

좋아할만한 선善만을 알고, 있는 듯 없는 듯이 할 뿐이면, 능히 세속의 악惡에 변화되지 않을 자가 드물 것이다."

윤씨尹氏[尹焞] 가로되 "'可欲之善'으로부터 '聖而不可知之神'에 이르기까지 상하上下가 하나의 이치니, 이를 확충하여 신인神人의 경지에 이르면 형언할 수 없을 것이다."

주해

- "二指善神."(四書補註備旨)
- "四指美大聖神."(四書補註備旨)
- "二之中是餘於善, 不足於信. 四之下見善信上, 還有無限地步, 便含勉勵樂正子意."(四書補註備旨)
- "樂正子資質純粹, 若似顔子. 故橫渠引此立論."(大全註疏)
- 자오(子敖) : 제齊나라 개읍대부盖邑大夫를 지낸 왕환王驩의 자字.
- 구체(具體) : 구체이미具體而微. 곧 성인의 온전한 신체를 갖추고 있지만 미약하다는 뜻이다.
  《맹자孟子·공손추상公孫丑上》에 나온다. "자하·자유·자장은 모두 성인聖人의 한 지체肢體를 가졌고, 염우·민자건·안연은 그 전체를 가졌으나 미약하였다. [子夏子游子張, 皆有聖人之一體, 冉牛閔子顔淵, 則具體而微.]"
- 순치(馴致) : 점차 ~에 이르다.
  당唐나라 백거이白居易의《책항일策項一》에 나온다. "則大平之風, 大同之俗, 可從容而馴致矣."

【備旨】

夫由善信 而至於聖神히 爲人道之至極이 如此라 若正子者는 則優於善 而不足於信하여 介在善信二者之中이요 而學力未充하여 猶在美大聖神四者之下也라 使樂正子ㅣ不以二者自足 而以四者自勉이면 則所造를 固未可量也리라

무릇 선善과 신信으로부터 성聖과 신神에 이르기까지 인도人道의 지극함이 이와 같다. 악정자樂正子와 같은 자는 선인善人보다 뛰어나고 신인信人에는 부족하여 선善과 신信의 중간에 있다. 그리고 학력學力이 충실하지 못하여 미대성신美大聖神 네 가지의 아래에 있다. 가사 악정자가 선신善信 두 가지에 자족하지 않고 미대성신美大聖神네 가지에 스스로 힘을 쓴다면, 나아간 바를 진실로 가히 헤아리지 못할 것이다.

[14·26]

孟子曰 逃墨이면 必歸於楊이요 逃楊이면 必歸於儒니 歸커든 斯受之而已矣니라

맹자 가라사대 "묵자 학파에서 벗어나면 반드시 양주楊朱 학파에게 돌아가고, 양주楊朱 학파에서 벗어나면 반드시 유가儒家에 돌아올 것이니, 돌아오거든 이에 받아줄 뿐이다."

墨氏는 務外而不情하고 楊氏는 太簡而近實이라 故로 其反正之漸이 大略如此하니라 歸斯受之者는 憫其陷溺之久하고 而取其悔悟之新也니라

묵씨墨氏는 외면에 힘써 실정實情에 맞지 않고, 양씨楊氏는 지나치게 간략하나 실질實質에 가깝다. 그러므로 그들이 점차 정도正道로 돌아오는 것이 대략 이와 같다.

'돌아오면 이에 받아준다'는 것은 그들이 오래도록 이단에 빠진 것을 민망히 여기고, 새로 뉘우치고 깨달은 것을 받아들인다는 말이다.

주해

- "逃乃出此入彼之義. 歸是趨就之意."(四書補註備旨)
- "斯受是憫陷溺取自新二意."(四書補註備旨)
- 남헌장씨南軒張氏가 말했다. "兼愛者棄本而外馳, 爲我者狹隘而私勝. 默之比楊, 猶奢之比儉. 自爲者固非, 猶愈於兼愛之泛也. 泛者尤難反耳."(大全註疏)

【備旨】

> 孟子ㅣ爲待楊墨過嚴者而發曰 今之所謂楊墨者는 皆非吾道之正也라 但墨氏ㅣ厭其務外 而逃之면 則必慕近實 而歸於楊이요 楊氏ㅣ惡其太簡 而逃之면 則必慕中正 而歸於儒하니 爲吾儒者는 當憫其陷溺之久하고 取其悔悟之新하여 斯受彼而敎之已矣니 固不宜追其旣往之失 而與之辯也니라

맹자께서 양주楊朱 학파와 묵자墨子 학파를 대하는 것이 지나치게 엄격한 자들을 위해 발하여 가라사대 "지금의 이른바 양주楊朱와 묵자墨子 학파들은 모두 우리의 정도正道가 아니다. 다만 묵자 학파가 그 외면에 힘쓰는 것을 싫어하여 벗어나면 반드시 실질에 가까운 것을 좋아하여 양주楊朱 학파에 돌아가고, 양주 학파가 그 지나치게 간략한 것을 싫어하여 벗어나면 반드시 중정中正을 좋아하여 유가儒家에 돌아온다.

그러면 우리 유가儒家는 마땅히 그들이 오래도록 이단에 빠진 것을 민망히 여기고, 그들이 뉘우치고 깨달은 것을 취하여 이에 그들을 받아들여 가르칠 뿐이니, 진실로 마땅히 그들의 이미 지나간 과실을 추궁하며 그들과 변론하지 말아야 한다."

今之與楊墨辯者는 如追放豚하니 旣入其苙이어든 又從而招之로다

"지금의 양주楊朱 학파나 묵자墨子 학파와 변론하는 자는 마치 도망간 돼지를 좇는 것과 같이 하니, 이미 그 우리로 돌아왔는데 다시 잡아서 다리를 묶으려고 한다."

放豚은 放逸之豕豚也라 苙은 闌也라 招는 罥也니 羈其足也라
言彼旣來歸어든 而又追咎其旣往之失也라
此章은 見聖賢之於異端에 拒之甚嚴이나 而於其來歸에 待之甚恕하니 拒之嚴故로 人知彼說之爲邪하고 待之恕故로 人知此道之可反이니 仁之至요 義之盡也니라

'방돈放豚'은 잃어버린 돼지이다. '입苙'은 우리이다. '초招'는 묶는 것이니 그 다리를 묶어두는 것이다.

저들이 이미 유가儒家로 돌아왔는데, 다시 그 지나간 과실에 대해 책임을 묻는다는 말이다.

이 장은 성현聖賢이 이단異端에 대해 막는 것은 매우 엄격하나, 그들이 유가로 돌아오면 매우 서량恕諒하게 대한다는 것을 알 수 있다. 엄격하게 막기 때문에 사람들이 저 학설의 사악함을 알 수 있고, 서량恕諒하게 대하기 때문에 사람들이 우리 道에 돌아올 줄을 아니, 인仁의 지극함이요 의義의 곡진함이다.

주해

- "今指當時儒者說. 辯是辯其爲我兼愛之非."(四書補註備旨)
- 雲峯胡氏가 말했다. "於異端拒之甚嚴者, 至正不可以容邪, 義之盡也. 來歸待之甚恕者, 至大可以容小, 仁之至也. 於此可見聖賢至正至大之心矣."(大全註疏)
- 방일(放逸) : 흩어지다. 잃어버리다.
  북제北齊 유주劉晝의 《신론新論·방욕防欲》에 나온다. "人有牛馬放逸不歸, 必知收之."
- 추구(追咎) : 이미 지나간 사실이나 과실에 대하여 책임을 물음.
  咎(허물 구)
  진晉나라 왕희지王羲之의 〈유은호서遺殷浩書〉에 나온다. "追咎往事, 亦何所復及!"
  당唐나라 유종원柳宗元의 〈상영남정상공소저문계上嶺南鄭相公所著文啓〉에도 나온다. "追咎旣往, 自以終身沉廢, 無跡自明."
- 苙(우리 립) 闌(우리 란) 招(묶을 초) 罥(옭아맬 견) 羈(재갈물릴 기)

【備旨】

何今之與楊墨辯者는 顧不取其今日之來歸 而惟追咎其旣往之失고 就如追趕放豚하니 旣入苙이어든 使不得奔走면 亦可矣어늘 又從而招之는 何也오 安知彼之旣歸者ㅣ不將病吾儒之招 而思叛去乎며 又安知彼之欲歸者ㅣ不將畏吾儒之招 而不復來乎아 然則楊墨之不反正은 未必皆斯人之罪니 而吾儒ㅣ亦與有咎焉이라 有衛道之心者ㅣ可不嚴以盡閑邪之防이며 而恕以開反正之端也哉아

어찌 지금의 양주楊朱 학파나 묵자墨子 학파와 논변하는 자들은 다만 그들이 오늘 유가儒家로 돌아온 것은 취하지 않고, 오직 이미 지나간 과실에 대해서만 책임을 묻는가?

예를 들어 도망간 돼지를 쫓을 때, 이미 우리에 들어왔으면 달아나지 못하게만 하면 되는데, 다시 잡아서 다리를 묶어놓는 것은 무엇 때문인가?

어찌 저 이미 돌아온 자들이 장차 우리 유가儒家가 다리를 묶어놓는 것을 싫어하지는 않지만 배반하고 떠나려 한다는 사실을 알겠는가? 또한 어찌 저 돌아오려고 하는 자들이 우리 유가儒家가 다리를 묶어놓는 것을 두려워하지는 않지만 다시 돌아오지 않는다는 사실을 알겠는가?

그러므로 양묵楊墨이 정도正道로 돌아오지 않는 것은 반드시 다 백성들만의 죄가 아니요, 우리 유가儒家에게도 또한 허물이 있는 것이다. 道를 지키려는 마음이 있는 자가 엄하게 간사함을 막는 방도를 다하지 않을 것이며, 서량恕諒하여 정도正道로 돌아오는 단서를 열어주지 않겠는가?"

주해

- 추간(追趕) : 뒤쫓다. '추격追擊'과 같다. '간趕'은 '간赶'과 통한다.
  趕(쫓을 간) 赶(쫓을 간)
  원元나라 고문수高文秀의 《양양회襄陽會》 제1절에 나온다. "俺奉著二公子將令, 著俺二人追趕 劉備."
- 사인(斯人) : 백성. '사민斯民'과 같다.
  당唐나라 원결元結의 〈여양계린이與瀼溪鄰里〉시에 나온다. "斯人轉貧弱, 力役非無怨."
- 장(將) : 취하다. 가져오다. '취取'와 같다.

[14·27]

孟子曰 有布縷之征과 粟米之征과 力役之征하니 君子는 用其一이요 緩其二니 用其二면 而民有殍하고 用其三이면 而父子離니라

맹자 가라사대 "삼베와 실[비단]에 대한 부세賦稅와 곡식에 대한 부세賦稅와 힘으로 부역하는 부세賦稅가 있다. 군자는 이 중에서 한 가지만 쓰고 두 가지는 늦춘다. 그 두 가지를 함께 쓰면 백성들이 굶어죽고, 그 세 가지를 함께 쓰면 부자父子 간이 이산離散하게 된다."

征賦之法이 歲有常數라 然이나 布縷는 取之於夏하고 粟米는 取之於秋하고 力役은 取之於冬하여 當各以其時하니 若幷取之면 則民力이 有所不堪矣라 今兩稅三限之法이 亦此意也니라

尹氏曰 言民爲邦本이니 取之無度면 則其國危矣니라

부세를 징수하는 법은 해마다 일정한 수가 있다. 그러나 삼베와 실[비단]은 여름에 징수하고, 곡식은 가을에 징수하고, 힘으로 부역하는 것은 겨울에 징수하여 마땅히 각각 그 때로서 해야 한다.

만약 한꺼번에 다 징수하면 백성들의 힘으로 감당할 수 없게 된다. 지금의 '양세삼한법兩稅三限法'이 또한 이 뜻이다.

윤씨尹氏[尹焞] 가로되 "백성은 나라의 근본이니 부세를 징수하는데 절도가 없으면, 그 나라가 위태롭게 된다는 말이다."

주해

- "布縷是五畝中所出之桑麻征取也."(四書補註備旨) 縷(명주 루)
- "粟米是百畝中所出之賦稅."(四書補註備旨)
- 신안진씨新安陳氏가 말했다. "用其二一時併用, 二端也. 用其三一時併取, 三者也."(大全註疏)
- 경원보씨慶源輔氏가 말했다. "此孟子言之以警夫取民無度者."(大全註疏)
- 양세삼한법(兩稅三限法) : '양세兩稅'는 하세夏稅와 추세秋稅를 말하고, '삼한三限'은 여름·가을·겨울 세 철에 징수하는 것을 말한다. 일설에는 하세夏稅는 지역에 따라 수확하는 철이 다르므로 납부 기한이 두 번이며, 여기에 납부 기한이 한 번인 추세秋稅를 합하여 '삼한三限'이라 한다고 한다.
- 緩(늦출 완) 殍(주려 죽을 표)

【備旨】

孟子ㅣ爲取民無制者發曰 人君征賦之法이 歲有常數라 君不能自織也니 於是에 有布縷之征하며 不能自耕也니 於是에 有粟米之征하며 不能自勞也니 於是에 有力役之征하니 此三者는 皆上之所用이라 然이나 豈可以盡用乎아 故로 愛民之君은 於布縷엔 取之夏而粟米力役은 在所緩焉이요 粟米엔 取之秋而力役布縷는 在所緩焉이요 力役엔 取之冬而布縷粟米는 在所緩焉이니 皆用其一이요 緩其二라 此民之所以相生相養하여 而父子ㅣ相保也라 苟一時而並用其二면 則小民이 奔命不給而有殍하며 若一時而並用其三이면 則小民이 家室難保而父子ㅣ離니라 夫民이 爲邦本이어늘 至於殍且離焉이면 則無以爲國矣니 取民者ㅣ奈之何而不以制歟아

맹자께서 백성에게 부세를 징수하는데 절제가 없는 자를 위해 발하여 가라사대 "인군人君이 부세를 징수하는 법은 해마다 일정한 수가 있다. 인군은 스스로 베를 짤 수 없기 때문에 이에 삼베와 실[비단]에 대한 부세가 있고, 스스로 농사를 지을 수 없기 때문에 이에 곡식에 대한 부세가 있고, 스스로 노역을 할 수 없기 때문에 이에 힘으로 부역하는 부세가 있다. 이 세 가지는 모두 인군人君이 쓰는 부세이지만, 그러나 어찌 다 쓸 수 있겠는가?

그러므로 백성을 사랑하는 인군은 포루布縷에 대해 여름에 부세하되 곡식과 노역은 늦추며, 곡식에 대해 가을에 부세하되 노역과 포루布縷는 늦추며, 노역에 대해 겨울에 부세하되 포루布縷와 곡식은 늦추니, 이는 모두 그 한 가지만 쓰고 그 두 가지는 늦추는 것이다. 이는 백성들이 서로 살려주고 서로 길러주며 부자간에 서로 보호하는 이유이다.

만일 일시에 그 두 가지를 함께 쓰면, 소민小民들이 분주히 명을 따를 겨를이 없어 굶어죽은 자가 생기게 된다. 만일 일시에 그 세 가지를 함께 쓰면, 소민小民들이 집안을 보존하기 어려워 부자간에 이산하게 된다.

무릇 백성은 나라의 근본이거늘 굶어죽고 또한 이산하게 되면 나라를 다스릴 수 없으니, 백성에게 부세를 거두는 자가 어찌 절제하지 않겠는가?"

주해

- 상생상양(相生相養) : 서로 살려주고 서로 길러주다.
  한유韓愈의 〈원도原道〉에 나온다. "必棄而君臣, 去而父子, 禁而相生相養之道, 以求其所謂淸淨寂滅者."
- 분명(奔命) : 분주奔走하게 명을 따르다. 응대應待하느라 겨를이 없다. 奔(달릴 분)
  《좌전左傳·성공7년成公七年》條에 나온다. "爾以讒慝貪惏事君, 而多殺不辜, 余必使爾罷於奔命以死." 讒(참소할 참) 慝(사특할 특) 貪(탐할 탐) 惏(탐할

람) 辜(허물 고)

● 불급(不給) : 겨를이 없다. '불가不暇'와 같다.
송宋나라 소식蘇軾의 〈시황론始皇論〉에 나온다. "惴惴然朝不謀夕, 憂死之不給." 惴(두려워할 췌)

[14·28]

孟子曰 諸侯之寶三이니 土地와 人民과 政事니 寶珠玉者는 殃必及身이니라

맹자 가라사대 "제후諸侯가 보배로 삼아야 할 것이 세 가지이니 토지土地와 백성百姓과 정사政事이다. 주옥을 보배로 여기는 자는 재앙이 반드시 몸에 미치게 된다."

尹氏曰 言寶得其寶者는 安하고 寶失其寶者는 危니라

윤씨尹氏[尹焞] 가로되 "그 보배를 보배로 여기는 자는 편안하고, 그 보배를 보배로 여기지 못하는 자는 위태롭나는 말이니라."

주해

● "寶是愛惜珍重之意."(四書補註備旨)
● "殃及身, 如身危國削身弑國亡皆是."(四書補註備旨)
● 신안진씨新安陳氏가 말했다. "諸侯寶人民而善政事以治之, 則有人有土而常爲吾寶矣."(大全註疏)

【備旨】

> 孟子ㅣ示人君以知所寶也曰 諸侯之爲國에 其所寶者는 則有三焉하니 土地는 所以立國也요 人民은 所以守國也요 政事는 所以治國也라 寶此三者는 則寶得其寶하여 國安 而身亦因以安矣요 若舍此 而寶珠玉者는 則內而喪志하고 外而賈禍하여 政事廢弛하고 人民離散하며 土地且失其有矣니 殃不及身乎아 此自古帝王이 不貴難得之物하고 不畜無用之器는 有由然也라

맹자께서 인군人君이 보배로 여겨야 할 바를 알도록 보여 가라사대 "제후가 나라를 다스리는데 그 보배로 여겨야 할 바가 세 가지가 있으니, 토지土地는 나라를 세우는 바요, 백성百姓은 나라를 지키는 바요, 정사政事는 나라를 다스리는 바이다. 이 세 가지를 보배로 여기는 자는 그 보배를 보배로 여겨 나라가 편안하고 몸 또한 이로 인하여 편안할 것이다.

만약 이를 버리고 주옥珠玉을 보배로 여기는 자는 안으로 뜻을 잃고 밖으로 화를 불러들여 정사政事가 무너지고 백성들이 이산離散하며 토지 또한 그 소유를 잃을 것이니, 재앙이 몸에 미치지 않겠는가?

이는 예로부터 제왕이 얻기 어려운 물건을 귀하게 여기지 않고, 쓸모없는 그릇을 쌓아두지 않은 연유緣由이다.

주해

- 고화(賈禍) : 재앙을 불러일으키다. 스스로 화를 자초하다. 賈(야기할 고)
  《좌전左傳·정공6년定公六年》條에 나온다. "以楊楯賈禍, 弗可爲也已."
  송宋나라 범중엄范仲淹의 〈가색유보부稼穡惟寶賦〉에도 나온다. "徒聞賈禍之辱, 莫見作甘之德."

● 폐이(廢弛) : 폐기廢棄하고 시행하지 않다. 황폐해지다. 弛(없어질 이)
《한서漢書·왕망전상王莽傳上》에 나온다. "朝政崩壞, 綱紀廢弛."
송宋나라 범중엄范仲淹의 《주섬서하북공수등책奏陝西河北攻守等策·하북비책河北備策》에도 나온다. "州郡因循, 武事廢弛."

● 불귀난득지물(不貴難得之物) : 얻기 어려운 물건을 귀하게 여기지 않다. 노자老子는 '물物'을 '화貨'으로 사용했다.
《노자老子》 64장에 나온다. "是以聖人欲不欲, 不貴難得之貨. 學不學, 複衆人之所過, 以輔萬物之自然而不敢爲."

● 불축무용지기(不畜無用之器) : 쓸모없는 물건을 쌓아두지 않다. 조식曹植은 '기器'를 '신臣'으로 사용했다.
조식曹植의 〈구자시표求自試表〉에 나온다. "慈父不能愛無益之子, 仁君不能畜無用之臣."

● 유연(油然) : 연유, 내력.
《한서漢書·광형전匡衡傳》에 나온다. "此非其天性, 有由然也."
《송서宋書·예지이禮志二》에도 나온다. "世有險易, 道有洿隆, 所遇之時異, 誠有由然, 非忽禮也." 洿(웅덩이 오)

[14·29]

盆成括이 仕於齊러니
孟子曰 死矣로다 盆成括이여
盆成括이 見殺이어늘 門人이 問曰 夫子ㅣ何以知其將見殺이시니잇고
曰其爲人也ㅣ小有才요 未聞君子之大道也하니 則足以殺其軀而已矣니라

분성괄盆成括이 제齊나라에서 벼슬을 하였다.

맹자 가라사대 "죽을 것이다. 분성괄盆成括이여!"
과연 분성괄盆成括이 피살되자, 문인門人이 물어 가로되 "부자夫子께서는 어찌 그가 장차 피살당할 것을 아셨습니까?"
가라사대 "그 사람됨이 작은 재주만 있고 군자의 대도大道를 듣지 못했으니, 그 몸을 죽게 할 뿐이다."

盆成은 姓이요 括은 名也라 恃才妄作은 所以取禍니라
徐氏曰 君子는 道其常而已라 括有死之道焉하니 設使幸而獲免이라도 孟子之言이 猶信也니라

'분성盆成'은 성이요, '괄括'은 이름이다. 재주만 믿고 망령된 짓을 하는 것은 화를 자초하는 바이다.

서씨徐氏[徐度] 가로되 "군자는 그 상도常道를 말할 뿐이다. 분성괄盆成括은 죽을 도리가 있었으니, 설사 요행으로 죽음을 면했다 해도 맹자의 말씀이 오히려 믿을 만하다."

주해

- "死是度其必死也."(四書補註備旨)
- 남헌장씨南軒張氏가 말했다. "不聞道則爲才所役. 道者, 理義之存乎人心者也. 於此有聞則才有所不敢恃矣."(大全註疏)

【備旨】

昔에 盆成括이 仕於齊할새 孟子ㅣ察其必敗也하사 乃曰 死矣로다 盆成括이여하시니 蓋以理而知其有必死之道矣라

乃盆成括이 果見殺이어늘 門人이 疑而問曰 死生有命이요 非人所可預知어늘 夫子ㅣ果何所據하여 而知其將見殺이시니잇고

孟子曰 我於括之死에 非指以適然之數요 乃斷以必然之理也라 夫人은 不貴有才 而貴聞道하니 道苟得聞이면 則必善用其才어늘 今括之爲人이 不過小有才耳요 未聞君子義理之大道也하니 則恃才妄作하여 必致取禍하여 適足以殺其軀而已矣니 我所以預知其敗者는 爲此故也니라

옛날 분성괄盆成括이 제齊나라에서 벼슬을 하였는데, 맹자께서 그가 반드시 패망敗亡할 것을 살피시고 이에 가라사대 "죽을 것이다. 분성괄盆成括이여!"라고 하시니, 대개 사리로 보아 그가 반드시 죽겠다고 하신 것이다. 이에 분성괄盆成括이 과연 피살되었다.

문인門人이 의아하게 여겨 물어 가로되 "사생死生은 하늘에 달려있어 사람이 미리 예견할 수 없거늘, 부자夫子께서는 과연 무엇에 근거하여 그가 장차 피살될 것을 아셨습니까?"

맹자 가라사대 "나는 분성괄盆成括의 죽음에 대해 적연適然한 운수運數로 말한 것이 아니라, 바로 필연의 이치로 판단한 것이다. 무릇 사람은 재주 있음을 귀하게 여기지 않고 道를 깨치는 것을 귀하게 여긴다. 만일 道를 깨친다면 반드시 그 재주를 잘 쓸 수 있다. 하지만 지금 분성괄盆成括의 사람됨은 작은 재주가 있을 뿐이요, 군자의 의리義理의 대도大道를 들어보지 못했다. 작은 재주만 믿고 망령된 짓을 하는 것은 반드시 재앙을 불러들여, 다만 그 몸을 죽이고 말 뿐이다. 내가 그의 패망敗亡을 미리 안 것은 바로 이것 때문이다."

주해

● 적연(適然) : 우연히. 공교롭다. '우연偶然'과 같다.
適(마침 적) 偶(뜻하지 않을 우)
《한비자韓非子·현학顯學》에 나온다. "故有術之君, 不隨適然之善, 而行必然之道."

[14·30]

孟子ㅣ之滕하사 館於上宮이러시니 有業屨於牖上이러니 館人이 求之弗得하다

맹자께서 등滕나라에 가서 상궁上宮에 머물렀는데, 만들던 신발을 창문 위에 놓아두었는데 관인館人이 찾지를 못하였다.

館은 舍也라 上宮은 別宮名이라 業屨는 織之有次業而未成者라
蓋館人所作을 置之牖上而失之也라

'관館'은 머무는 것이다. '상궁上宮'은 별궁別宮의 이름이다. '업구業屨'는 신발을 만드는데 다음 작업이 남아있어 완성되지 않은 것이다.

대개 관인館人이 만들던 것을 창문 위에 놓아두었다가 잃어버린 것이다.

주해

● "館人, 守館之人. 求之, 求業屨也."(四書補註備旨)
● 업구(業屨) : 아직 완성되지 않은 신발. 屨(신 구)
조기趙岐가 註에 "織之有次業而未成也."라고 했다.

【備旨】

> 昔에 孟子ㅣ欲行道於世 而往於滕할새 滕君이 館之於上宮이어늘 時有業屨置於戶牖之上이러니 館人이 求之而弗得焉이라 夫以彼ㅣ自置之하고 彼ㅣ自失之하니 固無與於君子矣라

옛날 맹자께서 道를 세상에 행하고자 등滕나라에 갔는데, 등滕나라 인군人君이 맹자를 상궁上宮에 머물게 하였다.

당시 만들던 신발을 창문위에 놓아두었는데, 관인館人이 이를 찾았으나 찾지를 못하였다. 무릇 그가 만들던 신발을 스스로 놓아두었다가 스스로 잃어버린 것이니, 본디 군자와 관계가 없는 일이었다.

或이 問之曰 若是乎從者之廋也여
曰 子ㅣ以是로 爲竊屨來與아
曰 殆非也라 夫子之設科也는 往者를 不追하며 來者를 不距하사 苟以是心至어든 斯受之而已矣니이다

혹자가 물어 가로되 "그렇다면 부자夫子를 따르는 자가 숨긴 것인가요?"
(맹자) 가라사대 "그대는 나를 따르는 종자從者가 신발을 훔치러 왔다는 것인가?"
가로되 "아닙니다. 부자夫子께서 과정科程을 개설하시는데 지나간 잘못을 탓하지 않으시고 선善을 향하는 마음으로 찾아온 자를 거절하지 않으시니, 진실로 이런 마음으로 찾아오면 이에 받아주셨을 뿐입니다."

或問之者는 問於孟子也라 廋는 匿也니

言子之從者ㅣ乃匿人之物이 如此乎인저하니라

孟子ㅣ答之에 而或人이 自悟其失하고 因言此從者ㅣ固不爲竊屨而來라 但夫子ㅣ設置科條하여 以待學者하시니 苟以向道之心而來면 則受之耳라 雖夫子라도 亦不能保其往也라하니 門人이 取其言이 有合於聖賢之指라 故로 記之하니라

혹자가 물었다는 것은 맹자에게 물을 것이다. '수廋'는 숨기는 것이다. 그대를 따르던 종자從者가 이에 남의 물건을 감추는 것이 이와 같으냐고 말한 것이다.

맹자께서 답하시자 혹인或人이 스스로 그 잘못을 깨닫고 인하여 다음과 같이 말하였다. "부자夫子를 따르는 이 종자從者는 진실로 신발을 훔치러 온 것이 아닙니다. 다만 부자夫子께서 과정科程을 개설하여 배우는 자들을 대하시는데, 진실로 道를 향하는 마음으로 찾아오면 받아주실 뿐입니다. 하지만 비록 부자夫子라도 또한 그 떠난 자를 보장할 수는 없을 것입니다." 이에 맹자의 제자가 그의 말이 성현의 뜻에 부합된다고 여겼기 때문에 이를 기록한 것이다.

주해

- "或人是另一人非失屨之人."(四書補註備旨) 另(따로 령)
- "往者是前日之不善."(四書補註備旨)
- "來者指今日指向善."(四書補註備旨)
- 과조(科條) : 과목科目. 항목項目.
  한漢나라 왕충王充의 《논형論衡·정설正說》에 나온다. "其立篇也, 種類相從, 科條相附."
  당唐나라 유지기劉知幾의 《사통史通·제목題目》에도 나온다. "夫戰爭方殷, 雄雌未決, 則有不奉正朔, 自相君長, 必國史爲傳, 宜別立科條. 至於陳項諸雄, 寄編漢籍；董袁羣賊, 附列《魏志》. 旣同臣子之例, 孰辨彼此之殊."

● 지(指) : 뜻. 의향.

《사기史記·굴원가생열전屈原賈生列傳》에 나온다. "其指極大."

《관자管子·치미侈靡》에도 나온다. "承從天之指."

【備旨】

> 或이 不諒其心하고 乃疑而問之曰 若是乎從夫子而來者之廋匿人物也여
>
> 孟子曰 子之意ㅣ得毋以我之門人으로 專爲竊屨而來與아
>
> 或人이 遂自悟其失曰 殆非竊屨而來也라 但夫子之設置科條하여 以待學者也시니 其有旣往之失者는 不追咎之하며 其有來學之誠者는 不拒絶之하사 苟以向道之心으로 至커든 斯容受之而已矣시니 在夫子에 亦何能保其往哉아하니
>
> 此或人之言이 雖能諒君子設敎之心이나 而終不能釋從者竊屨之惑하니 則信乎라 孟子之道之窮也여

혹자가 그 마음을 헤아리지 못하고, 이에 의심하여 물어 가로되 "그렇다면 부자夫子를 따라온 자가 남의 물건을 숨긴 것입니까?"

맹자께서 가라사대 "그대의 뜻은 나의 문인門人이 오로지 신발을 훔치기 위해 왔다고 하는 것이 아닌가?"

혹인或人이 마침내 스스로 그 잘못을 깨닫고 가로되 "아마도 신발을 훔치러 온 것은 아닐 것입니다. 다만 부자夫子께서 과정을 개설하여 배우는 자를 대하시니, 그 이미 지나간 잘못이 있는 자는 좇아 탓하지 않고, 그 찾아와 배우려는 정성이 있는 자는 막지 않으십니다. 진실로

道를 향하는 마음으로 찾아오면 이에 받아주실 뿐이니, 부자夫子의 입장에서 또한 어찌 그의 지난 잘못을 보장하실 수 있겠습니까?"

이 혹인或人의 말로 보면, 비록 군자가 과정을 개설한 마음을 믿을 수는 있었으나, 끝내 종자從者가 신발을 훔쳐간 의혹을 풀 수는 없었으니, 진실로 맹자의 道가 궁하도다."

주해

- 득무(得毋) : 아마도. '어찌 ~이 아니리오?' 득무得無'과 같다.
  《논어論語·안연顔淵》 편에 나온다. "爲之難, 言之得無訒乎?"
  《한서漢書·조충국전趙充國傳》에도 나온다. "我告漢軍先零所在, 兵不往擊, 久留, 得亡效五年時不分別人而並擊我?"

[14·31]

孟子曰 人皆有所不忍하니 達之於其所忍이면 仁也요 人皆有所不爲하니 達之於其所爲면 義也니라

맹자 가라사대 "사람이 모두 차마 하지 못하는 바가 있는데, 그 차마 하는 바에 도달하면 인仁이요, 사람이 모두 하지 않는 바가 있는데, 그 하는 바에 도달하면 의義이다."

惻隱羞惡之心을 人皆有之라 故로 莫不有所不忍不爲하니 此는 仁義之端也라 然이나 以氣質之偏과 物欲之蔽로 則於他事엔 或有不能者하니 但推所能하여 達之於所不能이면 則無非仁義矣니라

측은지심惻隱之心과 수오지심羞惡之心은 사람이 모두 지니고 있다. 그러므로 차마 못하는 바와 하지 않는 바를 가지고 있지 아니함이 없으니, 이것이 인의仁義의 단서이다. 그러나 기질이 치우치고 물욕에 가려져서 다른 일에 혹 능하지 못한 것이 있으니, 다만 능한 바를 미루어 능하지 못한 바에 도달하면 인의仁義 아닌 것이 없게 된다.

주해

- "不忍是惻隱之心, 仁之端."(四書補註備旨)
- "達是擴充意. 所忍是惻隱之喪."(四書補註備旨)
- "不爲忍是羞惡之心, 義之端."(四書補註備旨)
- "所爲是羞惡之喪."(四書補註備旨)
- 경원보씨慶源輔氏가 말했다. "不忍者, 惻隱之事也. 不爲者, 羞惡之事也. 是皆本於性達於情而統於心, 人之所固有者也. 但爲氣稟所拘, 物欲所蔽, 則心失其正, 而不能統夫性與情. 故有所當發而不發, 亦有所不當發而反發, 遂至於其所不仁者, 或有時而忍, 於其所不爲者, 或有時而爲, 而性亦從而梏亡之矣."(大全註疏)
- 서산진씨西山眞氏가 말했다. "有所不忍不爲者, 此心之正也. 能卽是心而推之, 雖所忍者亦不忍, 卽仁也. 雖所爲者亦不爲, 卽義也."(大全註疏)

【備旨】

孟子ㅣ示人擴充其良心曰 仁義는 人所固有니 惟在識其端 而推擴之耳라 夫人이 遇可哀之事면 皆有所不忍하니 此仁之端也라 但氣拘物蔽하여 有不忍於此 而或忍於彼者하니 必推其所不忍 而達之於其所忍이면 則惻隱之心이 隨處周流 而仁在是矣요
夫人遇可恥之事면 皆有所不爲하니 此義之端也라 但氣拘物蔽하여 有不爲於此 而或爲於彼者하니 必推其

所不爲 而達之於其所爲면 則羞惡之心이 隨處發見 而義在是矣니라

맹자께서 사람들에게 그 양심良心을 확충擴充할 것을 보여 가라사대 "인의仁義는 사람이 본디 지니고 있는 바이니, 오직 그 단서端緖를 알아 이를 미루어 확충하는데 달려있을 뿐이다.

무릇 사람이 슬퍼할만한 일을 만나면 모두 차마하지 못하는 바가 있으니, 이는 인仁의 단서이다. 다만 기질에 얽매이고 물욕에 가려서 이 일에 차마하지 못하나 혹 저 일에 차마 하는 자가 있으니, 반드시 그 차마하지 못하는 바를 미루어 그 차마하는 바에 이르면 측은지심이 따라서 도처에 두루 흘러 인仁이 이에 있을 것이다.

무릇 사람이 부끄러워할만한 일을 만나면 모두 하지 않는 바가 있으니, 이는 의義의 단서이다. 다만 기질에 얽매이고 물욕에 가려서 이 일은 하지 않으나 혹 저 일은 하는 자가 있으니, 반드시 그 하지 않는 바를 미루어 그 하는 바에 이르면 수오지심이 도처에 발현되어 의義가 이에 있을 것이다.

人能充無欲害人之心이면 而仁을 不可勝用也며 人能充無穿踰之心이면 而義를 不可勝用也니라

"사람이 남을 해치려고 하지 않는 마음을 확충해나갈 수 있다면 인仁을 이루 다 쓰지 못할 것이며, 사람이 담을 뚫고 넘어가서 도둑질하지 않으려는 마음을 확충해나갈 수 있다면 의義를 이루 다 쓰지 못할 것이다."

充은 滿也라 穿은 穿穴이요 踰는 踰牆이니 皆爲盜之事也라
能推所不忍하여 以達於所忍이면 則能滿其無欲害人之心 而無不仁矣요
能推其所不爲하여 以達於所爲면 則能滿其無穿踰之心 而無不義矣니라

'충充'은 가득함이다. '천穿'은 구멍을 뚫는 것이요, '유踰'는 담장을 넘는 것이니, 모두 도둑질하는 일이다.

능히 차마하지 못하는 바를 미루어 차마하는 바에 이르면, 능히 그 남을 해치려고 하지 않는 마음을 채울 수 있어 인仁 아님이 없을 것이다.

능히 그 하지 않는 바를 미루어 하는 바에 이르면 능히 그 담을 뚫고 넘어가서 도둑질하지 않으려는 마음을 채울 수 있어 의義 아님이 없을 것이다.

주해

- "無害欲人, 卽不忍之實."(四書補註備旨)
- "無穿窬, 卽不爲之實."(四書補註備旨)
- 남헌장씨南軒張氏가 말했다. "人皆有所不忍, 皆有所不爲, 此其秉彝之不可泯滅者也. 然有所不忍矣, 而於他則忍之, 有所不爲矣, 而於他則爲之. 此豈有異心哉. 爲私欲所蔽而生道息故也."(大全註疏) 彝(떳떳할 이)
- 신안진씨新安陳氏가 말했다. "達如導水, 自畎澮達之川, 自川達之海. 充如水達海而充滿於其中也. 惟達而後能充, 如擴而充之之意."(大全註疏) 畎(밭도랑 견) 澮(봇도랑 회)
- 천유(穿踰) : 담장을 뚫고 담을 뛰어넘다. 곧 물건을 훔치는 행위를 말한다. '천유穿窬'와 같다. 穿(뚫을 천) 踰(넘을 유) 窬(협문 유)
《논어論語·양화陽貨》 편에 나온다. "色厲而內荏, 譬諸小人, 其猶穿窬之盜也

歟." 이에 대해 하안何晏의 《논어집해論語集解》에 "穿, 穿壁. 窬, 窬牆."이라고 풀이했다.

조기趙岐의 註에 "穿墻踰屋, 姦利之心也."라고 했다.

【備旨】

> 達之如何오 如害人者는 人所不忍也니 人能充滿其無欲害人之心하여 凡類此者ㅣ皆在所不忍焉이면 則念念皆仁 而仁不可勝用也요 穿窬者는 人所不爲也니 人能充滿其無穿窬之心하여 凡類此者ㅣ皆在所不爲焉이면 則念念皆義 而義不可勝用也니라

도달하는 것을 어떻게 해야 하는가? 예를 들어 남을 해치는 것은 사람이 차마하지 못하는 바이니, 사람이 능히 사람을 해치려고 하지 않는 마음을 가득 채워서, 무릇 이와 같은 일이 모두 차마하지 못하는 바에 있게 되면, 생각마다 모두 인仁이 되어 인仁을 가히 이겨 쓰지 못할 것이다.

담을 뚫고 넘어가서 도둑질하는 것은 사람이 하지 않는 바이니, 사람이 능히 그 담을 뚫고 넘어가서 도둑질하지 않는 마음을 가득 채워서, 무릇 이와 같은 일이 모두 하지 않는 바에 있게 되면, 생각마다 모두 義가 되어 의義를 가히 이겨 쓰지 못할 것이다.

주해

● 범유차자(凡類此者) : 무릇 이와 같은 일(유형). '범약차자凡若此者'와 같다. 類(견줄 류)

人能充無受爾汝之實이면 無所往而不爲義也니라

"사람이 남에게 경시를 받지 않으려고 하는 실심實心을 확충시켜 나갈 수 있다면, 어디를 가도 의義를 행하지 않음이 없을 것이다."

此는 申說上文 充無穿踰之心之意也라
蓋爾汝는 人所輕賤之稱이니 人雖或有所貪昧隱忍而甘受之者라 然이나 其中心에 必有慚忿而不肯受之之實이니 人能卽此而推之하여 使其充滿하여 無所虧缺 則無適而非義矣리라

이는 상문의 담을 뚫고 넘어가서 도둑질하지 않으려는 마음을 확충하는 뜻을 거듭 말한 것이다.

대개 '이여爾汝'는 사람들이 경시하고 천대하는 칭호이니, 사람이 비록 혹 탐매貪昧하고 은인隱忍하여 이를 감수할 자도 있다. 그러나 그 마음속에는 반드시 부끄러우면서도 화가 나는 실심實心이 있다. 그러므로 사람이 능히 이에 나아가 미루고, 가득 채워서 이지러지고 어긋난 바가 없게 하면 어디를 가도 의義 아님이 없을 것이다.

주해

- 이여(爾汝) : 존장尊長이 나이가 어리고 신분이 낮은 사람을 부르는 호칭. 곧 상대방을 경시한다는 뜻이다. 爾(너 이) 汝(너 여)
《북사北史·유림전상儒林傳上진기전陳奇傳》에 나온다. "嘗當衆辱奇, 或爾汝之, 或指爲小人."
초순焦循의 《맹자정의孟子正義》에 "爾汝爲尊於卑, 上於下之通稱, 卑下者自

安而受之, 所謂實也……蓋假借爾汝爲輕賤, 受爾汝之實, 卽受輕賤之實."이라고 풀이했다.

공영달孔穎達의 《맹자정의孟子精義》에 "其不受人爾汝之實, 是不爲人所輕賤."라고 풀이했다.

● "實是實心不肯受."(四書補註備旨)

● 탐매(貪昧) : 재물을 탐내고 이익에 어둡다. 貪(탐할 탐) 昧(어두울 매)
《좌전左傳·양공28년襄公二十八年》 條에 나온다. "楚子將死矣, 不脩其政德, 而貪昧於諸侯, 以逞其願, 欲久, 得乎?" 이에 대해 양백준楊伯峻의 註에 "貪昧與《昭三十年傳》'貪冒無厭'之'貪冒'同, 言楚子貪諸侯之奉己也."라고 풀이했다. 逞(쾌할 령)

● 은인(隱忍) : 억제하면서 인내하다.
《사기史記·오자서열전찬伍子胥列傳贊》에 나온다. "方子胥窘於江上, 道乞食, 志豈嘗須臾忘郢 邪? 故隱忍就功名, 非烈丈夫孰能致此哉?" 窘(궁색할 군) 郢(땅이름 영)

● 참분(慚忿) : 부끄러우면서도 화가 나는 마음. '참분慙忿'과 같다. 慚(부끄러울 참) 忿(성낼 분)
당唐나라 은성식段成式의 《유양잡조속집酉陽雜俎續集·폄오貶誤》에 나온다. "隱者曰'此魔所爲, 吾過矣.' 烈士慙忿而死."

【備旨】

然이나 充無害人之心은 顯而易知也요 充無穿窬之心은 微而難知也니 必如何而後에 爲能充無穿窬之心耶아 如爾汝는 人所輕賤之稱이니 人或貪昧隱忍 而甘受之나 然이나 非其實也라 其中心慚愧 而不肯受者는 乃其實也니 人能充此無受爾汝之實하여 以去其所以得之之道면 則凡苟且汚辱之事ㅣ皆其所不由 而光明正大하여 將無往而不爲義矣니라

그러나 남을 해치려고 하지 않는 마음을 확충해나가는 것은 드러나서 알기 쉽고, 담을 뚫고 넘어가서 도둑질하지 않으려는 마음을 확충해나가는 것은 은미하여 알기가 어렵다. 그렇다면 반드시 어떻게 한 이후에 능히 담을 뚫고 넘어가서 도둑질하지 않으려는 마음을 확충해나갈 수 있는가?

예를 들어 '이여爾汝'는 사람들이 경시하고 천대하는 칭호이니, 사람이 혹 탐매貪昧하고 은인隱忍하여 이를 감수할 수도 있다. 그러나 이는 그 실심實心이 아니요, 마음속으로 부끄러워하며 감수하지 않는 것이 바로 그 실심實心이다. 사람이 능히 남에게 경시받지 않으려고 하는 실심實心을 확충해나가서 그 경시를 받게 된 길을 제거할 수 있다면, 무릇 구차하고 욕된 일들이 모두 그 생겨나지 않고 광명정대光明正大해져서 장차 어디를 가도 의義 아님이 없게 될 것이다.

士ㅣ未可以言而言이면 是는 以言餂之也요 可以言而不言이면 是는 以不言餂之也니 是皆穿踰之類也니라

"선비가 말을 하지 말아야 할 때에 말을 하면 이는 말로 이익을 얻으려는 것이요, 말을 해야 할 때에 말을 하지 않으면 이는 침묵으로 이익을 얻으려는 것이다. 이는 모두 담을 뚫고 넘어가서 도둑질하는 것과 같은 부류이다."

餂은 探取之也라 今人이 以舌取物曰餂이라하니 卽此意也라 便佞隱默은 皆有意探取於人이니 是亦穿踰之類라 然이

나 其事隱微하여 人所易忽이라 故로 特擧以見例하여 明必推無穿踰之心하여 以達於此而悉去之 然後에 爲能充其無穿踰之心也니라

'첨餂'은 찾아서 취하는 것이다. 지금 사람들이 '혀로 물건을 취하는 것을 첨餂이라고 한다.'하니 바로 이 뜻이다.

아첨하거나 침묵하는 것은 모두 남에게 물건을 탐취探取하려는 뜻이 있으니, 이는 또한 담을 뚫고 넘어가서 도둑질하는 것과 같은 일이다. 그러나 그 일이 은미하여 남들이 소홀히 하기 쉽다. 그러므로 특별히 예를 들어 보인 것이니, 담을 뚫고 넘어가서 도둑질하지 않으려는 마음을 미루어 여기까지 도달하게 해서 이를 모두 제거한 연후에, 능히 그 담을 뚫고 넘어가서 도둑질하지 않으려는 마음을 확충할 수 있음을 밝힌 것이다.

주해

- 남헌장씨南軒張氏가 말했다. "以言取之者, 其猶以諂爲悅者乎. 以不言取之者, 其猶以默爲容者乎. 以是爲穿踰之類者, 以若有取之之心故耳. 此章始言仁義, 而末獨言義, 何也. 蓋仁義體用相須者也."(大全註疏)
  餂(꾈 첨)
- "士字活看. 未可以言, 是是時未可以言."(四書補註備旨)
- "可以言, 是時可以言."
- 은묵(隱默) : 침묵하며 말하지 않다.
  송宋나라 범중엄范仲淹의 〈주위천호원이구충학관奏爲薦胡瑗李覯充學官〉에 나온다. "臣聞臣之至忠莫先於擧士, 君之盛德莫大於求賢, 泰通之朝, 豈敢隱默." 覯(만날 구)

【備旨】

然이나 所謂充無穿窬之心者는 不特在人之稱謂也니 至我之語黙에도 亦所當嚴焉이라 如士之於人에 當應酬之際하여 時未可以言也 而顧言之는 蓋欲啓其答 以得其情이니 是는 以言餂取人之意也요 時可以言也 而顧不言는 蓋欲待其問 以窺其秘니 是는 以不言餂取人之意也라

夫以語黙으로 探取人之情이면 雖非穿窬其物이나 是亦穿窬之類也니 人必類推至此 而悉去之 然後에 爲能充無穿窬之心이면 而義不可勝用也라 夫充乎義者ㅣ如此하니 而充乎仁者을 不亦可知也哉아

그러나 이른바 담을 뚫고 넘어가서 도둑질하지 않으려는 마음을 확충해나가는 것은 다만 남들의 언설言舌에만 있을 뿐이 아니니, 내가 말하고 침묵하는 데 있어서도 또한 마땅히 엄해야 한다.

예를 들어 선비가 남들에게 응수應酬할 때, 때로 말을 하지 말아야 할 때에 다만 말을 하는 것은 대개 그 대답을 계도啓導하여 그 마음을 얻으려는 것이니, 이는 말로써 남의 마음을 얻으려는 것이다. 때로 말을 해야 할 때에 다만 말을 하지 않는 것은 대개 그 질문을 기다려 그 속마음을 엿보려고 하는 것이니, 이는 말하지 않음으로써 남의 마음을 얻으려는 것이다.

무릇 말과 침묵으로 남의 마음을 탐취探取한다면, 비록 담을 뚫고 넘어가 그 물건을 훔친 것이 아니지만, 이 또한 천유穿窬와 같은 것이다. 그러므로 사람이 반드시 미루어 여기까지 이르러 모두 제거한 연후에 능히 천유穿踰하지 않으려는 마음을 확충해 나간다면 의義를 가히 이겨

쓰지 못할 것이다. 무릇 의義에 확충해나간 것이 이와 같으니, 인仁에 확충해나간 것을 또한 가히 알 수 없겠는가?

주해

- 칭위(稱謂) : '칭호稱號' 또는 '언설言舌'. 여기서는 후자의 뜻으로 쓰였다. 《송서宋書·무제기상武帝紀上》에 나온다. "事遂永代, 功高開闢, 理微稱謂, 義感朕心."
- 窺(엿볼 규)

[14·32]

孟子曰 言近而指遠者는 善言也요 守約而施博者는 善道也니 君子之言也는 不下帶而道存焉이니라

맹자 가라사대 "말은 지근至近하면서도 뜻이 심원深遠한 것이 좋은 말이고, 지킴은 간약簡約하면서도 베풂이 넓은 것이 좋은 道이다. 군자의 말은 허리띠를 내려가지 않아도 그 속에 道가 있다."

古人은 視不下於帶 則帶之上은 乃目前常見至近之處也라 擧目前之近事 而至理存焉하니 所以爲言近而指遠也니라

옛 사람들은 보는 것이 허리띠 아래로 내려가지 않았으니, 바로 눈앞에 항상 볼 수 있는 지극히 가까운 곳이다.

눈앞의 가까운 일을 들어 지극한 이치가 여기에 있으니, 말이 지근至近하면서도 뜻이 심원深遠하게 되는 것이다.

주해

- "言近是淺近之言. 指遠是意旨深遠."(四書補註備旨)
- "善言項言近指遠說."(四書補註備旨)
- 수약(守約) : 간이簡易해서 행할 만하다.
  《맹자孟子·공손추상公孫丑上》에 나온다. "孟施舍似曾子, 北宮黝似子夏. 夫二子之勇, 未知其孰賢. 然而孟施舍, 守約也."
  "守約是執守簡約. 施博是施用廣博."(四書補註備旨)
- "善道項守約施博說."(四書補註備旨)
- "不下帶是形容其至近. 道存是精微之理, 卽寓於中."(四書補註備旨)

【備旨】

孟子ㅣ示人以言道之準曰 人之垂訓立教ㅣ必資於言하여 凡有言必有指하니 使高談濶論 而不切於事理면 未足爲善言也라 惟所言者ㅣ切近 而其指則愈探而愈無窮하니 非善言而何오 經世宰物이 必資於道하여 凡有守必有施하니 使好大喜功 而其中漫無所守면 未足爲善道也라 惟所守者ㅣ簡約而施之 則愈廣而愈不匱하니 非善道而何오 是以로 君子之言也는 平平立論하여 若不下於衣帶之近이나 而天命人心之至理ㅣ未嘗不存乎其中焉하니 指何遠也오 信乎라 君子之言善也여

맹자께서 사람들에게 선언善言과 선도善道의 본보기를 보여 가라사대 "사람이 교훈을 내리고 가르침을 세울 때는 반드시 말에 의지하니, 무릇 말이 있으면 반드시 뜻이 있어야 한다. 가사 고담활론高談闊論을 하면서도 사리에 맞지 않으면 선언善言이 되지 못한다. 오직 말하는 바

가 절근切近하면서도 그 뜻이 탐색할수록 더욱 끝이 없으니 선언善言이 아니고 무엇이겠는가? 세상을 다스리고 만물을 주관할 때는 반드시 道에 의지하니, 무릇 지킴이 있으면 반드시 베풂이 있어야 한다. 가사 호대희공好大喜功을 하면서도 그 속이 넘쳐 지키는 바가 없으면 선도善道가 되지 못한다. 오직 지키는 바가 간약簡約하면서도 베푸는 것이 더욱 넓고 다함이 없으니 선도善道가 아니고 무엇이겠는가?

이 때문에 군자의 말은 입론立論이 가지런하여 의대衣帶 가까운 밑으로 내려가지 않는 듯하지만 천명天命과 인심人心의 지극한 이치가 일찍이 그 가운데에 보존되지 않음이 없으니, 뜻이 얼마나 심원한가? 진실로 군자의 말이 훌륭하도다."

주해

- 고담활론(高談闊論) : 현실과 거리가 먼 공담空談. 뛰어난 언변이 계속 이어지다.
  당唐나라 여암呂岩의 〈휘종재회徽宗齋會〉시에 나온다. "高談闊論若無人, 可惜明君不遇眞."
- 경세재물(經世宰物) : 세상을 다스리고 만물을 주관하다. '재물宰物'은 정사政事로 백성을 다스리고 만물을 관장한다는 뜻이다. 宰(다스릴 재)
  명明나라 고반룡高攀龍의 〈제삼태재전題三太宰傳〉에 나온다. "君子經世宰物, 好惡兩者而已."
- 호대희공(好大喜功) : 큰일을 하여 공업功業을 세우는 것을 좋아하다.
  《신당서新唐書·태종기찬太宗紀贊》에 나온다. "至其牽於多愛, 復立浮圖, 好大喜功, 勤兵於遠, 此中材庸主之所常爲."
- 평평(平平) : 질서 있게 다스리다.
  《서경書經·홍범洪範》에 나온다. "無黨無偏, 王道平平." 이에 대해 공전孔傳에 "言辯治."라고 풀이했다.
  《시경詩經·소아小雅·채숙采菽》에도 나온다. "平平左右, 亦是率從."
- 匱(다할 궤)

君子之守는 修其身而天下平이니라

"군자의 지킴은 그 자신만 닦아도 천하가 태평해진다."

此所謂守約而施博也라

이것은 이른바 지킴이 간약簡約하면서 베풂이 넓은 것이다.

주해

- 남헌장씨南軒張氏가 말했다. "所謂指遠者, 固存乎近. 所謂施博者, 固存乎約也. 不下帶而道存, 言近而指遠也. 蓋其所言, 只其身中事在目前者耳, 而至理初不外是也."(大全註疏)
- 경원보씨慶源輔氏가 말했다. "守約施博, 故推之而無不準. 動之而無不化, 是君子治天下之事."(大全註疏)

【備旨】

> 君子之守也는 反躬勵行하여 惟約而修吾之身耳라 初無責效於人之意하여 而天下均平之治ㅣ由是成焉하니 施何博也오 信乎라 君子之道善也여

군자의 지킴은 몸에 돌이켜 덕행德行에 힘쓰되, 오직 간약簡約하게 나의 몸을 닦을 뿐이다. 애초에 남에게 효험을 구하려는 뜻이 없어 천하를 공평하게 다스리는 것이 이로 말미암아 이루어지니 베푼 것이 얼마나 넓은가? 진실로 군자의 道가 아름답도다.

주해

- 반궁(反躬) : 돌이켜 자신에게 구하다. 스스로 검속檢束하다.
  《예기禮記·악기樂記》에 나온다. "好惡無節於內, 知誘於外, 不能反躬, 天理滅矣."
- 여행(勵行) : 덕행德行에 힘쓰다. '려勵'는 '려礪'와 통한다.
  勵(힘쓸 려) 礪(숫돌에 갈 려)
  《북사北史·순리전循吏傳·양언광梁彦光》에 나온다. "彦光訓喩而遣之, (焦通)後改過勵行, 卒爲善士."
- 책효(責效) : 효험效驗을 구하다. 責(구할 책)
  명明나라 초횡焦竑의 《옥당총어玉堂叢語·정사政事》에 나온다. "寬非縱弛之謂, 乃日刮月劘以要其成, 而不責效於旦夕, 故謂之寬." 劘(깎을 마)
- 균평(均平) : 공평하게 하다. '평형平衡'과 같다.
  《주례周禮·지관地官·가사賈師》에 나온다. "賈師各掌其次之貨賄之治, 辨其物而均平之, 展其成而奠其賈, 然後令市." 賄(뇌물 회)

人病은 舍其田而芸人之田이니 所求於人者ㅣ重이요 而所以自任者ㅣ輕이니라

"사람들의 병통은 자기 밭을 버려두고 남의 밭을 김매는 데에 있으니, 남에게 요구하는 것은 중하고 스스로 책임지는 것은 가볍다."

此는 言不守約而務博施之病이니라

이는 간약簡約을 지키지 않고, 널리 베풀기만 힘쓰는 병통을 말한 것이다.

주해

- "人病如言常人通患. 舍其田, 例不守約. 芸人田, 例徒務博."(四書補註備旨)

● "求人重是欲專治人."(四書補註備旨)

● "自任輕是略於自治."(四書補註備旨)

● 자임(自任) : 자신의 직책을 맡을 만하다. 스스로 감당할 수 있다. 《맹자孟子·만장하萬章下》에 나온다. "其自任以天下之重也." 《신자愼子·민잡民雜》에도 나온다. "是以人君自任而躬事, 則臣不事事, 是君臣易位也."

● 주자朱子가 말했다. "不知道者, 務爲高遠之言, 則固荒唐而無餘味. 然欲其近, 則又鄙淺而無深遠之趣也. 不知約之可守則固泛濫而不切矣. 然欲其約, 則又狹隘而無廣博之功也. 然則所謂善言善道者, 非有道之君子, 其孰能知之乎."(大全註疏)

● 남헌장씨南軒張氏가 말했다. "舍其田而芸人之田者, 不治其身而治人之譬也. 不務在己者而責諸人, 其自任亦輕矣. 蓋不知一身爲天下之本故也."(大全註疏)

【備旨】

夫知守約 而可以施博인댄 則人宜以修身爲重矣니 何今人通病은 在舍自己之田不芸하고 而芸他人之田이니 所求於人者ㅣ甚重이요 馳意治平 而所以自任者ㅣ反輕이니 不知修身이 爲平天下之本也라

不守約 而無施博之病이 如此하니 則不言近 而無指遠者ㅣ其病을 可例見矣니 此善言善道ㅣ所以必歸於君子也니라

무릇 간약簡約을 지킬 줄 알고 널리 베풀 수 있으려면 사람들이 마땅히 수신修身을 중히 여겨야 한다. 그런데 어찌 지금 사람들의 병통이 자신의 밭은 내버려두고 김매지 않으면서 남의 밭만 김매는데 있는가? 이는 남에게 요구하는 바가 심히 중하고, 마음이 치평治平으로 내달려 자임自任하는 바가 도리어 가벼우니, 수신修身이 천하를 다스리는 근본임을 모르는 것이다.

간약簡約을 지키지 않고 널리 베푸는 병통이 없는 것이 이와 같으니, 말이 지근至近하지도 않고 뜻이 심원深遠하지도 않는 자의 그 병통을 예例로 알 수 있다. 이것이 선언善言과 선도善道가 반드시 군자에게 귀착歸着되는 이유이다.

주해

- 치의(馳意) : 마음이 내달리다. '치심馳心'과 같다. 馳(달릴 치)
  위魏나라 조식曹植의 〈상책궁응조시표上責躬應詔詩表〉에 나온다. "至止之日, 馳心輦轂." 輦(손수레 연) 轂(바퀴 곡)

[14·33]

孟子曰 堯舜은 性者也요 湯武는 反之也시니라

맹자 가라사대 "요堯와 순舜은 본성대로 하신 분이고, 탕왕湯王과 무왕武王은 본성을 회복하셨다."

性者는 得全於天하여 無所汙壞하여 不假修爲하니 聖之至也요 反之者는 修爲以復其性하여 而至於聖人也니라
程子曰 性之 反之는 古未有此語러니 蓋自孟子發之하시니라
呂氏曰 無意而安行은 性者也요 有意利行 而至於無意는 復性者也라 堯舜은 不失其性이요 湯武는 善反其性이니 及其成功則一也니라

'성자性者'는 하늘에서 온전함을 얻어 더럽히거나 무너진 바가 없어 닦을 필요가 없으니, 성인의 지극함이다. '반지反之'는 닦아서 그 본성

을 회복하여 성인에 이른 것이다.

정자程子 가로되 "'성지性之'와 '반지反之'는 옛날에 이런 말이 없었으니, 대개 맹자가 발명한 것이다."

여씨呂氏[呂大臨] 가로되 "의식하지 않고 편안히 행하는 것은 본성대로 하는 것이요, 의식적으로 이롭게 행하여 의식이 없는 경지에 이르는 것은 본성을 회복한 것이다. 요堯와 순舜은 그 본성을 잃지 않은 것이요, 탕왕湯王과 무왕武王은 그 본성을 잘 회복한 것이니, 그 공을 이루는데 있어서는 한 가지이다."

주해

- 오괴(汚壞) : 더럽히거나 파괴되다.
  명明나라 방효유方孝孺의 〈여조백흠서與趙伯欽書〉에 나온다. "百餘年間風俗汚壞, 上隳下乖, 至於顚危而不救者豈無自也哉." 隳(무너뜨릴 휴)
- 안행(安行) : 편안하게 행하다.
  《근사록집해近思錄集解·위학爲學》에 나온다. "聖人生知, 學者學而知之, 及其知之則一. 聖人安行, 學者勉而行之, 及其成功則一也."

【備旨】

> 孟子ㅣ欲人盡性以希聖也曰 聖人之德은 要其終인댄 固無優劣之殊로되 而原其始인댄 實有安勉之異라 以堯舜言之컨대 知爲生知하고 行爲安行하여 其初原無虧缺이니 乃所性渾全之聖人也요 以湯武言之컨대 思而後得하고 勉而後中하여 能復還其本體니 乃反身修道之聖人也시니라

맹자께서 사람들이 본성을 다하여 성인聖人을 본받게 하고자 하여 가라사대 "성인聖人의 덕德은 그 마지막을 살피면 본디 우열優劣의 차이

가 없지만, 그 처음을 따지면 실로 안행安行과 면행勉行의 차이가 있다.

요堯와 순舜으로 말하건대, 지知는 생지生知요 행行은 안행安行이시며, 그 처음부터 원래 흠결이 없었으니, 바로 성품이 온전한 성인聖人이시다. 탕왕湯王과 무왕武王으로 말하건대, 생각한 뒤에 얻고 힘쓴 뒤에 적중하여 능히 그 본체本體를 회복하니, 이에 몸에 돌이켜 道를 닦은 성인聖人이시다."

주해

- 희성(希聖) : 성인을 본받다. 성인을 흠모하다.
  송宋나라 범중엄范仲淹의 〈상장우승서上張右丞書〉에 나온다. "希聖者, 亦聖人之徒也. 從容正道, 不能維其末."
  송宋나라 주돈이周敦頤의 《통서通書·지학志學》에도 나온다. "聖希天, 賢希聖, 士希賢."
- 휴결(虧缺) : 결손이 생겨 온전하지 못하다. '흠결欠缺'과 같다.
  한漢나라 사마천司馬遷의 〈보임소경서報任少卿書〉에 나온다. "若仆大質已虧缺矣. 雖材懷隨 和, 行若由夷, 終不可以爲榮, 適足以見笑而自點耳."

動容周旋이 中禮者는 盛德之至也니 哭死而哀가 非爲生者也며 經德不回가 非以干祿也며 言語必信이 非以正行也니라

"행동거지行動擧止와 주선周旋하는 것이 예禮에 절로 맞는 것은 성덕盛德이 지극한 것이다. 죽은 자를 곡哭하고 슬퍼하는 것은 산 자를 위해서가 아니요, 떳떳한 덕을 지키고 간사하지 않는 것은 녹祿을 구하기 위해서가 아니며, 언어를 반드시 미덥게 하는 것은 행실을 바로잡기 위해서가 아니다."

細微曲折이 無不中禮는 乃其盛德之至니 自然而中이요 而非有意於中也라

經은 常也요 回는 曲也라 三者는 亦皆自然而然이니 非有意而爲之也라 皆聖人之事니 性之之德也라

세미細微한 곡절曲折이 예禮에 맞지 않음이 없는 것은 곧 그 성덕盛德의 지극함이니 자연스럽게 맞는 것이요, 의식적으로 맞춘 것이 아니다.

'경經'은 떳떳함이요, '회回'는 굽은 것이다. 세 가지는 또한 모두 자연스럽게 그런 것이니, 의식적으로 그렇게 한 것이 아니니, 모두 성인聖人의 일이요 본성대로 한 덕德이다.

주해

- 동용(動容) : 몸가짐. 행동거지. 곧 얼굴 표정 또는 몸가짐의 자세를 말한다.
  송宋나라 진량陳亮의 《경서발제經書發題·예기禮記》에 나온다. "盡吾之心, 則動容周旋, 無往而不中矣."
- 주선(周旋) : 예禮를 행할 때 진퇴읍양進退揖讓의 동작. 곧 '주周'는 원圓의 법칙에 맞는 행동이고, '선旋'은 방方의 법칙에 맞는 행동을 말한다.
  《예기禮記·악기樂記》에 나온다. "升降上下, 周還裼襲, 禮之文也." 이에 대해 공영달孔穎達의 소疏에 "周謂行禮周曲迴旋也."라고 풀이했다.
- "動容以身之容貌言. 周旋卽動容中之細微曲折."(四書補註備旨)
- "非爲生自是所性之痛悼處."(四書補註備旨)
- "經德如天常人紀一一盡其常."(四書補註備旨)
- 주자朱子가 말했다. "言語在所當信. 若有意以此而正行, 便是有爲而然也."(大全註疏)
- 경원보씨慶源輔氏가 말했다. "昔有意於中, 則必有勉强持守之意. 力懈意弛, 則必有所不中者矣."(大全註疏) 懈(게으를 해) 弛(느슨할 이)

【備旨】

性者之德은 何如오 如一動容之際에 周旋曲折이 無不中禮者는 非有意於中이요 乃盛德之至니 自然與禮合也라 一哭人之死는 則哀痛慘切하여 若不勝情이니 乃哀由衷出이요 非爲盡生者之情也며 經德而不回邪는 自有得祿之理나 然이나 率性而行이요 非以干祿이니 故로 不回也며 言語而必信實은 自爲正行之符나 然이나 根心而言이요 非以正行이니 故로 必信也라 此性之之事也니 堯舜所以爲性之之聖者ㅣ亦不過是而已시니라

성자性者의 덕德은 어떠한가? 예를 들어 한 번의 몸가짐에 주선周旋하는 곡절曲折이 예禮에 맞지 않음이 없는 것은 의식적으로 맞춘 것이 아니라, 바로 성덕盛德이 지극하여 자연스럽게 예禮와 더불어 하나가 된 것이다.

죽은 사람을 위해 한번 곡哭하는 것은 애통하고 처량하여 정을 이기지 못한 듯하니, 바로 슬픔이 충심에서 나온 것이요 산 자의 마음을 다하기 위해서가 아니다.

떳떳한 덕을 지키고 간사하지 않으면 자연스럽게 득록得祿의 이치가 있다. 그러나 본성을 따라 행한 것이요 녹을 구하기 위해 그런 것이 아니므로 간사하지가 않다.

언어가 반드시 신실信實한 것은 저절로 정행正行의 부절符節이 된다. 그러나 마음에 근거하여 말한 것이요, 행실을 바로잡기 위한 것이 아니므로 반드시 미덥게 된다.

이는 본성대로 하는 일이니, 요순堯舜이 본성대로 한 성인聖人이 되신 이유가 또한 이에 지나지 않을 뿐이다.

주해

● 참절(慘切) : 슬프고 처량하다.
한漢나라 유정劉楨의 〈여양산부黎陽山賦〉에 나온다. "延首南望, 顧瞻舊鄕, 桑梓增敬, 慘切懷傷."

● 회사(回邪) : 바르지 않다. 간사하고 편벽되다.
《예기禮記·악기樂記》에 나온다. "倡和有應, 回邪曲直, 各歸其分, 而萬物之理, 各以類相動也." 이에 대해 공영달孔穎達의 소疏에 "回謂乖違, 邪謂邪辟." 이라고 풀이했다.

● 정행(正行) : 정직한 행위.
《안자춘추晏子春秋·문하21問下二一》에 나온다. "苟持民矣, 安有遺道? 苟遺民矣, 安有正行?"

君子는 行法하여 以俟命而已矣니라

"군자는 법도를 행하고 천명天命을 기다릴 뿐이다."

法者는 天理之當然者也라 君子行之而吉凶禍福을 有所不計하니 蓋雖未至於自然이나 而已非有所爲而爲矣니라 此는 反之之事니 董子ㅣ所謂正其義不謀其利하며 明其道不計其功이 正此意也니라

程子曰 動容周旋이 中禮者는 盛德之至요 行法以俟命者는 朝聞道夕死可矣之意也니라

呂氏曰 法由此立하고 命由此出은 聖人也요 行法以俟命은 君子也라 聖人은 性之요 君子는 所以復其性也니라

法이란 것은 天理의 當然한 것이다. 군자 그것을 행함에 吉·凶·禍·福

을 계산하지 아니한 바가 있으니, 대저 비록 자연스러움에 이르지는 못했으나, 이미 위함이 있어서 하는 것은 아니다. 이는 회복함의 일이니 동자의 이른바 그 義를 바르게 하고 그 이로움을 꾀하지 않으며, 그 도를 밝히고 그 공을 꾀하지 않는다는 것이 바로 이 뜻이다.

程子 가로되 容을 움직이며 周旋(주선)함이 禮에 맞는다는 것은 성덕의 지극함이요, 법을 행하여 명을 기다린다는 것은 아침에 도를 들으면 저녁에 죽어도 좋다는 뜻이다.

呂氏 가로되 법이 이로 말미암아 서고, 命이 이로 말미암아 나옴은 성인이요, 법을 행하여 명을 기다림은 군자이다. 聖人은 性대로 한 것이요, 君子는 그 性을 회복한 바이다.

주해

- "行字有勉强工夫而已矣. 字承俟字來是全不計較意."(四書補註備旨) 俟(기다릴 사)
- 신안진씨新安陳氏가 말했다. "惟聞道故生順死安, 雖夕死亦可. 惟行法故禍福能一, 聽天命. 其意相類."(大全註疏)
- 주자朱子가 말했다. "聖人是人與法爲一, 己與天爲一. 學者是人未與法爲一, 己未與天爲一. 故須行法以俟命也."(大全註疏)

【備旨】

反之之事는 何如오 君子는 惟循夫天理當然之法하여 盡其在我하고 至吉凶禍福之數하얀 俟其命之自至而已矣요 初無所趨避於其間也니 此反之之事也라 湯武所以爲反之之聖者ㅣ其亦以是而已니 是則性之者는 出於自然 而非出於有意요 反之者는 出於有意 而非出於有爲니 此其皆同歸於聖也라 欲希聖者ㅣ/는當知所用力矣니라

본성을 회복했다는 일은 어떠한가? 군자는 오직 천리당연天理當然한 법도를 따라 그 나에게 있는 본성을 다하고, 길흉화복吉凶禍福의 운수에 있어서는 그 천명이 저절로 이르기를 기다릴 뿐이다. 애초에 그 사이에서 좇거나 회피하는 일이 없으니, 이것이 본성을 회복했다고 하는 일이다.

탕왕湯王과 무왕武王이 본성을 회복한 성인聖人이 된 이유가 그 또한 이것일 따름이다.

이는 곧 '성지性之'는 자연스러움에서 나온 것이요 의식적인 데서 나온 것이 아니며, '반지反之'는 의식적인 데서 나온 것이요 인위적인 데서 나온 것이 아니다. 이는 그들이 모두 성인聖人으로 돌아간 것이니, 성인聖人이 되고자 하는 자는 마땅히 힘쓸 바를 알아야 한다.

주해

● 추피(趨避) : 이익을 좇고 손해를 피하다. 趨(달릴 추) 避(피할 피) 명明나라 이지李贄의 〈복등정석서復鄧鼎石書〉에 나온다. "又恐利害及身, 百般趨避."

[14·34]

孟子曰 說大人則藐之하여 勿視其巍巍然이니라

맹자 가라사대 "대인大人에게 유세할 때는 그 지위를 가볍게 여기고, 그 부귀와 권세는 무시해야 한다."

趙氏曰 大人은 當時尊貴者也라

藐는 輕之也라 巍巍는 富貴高顯之貌라 藐焉而不畏之하면 則志意舒展하여 言語得盡也라

조씨趙氏[趙岐] 가로되 "'대인大人'은 당시 존귀한 자이다."

'막藐'은 경시하는 것이다. '외외巍巍'는 부귀하고 현달顯達한 모습이다. 경시하여 두려워하지 않으면 뜻을 펴고 할 말을 다할 수 있다.

주해

- 대인(大人) : 여기서는 작록爵祿이 존귀한 자를 말한다.
  "此大人只是爵祿尊貴者."(四書補註備旨)
- 화정윤씨和靖尹氏가 말했다. "藐字, 止是不以其貴勢威嚴爲事而慴, 非謂便視他作無物也."(大全註疏) 藐(경시할 막) 慴(두려워할 습)
- 주자朱子가 말했다. "說大人則藐之, 盖主於說而言. 如曰見大人則藐之, 則失之矣."(大全註疏)
- 경원보씨慶源輔氏가 말했다. "若不藐視之則是爲其巍巍者所動矣. 志氣一有所慴怯, 則必不能展盡底蘊. 剛强者有懷或不敢盡, 柔弱者則必至於變其所欲言而反徇之矣."(大全註疏) 慴(두려워할 섭) 徇(따를 순) 巍(높을 외)

【備旨】

孟子ㅣ爲說大人者示曰 今遊士ㅣ進說大人之前에 往往理爲勢屈 而言不盡意也라 自我言之컨대 大人者는 只當藐視之하여 勿將他巍巍之象을 放在眼裏하면 則志意舒展하여 而言語無不盡矣니라

맹자께서 대인大人에게 유세하는 자를 위해 보여 가라사대 "지금의 유세하는 선비가 대인大人의 면전에 나아가 유세하는데, 왕왕 사리事理가 위세에 굴복당해 언어로 그 뜻을 다 표현하지 못한다.

내가 말하건대, 대인大人이란 자는 다만 마땅히 그 지위를 가볍게 여겨 그의 외외巍巍한 모습을 자신의 안중에 두지 않는다면, 뜻을 펴서 못할 말이 없을 것이다."

주해

● 세굴(勢屈) : 형세가 열세에 처하다. 여기서는 대인大人의 권세에 굴복당한 것을 의미한다. '세勢'는 형세이고, '굴屈'은 굴곡屈曲의 뜻이다.
《사기史記·회음후열전淮陰侯列傳》에 나온다. "今將軍欲擧倦罷之兵, 頓之燕堅城之下, 欲戰恐久, 力不能拔, 情見勢屈, 曠日糧竭, 而弱燕不服, 齊必距境以自强也."

堂高數仞과 榱題數尺을 我ㅣ得志라도 弗爲也며 食前方丈과 侍妾數百人을 我ㅣ得志라도 弗爲也며 般樂飮酒와 驅騁田獵과 後車千乘을 我ㅣ得志라도 弗爲也니 在彼者는 皆我所不爲也요 在我者는 皆古之制也니 吾何畏彼哉리오

당의 높이가 몇 길 되고 서까래 머리가 몇 자 되는 집을 나는 뜻을 얻더라도 짓지 않을 것이며, 밥상에 한 장이나 진열된 음식과 수백 명의 시첩侍妾을 내가 뜻을 얻더라도 하지 않는다. 즐기고 술을 마시며, 말을 달리고 사냥하며, 뒤따르는 수레가 천 대인 것을 나는 뜻을 얻더라도 하지 않을 것이다. 저들에게 있는 것은 모두 내가 하지 않는 바이고, 나에게 있는 것은 모두 옛 제도이니, 내가 어찌 저들을 두려워하겠는가?

榱는 桷也요 題는 頭也라 食前方丈은 饌食列於前者ㅣ方一丈也라 此는 皆其所謂巍巍然者니 我雖得志나 有所不爲요 而所守者는 皆古聖賢之法이니 則彼之巍巍者를 何足道哉리오

楊氏曰 孟子此章은 以己之長으로 方人之短하니 猶有此等氣象이라 在孔子則無此矣니라

'최榱'는 서까래요, '제題'는 머리이다. '식전방장食前方丈'은 앞에 나열된 음식이 일장一丈이라는 뜻이다.

이는 모두 그 이른바 외외巍巍한 것이다. 내가 비록 뜻을 얻더라도 하지 않을 바이며, 지킨 바가 모두 옛 성현聖賢의 법도이니, 저들의 외외巍巍한 것을 어찌 말할 것이 있겠는가?

양씨楊氏 가로되 "《맹자孟子》의 이 장章은 자신의 장점으로 남의 단점을 비유하니, 오히려 이러한 기상이 있는 것이다. 공자孔子의 경우에는 이런 점이 없었다."

주해

- 최제(榱題) : 서까래의 끝. 서까래 끝이 처마에 닿는 곳. '최제榱提'와 같다. 榱(서까래 최) 桷(서까래 각)
  조기趙岐의 註에 "榱題, 屋霤也."라고 했고, 초순焦循의 《맹자정의孟子正義》에 "榱之抵簷處爲榱題. 其下覆以瓦, 雨自此下溜, 故爲霤……自瓦言之爲霤, 自椽言之爲榱題."라고 풀이했다. 霤(처마 류)
- "制是理之當然. 然若有成法, 不可踰越."(四書補註備旨)
- 경원보씨慶源輔氏가 말했다. "孟子有泰山巖巖然之氣象, 便是指此等處言也. 若聖人則大而化之, 泯然不見其大之迹, 故不至如此. 然非聖人, 覺此而不爲也. 德盛仁熟, 大而化之, 則自然不至有此等氣象矣."(大全註疏)
- 반락(般樂) : 유락遊樂하다. 즐기다. 般(즐길 반)
  《맹자孟子·공손추상公孫丑上》에 나온다. "般樂怠敖, 是自求禍也."

【備旨】

所以然者는 謂何오 彼大人者는 堂之高則數仞하고 堂之榱題則數尺이니 是宮室之美ㅣ巍巍然也나 我若得志라도 弗爲此侈靡之事也며 食列前者ㅣ方丈하고 侍妾御者ㅣ數百人이니 是食色之盛ㅣ巍巍然也나 我若得志라도 弗爲此奢縱之事也며 盤盛佚樂以飮酒하고 驅騁車馬以田獵하고 後車隨從以千乘하니 是宴遊之侈ㅣ巍巍然也나 我若得志라도 弗爲此荒亡之事也라

夫在彼者는 皆我所不屑爲요 而在我者는 居廣居立正位行大道이니 皆千古聖賢之法制也라 是我重而彼輕이며 我大而彼小니 而吾何畏彼哉아 此所以說大人에 當藐之也니 然則今之士ㅣ不能藐視大人者하니 誠豈彼巍巍之勢를 可畏哉아 亦在我之所守ㅣ不足耳니라

그렇게 된 이유가 무엇이라 하겠는가? 저 대인大人은 집의 높이가 몇 길이요 집의 서까래 머리가 몇 자나 되니, 이는 궁실宮室의 아름다움이 외외巍巍한 것이다. 그러나 내가 만약 뜻을 얻더라도 이 사치스럽게 장식하는 일은 하지 않을 것이다.

앞에 진열된 음식이 한 장이요 부리는 시첩侍妾이 수백 명이니 이는 식색食色의 성함이 외외巍巍한 것이다. 그러나 내가 만약 뜻을 얻더라도 이 사치스럽고 방종한 일은 하지 않을 것이다.

쟁반의 음식을 즐기고 술을 마시며, 거마車馬를 몰아 사냥하고, 뒤따르는 수레가 천 대이니, 이는 잔치의 사치가 외외巍巍한 것이다. 그러나 내가 만약 뜻을 얻더라도 이 황망荒亡한 일은 하지 않을 것이다.

무릇 저들에게 있는 것은 모두 내가 달갑게 여기지 않는 바요, 나에게 있는 것은 천하의 넓은 집에 거처하고 천하의 바른 자리에 서고 천하의 대도大道를 행하는 것이니 모두 옛 성현의 법도이다. 이는 내가 중히 여기고 저들이 경시하는 것이며, 나에게 있는 것이 크고 저들에게 있는 것이 작은 것이니, 내가 어찌 저들을 두려워하겠는가?

이는 대인大人에게 유세할 때 마땅히 경시해야 할 바이다. 그런데도 지금의 선비들은 능히 대인大人을 경시하지 못하니, 진실로 어찌 저 외외巍巍한 권세를 가히 두려워하겠는가? 또한 나에게 있는 것을 지키는 것이 부족할 뿐이다.

주해

- 반성(盤盛) : 쟁반에 담은 음식.
  당唐나라 한유韓愈의 〈취중장비서醉贈張秘書〉시에 나온다. "長安衆富兒, 盤饌羅羶葷." 羶(누린내 전) 葷(매운 채소 훈)
- 사종(奢縱) : 사치스럽고 방종하다. 奢(사치할 사) 縱(방종할 종)
  《후한서後漢書·장제기章帝紀》에 나온다. "而今貴戚近親, 奢縱無度, 嫁娶送終, 尤爲僭侈."
- 황망(荒亡) : 사냥과 주색酒色의 즐거움에 빠지다.
  《맹자孟子·양혜왕하梁惠王下》에 나온다. "從獸無厭謂之荒, 樂酒無厭謂之亡. 先王無流連之樂, 荒亡之行."
- 광거(廣居) : 광대한 집. 유가儒家에서는 '인仁'을 의미한다.
  《맹자孟子·등문공하滕文公下》에 나온다. "居天下之廣居, 立天下之正位, 行天下之大道."
- 侈(사치할 치) 靡(사치할 미) 佚(편안할 일) 驅(몰 구) 騁(달릴 빙) 獵(사냥 렵)

[14·35]

孟子曰 養心이 莫善於寡欲하니 其爲人也ㅣ 寡欲이면 雖有不存焉者라도 寡矣요 其爲人也多欲이면 雖有存焉者라도 寡矣니라

맹자 가라사대 "마음을 기르는 데 욕심을 적게 갖는 것보다 좋은 것이 없다. 그 사람됨이 욕심이 적으면 본심을 보존하지 못하더라도 잃는 정도가 적을 것이고, 그 사람됨이 욕심이 많으면 본심을 보존하더라도 보존하는 정도가 적을 것이다."

欲은 如口鼻耳目四支之欲이니 雖人之所不能無나 然이나 多而不節이면 未有不失其本心者니 學者所當深戒也니라

程子曰 所欲은 不必沈溺이요 只有所向이면 便是欲이니라

'욕欲'은 이목구비耳目口鼻와 사지四肢의 욕구와 같으니, 비록 사람이 능히 없을 수 없다. 그러나 욕구가 많고 절제하지 않으면 그 본심을 잃지 않는 자가 없으니, 배우는 자가 마땅히 깊이 경계할 바이다.

정자程子 가로되 "소욕所欲은 반드시 빠져드는 것만이 아니라, 다만 지향하는 바가 있어도 바로 이것이 욕구이다."

주해

- "心是義理之心. 欲指聲色臭味之欲. 寡欲非絶去, 只有節意."(四書補註備旨)
- 정자程子가 말했다. "寡欲則心自誠. 荀子言養心莫善於誠. 旣誠矣, 又何養. 此已不識誠, 又不知所以養."(大全註疏)
- 남헌장씨南軒張氏가 말했다. "寡欲爲養心之要. 然人固有天資寡欲者, 有天資多欲者. 其爲人寡欲, 則不存者寡. 多欲則存焉者寡. 以是知養心莫善於寡欲

也."(大全註疏)

- 면재황씨勉齋黃氏가 말했다. "孟子嘗言求放心矣. 又言存其心矣. 操之則存, 舍之則亡. 心之存亡, 決於操舍. 而又曰莫善於寡欲, 何也. 操存固學者之先務. 然人惟一心而攻之者衆, 聲色臭味交乎外, 榮辱利害動乎內, 隨感而應, 無有窮已則淸明純一之體, 又安能保其常存而不放哉. 此孟子發明操存之說, 而又以爲莫善於寡欲也."(大全註疏)
- 운봉호씨雲峯胡氏가 말했다. "孟子一書三養字, 皆切要語. 曰養氣, 曰養性, 曰養心. 合而觀之, 氣生於理, 善養氣者在養性. 理具於心, 善養性者在養心. 心汨於欲, 善養心者在寡欲. 寡之又寡, 以至於無, 則心存而性存, 氣不必言矣."(大全註疏) 汨(빠질 골)

【備旨】

孟子ㅣ示人以養心之要曰 人之一心이 爲此身酬酢萬變之主니 不可不養也라 蓋耳目口鼻四肢之欲은 常足以累心이라 故로 人欲養其心하여 使淸明純一之體로 常存於中인댄 其要ㅣ莫善於寡欲이요 而節之하여 不使流焉이니 何者오

天理人欲이 迭爲消長하니 使其爲人也ㅣ能制乎情 而寡欲이면 則理爲主 而欲不能役하여 此心常虛而定하니 雖有不存焉者라도 寡矣요 使其爲人也ㅣ常逐於物而多欲이면 則欲爲主 而理反爲役하여 此心不勝其擾하니 雖有存焉者라도 寡矣라 是則欲之多寡에 而心之存亡이 係之하니 信乎라 養心이 莫善於寡欲焉이로다

맹자께서 사람들에게 마음을 기르는 요체를 보여 가라사대 "사람의 한 마음은 만 가지 변화를 응대하는 주인이니, 마음을 기르지 않을 수

가 없다.

대개 이목구비耳目口鼻와 사지四肢의 욕구는 항상 마음을 수고롭게 한다. 그러므로 사람이 그 마음을 길러 청명淸明하고 순일純一한 몸으로 하여금 항상 마음에 보존되게 하려면, 그 요체要諦가 과욕寡欲보다 좋은 것이 없다. 그러면 욕구를 절제하여 흐르지 않게 하려면 어떻게 해야 하는가?

천리天理와 인욕人欲은 번갈아 소장消長하니, 가사 그 사람됨이 능히 정情을 제어하여 욕심이 적으면 리理가 주인이 되어 욕심이 능히 부리지 못한다. 이 마음이 항상 비어있고 안정되니, 비록 본심을 보존하지 못한 것이 있더라도 보존되지 못한 것이 적을 것이다.

가사 그 사람됨이 항상 사물을 좇아 욕심이 많으면, 욕심이 주인이 되어 리理가 도리어 부림을 당한다. 이 마음이 그 어지러움을 이기지 못하니, 비록 본심을 보존한 것이 있더라도 보존된 것이 적을 것이다.

이는 곧 욕심의 많고 적음에 따라 마음의 존망存亡이 이에 관계되니, 진실로 마음을 기르는 데 과욕寡欲보다 좋은 것이 없다."

주해

- 수작만변(酬酢萬變) : 만 가지 변화를 응대하다. '수작酬酢'은 '수작酬醋'과 같으며, 응대應對하다는 뜻이다. 酢(잔 돌릴 작) 醋(술 권할 작)
《주역周易·계사상繫辭上》에 나온다. "顯道神德行, 是故可與酬酢, 可與祐神矣." 이에 대해 한강백韓康伯의 註에 "可以應對萬物之求, 助成神化之功也. 酬酢, 猶應對也."라고 풀이했다.
《심경부주心經附註·정심장正心章》에 나온다. "心不可有一物. 外面酬酢萬變, 都只是隨其分限應去, 纔繫於物, 心便爲其所動. 其所以繫於物者有三, 或事未來, 而自家先有期待底心; 或事已應去了, 又却長存在胸中, 不能忘却; 正應事之時, 意有偏重, 這都是爲物所繫縛."
- 누심(累心) : 마음을 수고롭게 하다. '노심勞心'과 같다.
《한비자韓非子·대체大体》에 나온다. "不以智累心, 不以私累己."

[14·36]

曾晳이 嗜羊棗러니 而曾子ㅣ不忍食羊棗하시니라

증석曾晳이 양조羊棗를 좋아하였는데, 증자曾子가 차마 양조羊棗를 먹지 못했다.

羊棗는 實小하고 黑而圓하니 又謂之羊矢棗라
曾子ㅣ以父嗜之하니 父歿之後에 食必思親이라 故로 不忍食也시니라

'양조羊棗'는 열매가 작고 검고 둥그니, 또한 그것을 양시조羊矢棗라고도 한다.

증자曾子는 부친이 양조를 좋아했기 때문에 부친이 돌아가신 뒤에 양조를 먹을 때마다 반드시 부친이 생각났다. 그래서 차마 양조를 먹지 못하였다.

주해

- 양시(羊矢) : 말린 대추. '연조樄棗'와 같다. 열매는 작고 둥글며 검붉은색이다. 《이아익爾雅翼》에 의하면, "늦가을에 열매가 맺는데 붉은색이며, 이를 말리면 검붉은색으로 포도와 같다. 지금은 '정향자丁香柹'라고 하고, '우유자牛乳柹'라고도 부른다."라고 하였다.
  진晉나라 황보밀皇甫謐의 《갑을경甲乙經》 권3에 나온다. "陰廉在羊矢下."
  《소문素問·삼부구후론三部九候論》에도 나온다. "下部天, 足厥陰也"
  謐(고요할 밀)

● "不忍全是觸目傷心光景."(四書補註備旨)
● 晳(밝을 석) 嗜(좋아할 기) 棗(대추나무 조)

【備旨】

昔曾晳之存에 素嗜羊棗러니 而曾子ㅣ於父歿之後에 不忍食羊棗하니 蓋謂今雖有羊棗나 而親不能食矣라 故로 不忍食之也시니라

옛날 증석曾晳의 살아 있을 때 본래 양조羊棗를 좋아하였는데, 증자曾子는 부친이 돌아가신 뒤에 차마 양조羊棗를 먹지 못하였다. 대개 지금 비록 양조羊棗가 있더라도 부친이 드실 수 없기 때문에 차마 먹지 못했다는 말이다.

公孫丑ㅣ問曰 膾炙與羊棗ㅣ孰美니잇고
孟子曰 膾炙哉인저
公孫丑曰 然則曾子는 何爲食膾炙而不食羊棗시니잇고
曰 膾炙는 所同也요 羊棗는 所獨也니 諱名不諱姓하나니 姓은 所同也요 名은 所獨也일새니라

공손추가 물어 가로되 "회와 불고기를 양조羊棗와 비교하면 어느 것이 더 맛있습니까?"

맹자 가라사대 "회와 불고기이다."
공손추 가로되 "그렇다면 증자曾子는 어찌 회와 불고기는 먹고 양조羊棗는 먹지 않았습니까?"
가라사대 "회와 불고기는 누구나 함께 즐기는 것이지만, 양조羊棗는 부친만 유독 즐기신 것이기 때문이다. 비유하면 이름은 휘諱하고 성姓은 휘諱하지 않는데, 성姓은 여러 사람이 함께 쓰고 이름은 혼자 쓰는 것과 같다."

肉을 聶而切之爲膾라 炙은 炙肉也라

고기를 잘게 저민 것을 '회膾'라고 한다. '자炙'는 구운 고기이다.

주해

- "諱是不敢顯言. 名姓皆指親說."(四書補註備旨) 諱(꺼릴 휘)
- 신안진씨新安陳氏가 말했다. "不諱姓喩食膾炙. 諱名不食羊棗."(大全註疏) 膾(저민 고기 회) 炙(고기 구울 자)
- 聶(고기 저밀 섭)

【備旨】

公孫丑ㅣ感於其事 而問曰 膾炙與羊棗ㅣ孰美니잇고
孟子曰 膾炙之味ㅣ其尤美哉인저
公孫丑曰 膾炙旣美於羊棗니 則曾晳이 平日에 宜嗜膾炙요 而不專嗜羊棗也라 曾子ㅣ旣不忍食羊棗면 亦宜不忍食膾炙矣리니 然則何爲食膾炙 而不忍食羊棗哉시니잇고
曰 膾炙는 衆人所同嗜也요 羊棗는 曾晳所獨嗜也라 同

嗜者는 食之 而無所觸이요 獨嗜者는 食之 而自有所傷이니 此所以一食一不食也라 猶之諱親之名 而不諱親之姓하니 非重於名 而輕於姓也라 蓋姓은 是一家所同이요 名은 乃一人所獨이라 故로 名可諱 而姓不可諱也라 知名之諱ㅣ不同於姓이면 則羊棗之思ㅣ豈可並及於膾炙也哉아 若以味之美不美로 爲論이면 豈知仁人孝子之用心者乎아

공손추가 그 일에 감응하여 물어 가로되 "회와 불고기를 양조羊棗와 비교하면 어느 것이 더 맛있습니까?"

맹자 가라사대 "회와 불고기의 맛이 더욱 좋다."

공손추 가로되 "회와 불고기가 이미 양조羊棗보다 맛있으니, 증석曾晳은 평소 마땅히 회와 불고기를 좋아하고, 전적으로 양조羊棗만을 좋아하지는 않았을 것입니다. 증자曾子가 이미 차마 양조羊棗를 먹지 않았다면 또한 마땅히 회와 불고기도 먹지 말았어야 했는데, 그렇다면 어찌 회와 불고기는 먹고 양조羊棗는 차마 먹지 않은 것입니까?"

가라사대 "회와 불고기는 중인衆人들이 함께 좋아한 것이요, 양조羊棗는 증석曾晳이 홀로 좋아한 것이다. 함께 좋아한 것은 그것을 먹어도 저촉抵觸되는 바가 없고, 홀로 좋아한 것은 그것을 먹으면 스스로 상심하는 바가 있으니, 이것이 한 가지는 먹고 한 가지는 먹지 않은 이유이다. 이는 부친의 이름을 피하고 부친의 성姓은 피하지 않는 것과 같으니, 이름을 중하게 여기고 성姓을 가볍게 여긴 것이 아니다. 대개 성姓은 한 집안이 함께 쓰는 것이요, 이름은 한 사람이 홀로 쓰는 것이다. 그러므로 이름은 휘諱를 할 수 있고 성姓은 휘諱를 할 수 없다. 이름을 휘諱하는 것이 성姓과 같지 않음을 안다면 양조羊棗에 대한 생각이 어찌 회와 불고기에까지 미칠 수 있겠는가? 만약 맛의 좋고 나쁨으로

만 논한다면, 어찌 어진 이와 효자孝子의 마음 씀씀이를 알겠는가?"

주해

● 병급(並及) : ~에 미치다.

[14·37]

萬章問曰 孔子在陳하사 曰盍歸乎來리오 吾黨之士ㅣ狂簡하여 進取하되 不忘其初라하시니 孔子在陳하사 何思魯之狂士시니잇고

만장萬章이 물어 가로되 "공자孔子께서 진陳나라에 계실 때 말씀하시기를 '어찌 노魯나라로 돌아가지 않겠는가? 그곳에 있는 내 문하의 선비들이 뜻은 높은데 행하는 것이 서툴러, 진취적이면서도 그 구태舊態를 버리지 못하고 있다.' 라고 하셨습니다. 공자孔子께서 진陳나라에 계시면서 어찌 노魯나라의 광사狂士를 생각하신 것입니까?"

盍은 何不也라 狂簡은 謂志大而略於事라 進取는 謂求望高遠이라 不忘其初는 謂不能改其舊也라 此語는 與論語小異하니라

'합盍'은 '어찌 ~하지 않겠는가?'의 뜻이다. '광간狂簡'은 뜻이 크지만 일처리가 소략疏略한 것을 말한다. '진취進取'는 고원高遠함을 구하는 것을 말한다. '불망기초不忘其初'는 능히 그 구태舊態를 버리지 못한다는 말이다. 이 말은 《논어論語》와 조금 다르다.

주해

● 광간(狂簡) : 뜻은 고원高遠한데 일처리가 소략疏略한 것을 말한다.
《논어論語·공야장公冶長》에 나온다. "吾党之小子狂簡, 斐然成章, 不知所以裁之." 이에 대해 주희朱熹의 《사서집주四書集註》에 "狂簡, 志大而略於事也." 라고 풀이했다.
"狂者必簡, 只重狂字."(四書補註備旨)
● 진취(進取) : 여기서는 뜻이 크다는 뜻이다.
《논어論語·자로子路》 편에 나온다. "狂者進取, 狷者有所不爲也."
狷(성급할 견)
"進取卽是志大, 所謂狂也. 不忘其初, 卽是略於事, 所謂簡也."(四書補註備旨)
● 경원보씨慶源輔氏가 말했다. "志大謂狂, 略於事謂簡."(大全註疏)
● 盍(어찌 아니할 합)

【備旨】

萬章이 問曰 昔에 孔子周流四方할새 在陳國之時 而嘆曰 盍歸乎來리오 吾黨之士ㅣ有狂簡者ㅣ求望高遠하여 知進取矣나 然이나 不能忘其舊習이라 故로 吾欲歸而裁之也라하시니 夫士而曰狂은 非其志矣니 孔子在陳하사 而獨思魯之狂士는 何故乎시니잇고

만장萬章이 물어 가로되 "옛날 공자孔子께서 사방을 주유周流하시다가 진국陳國에 있을 때 탄식하며 말씀하시기를 '어찌 노魯나라로 돌아가지 않겠는가? 그곳에 있는 내 문하의 선비들 가운데 뜻이 높은데 일처리가 거친 자들이 있는데, 진취적이면서도 그 구태舊態를 버리지 못하고 있다. 그래서 내가 돌아가 그들을 절제節制시키려고 한다.'라고 하셨습니다. 무릇 선비를 '광사狂士'라고 하는 것은 선비가 지녀야 할 뜻이 아닙니다. 그런데도 공자孔子께서 진陳나라에 계실 때 유독 노魯나라의

광사狂士를 생각하신 것은 무엇 때문입니까?"

주해

- 재(裁) : 제재制裁하다. 억지抑止하다.

孟子曰 孔子ㅣ不得中道而與之인댄 必也狂獧乎인져 狂者는 進取요 獧者는 有所不爲也라 하시니 孔子ㅣ豈不欲中道哉시리오마는 不可必得이라 故로 思其次也시니라

맹자 가라사대 "공자께서는 '중도中道를 행하는 사람을 찾아 함께 할 수 없다면, 반드시 광자狂者나 견자獧者와 함께 하겠다. 광자狂者는 진취적이고 견자獧者는 불선不善을 행하지 않는 바가 있다.' 고 하셨다. 공자孔子께서 어찌 중도中道를 행하는 사람을 원하지 않았겠는가? 그러나 반드시 얻을 수 있는 것은 아니었기 때문에 그 다음 단계의 사람을 생각하신 것이다."

不得中道로 至有所不爲는 據論語컨대 亦孔子之言이니 然則孔子字下에 當有曰字라

論語에 道作行하고 獧作狷하니라 有所不爲者는 知恥自好하여 不爲不善之人也라 孔子豈不欲中道以下는 孟子言也니라

'부득중도不得中道'부터 '유소불위有所不爲'까지는 《논어論語》에 의거하면, 또한 공자孔子의 말씀이니, 그렇다면 '공자孔子' 아래에 마땅히 '왈曰'자가 있어야 한다.

《논어論語》에는 '도道'를 '행行'이라 하고, '견獧'을 '견狷'이라 하였다. '유소불위有所不爲'는 부끄러운 줄을 알고 자애자중自愛自重하여 불선不善을 행하지 않는 사람이다. '공자기불욕중도孔子豈不欲中道'이하는 맹자의 말씀이다.

주해

- "中道是中行. 與是傳以道."(四書補註備旨)
- "狂獧以人品言."(四書補註備旨)
- "進取是向上意."(四書補註備旨)
- 광견(狂獧) : 지향志向이 고원高遠하면서 엄격히 자수自守하는 사람. '광견狂狷'과 같다. 獧(성급할 견) 狷(성급할 견)
  《논어論語·자로子路》에 나온다. "子曰 '不得中行而與之, 必也狂狷乎! 狂者進取, 狷者有所不爲也.'" 이에 대해 하안何晏의 《논어집해論語集解》에 "中行, 行能得其中者, 言不得中行則欲得狂狷者. 狂者, 進取於善道. 狷者, 守節無爲. 欲得此二人者, 以時多進退, 取其恒一."라고 풀이했다.
- 자호(自好) : 자애自愛하다. 자중自重하다.
  《맹자孟子·만장상萬章上》 편에 나온다. "鄕黨自好者不爲, 而謂賢者爲之乎?" 이에 대해 주희朱熹는 "自好, 自愛其身之人也."라고 풀이했다.

【備旨】

孟子曰 欲知其思狂士之意인댄 盍觀其思狂獧之言이리오 孔子ㅣ嘗曰 不得中道之士 而與之以傳道인댄 必也其狂獧之士乎인져 蓋狂者는 志向高明 而期望甚遠하고 獧者는 持守堅固 而有不爲也라하시니 由此言觀之컨대 孔子之意ㅣ豈不欲得中道之士 而敎之哉시리오마는 但以世無其人하고 不可必得이요 而斯道를 亦不可無傳이라 故로 不得已乃思其次 而及於狂也시니라

맹자 가라사대 "그 광사狂士를 생각하시는 뜻을 알려고 하면, 어찌 그 광견狂狷을 생각하시는 말씀을 살피지 않겠는가? 공자孔子께서 일찍이 말씀하시기를 '중도中道를 행하는 선비를 찾아 함께 하여 道를 전할 수 없다면, 반드시 그 광견狂狷의 선비와 함께 하겠노라. 대개 광자狂者는 지향志向이 고명高明하여 기망期望이 심원甚遠하고, 견자狷者는 지수持守가 견고하여 불선不善을 행하지 않는 바가 있다.'라고 하셨다.

이 말씀으로 살피건대, 공자孔子께서 마음으로 어찌 중도中道를 행하는 선비를 얻어 가르치고자 하지 않았겠는가? 다만 세상에 그런 사람이 없고, 반드시 얻을 수 있는 것도 아니어서 이 道를 또한 전할 수가 없었다. 그러므로 부득이 이에 그 다음 단계의 사람을 생각하여 광자狂者에 미친 것이다."

주해

● 지수(持守) : 조수操守. 수성守成.
송宋나라 동분董弅의 《한연사암閑燕常談》에 나온다. "聖意匪獨俛同韋布之士, 留神經術, 仰見競競圖治, 不安持守之深意, 天下幸甚."
弅(봉긋할 분)

敢問何如라야 斯可謂狂矣니잇고

"감히 여쭙겠습니다. 어떻게 해야 이에 광자狂者라고 할 수 있습니까?"

萬章問이라

만장萬章이 물은 것이다.

【備旨】

萬章曰 敢問 當時魯國之士 必何如人이라야 斯可謂之狂也니잇고

만장萬章이 가로되 "감히 여쭙겠습니다. 당시 노국魯國의 선비 중에 반드시 어떤 사람이라야 이에 광자狂者라고 말할 수 있습니까?"

曰 如琴張曾晳牧皮者ㅣ孔子之所謂狂矣니라

가라사대 "금장琴張과 증석曾晳과 목피牧皮 같은 자가 공자孔子께서 말씀하신 광자狂者이다."

琴張은 名牢요 字子張이라 子桑戶死에 琴張이 臨其喪而歌하니 事見莊子하니 雖未必盡然이나 要必有近似者라
曾晳은 見前篇하니라 季武子死에 曾晳이 倚其門而歌하니 事見檀弓이요 又言志異乎三子者之撰이라하니 事見論語하니라
牧皮는 未詳이라

'금장琴張'은 이름이 뢰牢요 자는 자장子張이다. '자상호子桑戶가 죽자, 금장琴張이 직접 문상을 가서 노래하였다'고 하니, 일이 《장자莊子·대종

사大宗師》에 보인다. 비록 반드시 다 그렇지는 않겠지만, 요컨대 필시 근사近似한 일이 있었을 것이다.

'증석曾晳'은 전편에 보인다. '계무자季武子가 죽자 증석曾晳이 그 집 대문에 기대어 노래하였다'고 하니, 일이 《예기禮記·단궁檀弓》에 보인다. 또한 그 뜻을 말한 것이 '세 사람[자로子路·염유冉有·공서화公西華]이 한 말과 다르다'고 하니, 일이 《논어論語·선진先進》에 보인다.

'목피牧皮'는 상세하지 않다.

주해

- 임상(臨喪) : 친히 문상問喪을 가다.
  《논어論語·팔일八佾》에 나온다. "居上不寬, 爲禮不敬, 臨喪不哀, 吾何以觀之哉?"
- 《논어論語·선진先進》에 나온다. "異乎三子者之撰……莫春者, 春服旣成, 冠者五六人, 童子六七人, 浴乎沂, 風乎舞雩, 詠而歸."
- 《예기禮記·단궁하檀弓下》에 나온다. "季武子寢疾, 及其喪也, 曾晳倚門而歌."

【備旨】

孟子曰 士를 固未可悉數也라 卽如琴張曾晳牧皮之三者ㅣ乃孔子之所謂狂士矣니 在陳之思는 其在斯人乎인저

맹자 가라사대 "선비를 진실로 다 셀 수는 없지만, 곧 금장琴張과 증석曾晳과 목피牧皮같은 세 사람이 바로 공자孔子께서 말씀하신 광사狂士이다. 진陳나라에서 생각했던 광사狂士가 바로 이 사람들일 것이다."

何以謂之狂也니잇고

"어찌 광자狂者라고 하는 것입니까?"

萬章問이라

만장萬章이 물은 것이다.

주해

● "是問狂者爲人之實."(四書補註備旨)

【備旨】

萬章이 曰有狂之名이면 必有狂之實이니 敢問 必何如而後에 可以謂之狂也니잇고

만장萬章이 가로되 "광자狂者라고 불렀다면 반드시 광자狂者의 실상이 있을 것이니, 감히 여쭙겠습니다. 반드시 어떻게 한 후에야 狂者라고 할 수 있습니까?"

曰 其志嘐嘐然曰 古之人 古之人이여하되 夷考其行而不掩焉者也니라

가라사대 "그들은 뜻이 효효嘐嘐하여 걸핏하면 '옛 사람이여, 옛 사람이여' 라고 말하지만, 평소 그들의 행실을 살펴보면 실천이 말을 가리지 못하는 자들이다."

嘐嘐는 志大言大也라 重言古之人은 見其動輒稱之요 不一稱而已也라 夷는 平也라 掩은 覆也라 言平考其行이면 則不能覆其言也라
程子曰 曾皙言志而夫子與之하시니 蓋與聖人之志同하니 便是堯舜氣象也라 特行有不掩焉耳니 此所謂狂也니라

'효효嘐嘐'는 뜻이 높고 말이 큰 것이다. '고지인古之人'을 거듭 말한 것은 걸핏하면 말하고, 한번에만 그치지 않은 것을 알 수 있다. '이夷'는 평소이다. '엄掩'은 덮는다는 뜻이다. 평소 그 행실을 살펴보면 능히 그 말을 덮지 못했다는 말이다.

정자程子 가로되 "증석曾皙이 뜻을 말하자 부자夫子께서 허여許與하셨다. 대개 성인聖人의 뜻과 같으니, 바로 요순堯舜의 기상氣象이다. 다만 행실이 말을 가리지 못했을 뿐이니 이것이 이른바 광자狂者이다."

주해

- 동첩(動輒) : 걸핏하면. 항상. 動(자칫하면 동) 輒(문득 첩)
  《후한서後漢書·남흉노전南匈奴傳》에 나온다. "臣等生長漢地, 開口仰食, 歲時賞賜, 動輒億萬."
- 신안진씨新安陳氏가 말했다. "志大言大, 動欲慕古, 狂故也. 平考其行, 行不掩言, 簡故也."(大全註疏)
- 嘐(큰소리 효) 掩(가릴 엄)

【備旨】

孟子曰 欲知狂之所以爲狂인댄 惟於其志願에 觀之則可見矣라 狂者之人은 其志大라 故로 其言大하여 嘐嘐然曰 古聖賢之人이여 古聖賢之人이여하니 蓋不屑以今

人自居하여 而欲以古人自期也라
然이나 特其言已耳요 因其言 而夷考其素行이면 則志如是하되 行未必如是 而行不能掩其言者也라 此正所謂進取하되 不忘其初者니 其狂之謂與인저 孔子之所欲歸而裁之者는 正以其有此志耳시니라

맹자 가라사대 "광자狂者가 광자狂者가 된 이유를 알려고 하면 오직 그의 지원志願을 살피면 알 수 있다. 광자狂者는 그 뜻이 높기 때문에 그 말이 커서 효효嘐嘐히 말하기를 '옛 성현이여, 옛 성현이여.'라고 하니, 대개 금인今人으로 자처하기를 달갑게 여기지 않고, 고인古人으로 자허自許하고자 한 것이다.

그러나 다만 그 말에 그칠 뿐이요, 그 말로 인하여 평소 그 소행素行을 살핀다면, 뜻은 이와 같지만 행실은 반드시 이와 같지만은 않아서, 행실이 그 말을 덮지 못하는 자이다. 이는 바로 이른바 진취적이면서도 그 구태舊態를 잊지 못하는 자이니, 그를 광자狂者라고 한다. 공자孔子께서 노魯나라에 돌아가 그들을 절제節制시키고자 한 것은 바로 공자孔子에게 이런 뜻이 있으셨기 때문이다."

수해

- 지원(志願) : 지향志向과 원망願望.
  위魏나라 혜강嵇康의 〈여산거원절교서與山巨源絶交書〉에 나온다. "今但願守陋巷, 教養子孫, 時與親舊敘闊, 陳說平生, 濁酒一盃, 彈琴一曲, 志願畢矣."
- 자거(自居) : 자처自處하다. 자임自任하다.
- 자기(自期) : 자허自許하다. 스스로 바라다.
  당唐나라 한유韓愈의 〈남산유고수행증이종민南山有高樹行贈李宗閔〉에 나온다. "上承鳳皇恩, 自期永不衰."

狂者를 又不可得이어든 欲得不屑不潔之士而與之하시니 是獧也니 是又其次也니라

"광자狂者를 또 얻지 못한다면, 더러운 것을 싫어하는 선비를 찾아 함께 하고자 하셨으니, 이것이 바로 견자獧者이다. 이는 또 그 다음 단계의 사람이다."

此는 因上文所引하여 遂解所以思得獧者之意라 狂은 有志者也요 獧은 有守者也니 有志者는 能進於道하고 有守者는 不失其身이라 屑은 潔也라

이는 상문의 인용한 바를 인하여 마침내 獧(견)자를 얻기를 생각하는 바의 뜻을 풀이한 것이다. 狂은 뜻이 있는 자요, 獧(견)은 지킴이 있는 자 이니, 뜻이 있는 자는 능히 道에 나아갈 수 있고, 지킴이 있는 자는 그 몸을 잃지 않는다. 屑(설)은 깨끗이 여김이다.

주해

- "其字亦對中道說."(四書補註備旨)
- 주자朱子가 말했다. "狂者知之過, 獧者行之過."(大全註疏)
- 남헌장씨南軒張氏가 말했다. "中庸云智者過之, 其狂者歟. 賢者過之, 其獧者歟. 鄕原卽所謂小人之中庸."(大全註疏)
- 신안진씨新安陳氏가 말했다. "以不善爲不潔而不屑爲之."(大全註疏)
  屑(달갑게 여길 설)

【備旨】

夫中行을 不可得 而思及於狂이니 旣非聖人之得已矣요 至狂者를 又不可得인댄 其何以爲情哉리오 於是에 欲得不屑爲不潔之士 而與之하시니 是則獧也요 正所謂有所不爲者也라 此其志不足 而守有餘하여 猶可引之進於中者니 是又其中行之次 而孔子思及之者也라 夫其思狂也는 非與其終於狂이니 是卽思中行之心也요 其思獧也는 非與其終於獧이니 是卽思狂之心也라 聖人之爲道計者ㅣ其心이 固若是切也하시니 在陳之嘆이 豈徒然哉시리오

무릇 중도中道를 행하는 선비를 얻을 수 없어 생각이 광자狂者에게 미치니, 이미 성인聖人이 본래 원하던 것이 아니요, 광자狂者를 또 얻을 수 없다면 그 무엇으로 마음을 삼겠는가? 이에 더러운 것을 싫어하는 선비를 찾아 함께 하고자 하시니, 이는 곧 견자獧者요, 정히 이른바 불선不善을 행하지 않는 자이다.

이는 그 뜻이 부족하나 지수持守는 남음이 있어 오히려 이끌어 중도中道에 나아갈 수 있는 자이다. 이는 또한 그 중행지사中行之士 다음 단계의 사람이며, 공자孔子께서 생각하신 자이다.

무릇 그 광자狂者를 생각하신 것은 그가 광자狂者에서 마치도록 허여한 것이 아니니, 이는 바로 중행지사中行之士를 생각하는 마음이다. 그 견자獧者를 생각하신 것은 그가 견자獧者에서 마치도록 허여한 것이 아니니, 이는 곧 광자狂者를 생각하는 마음이다.

성인聖人께서 道를 행하시는 방도로서의 그 마음이 진실로 이와 같이 간절하시니, 진陳나라에서의 탄식이 어찌 우연히 그런 것이겠는가?

주해

- 득이(得已) : 자신이 원하는데서 나오다.
  송宋나라 증공曾鞏의 〈상구양사인서上歐陽舍人書〉에 나온다. "今者欲奉親數千里而歸先生, 會須就州學, 欲入太學, 則日已迫, 遂棄而不顧, 則望以充父母養者, 無所勉從, 此豈得已哉?"
- 도연(徒然) : 우연히. 헛되이.
  《사기史記·춘신군열전春申君列傳》에 나온다. "今君相楚二十餘年, 而王無子, 卽百歲後將更立兄弟……君又安得長有寵乎? 非徒然也, 君貴用事久, 多失禮於王兄弟, 兄弟誠立, 禍且及身, 何以保相印江東之封乎?"

孔子曰 過我門而不入我室이라도 我不憾焉者는 其惟鄕原乎인저 鄕原은 德之賊也라하시니 曰 何如면 斯可謂之鄕原矣니잇고

(만장萬章이 가로되) "공자孔子께서 말씀하시기를 '내 문 앞을 지나면서 내 집에 들어오지 않더라도, 내가 서운하게 생각하지 않을 자는 오직 그 향원鄕原이다. 향원鄕原은 덕德을 해치는 자이다.' 라고 하셨는데, 어떻게 하는 사람을 향원鄕原이라 할 수 있습니까?"

鄕原은 非有識者라 原은 與愿同이라 荀子에 原愨字를 皆讀作愿하니 謂謹愿之人也라 故로 鄕里所謂愿人을 謂之鄕原이라
孔子ㅣ以其似德而非德이라 故로 以爲德之賊이라하시니라 過門不入而不恨之는 以其不見親就로 爲幸이니 深惡而痛絶之也라

萬章이 又引孔子之言而問也라

'향원鄕愿'은 유식한 자가 아니다. '원原'은 '원愿'과 같다. 《순자荀子》에 '원각原愨'을 모두 '원愿'으로 읽었으니, 삼가고 성실한 사람을 말한다. 그러므로 향리에서 말하는 '원인愿人'을 '향원鄕原'이라고 한다.

공자孔子께서 그가 덕德이 있는 것 같지만 덕德이 있는 자가 아니므로 '덕德을 해치는 자'라고 말씀하신 것이다.

'문 앞을 지나면서 집에 들어오지 않아도 서운하게 생각하지 않는다.'는 것은 그 향원鄕原을 친근하게 만나지 않은 것을 다행으로 여겼다는 것이니, 향원鄕原을 깊이 미워하고 통렬하게 끊으신 것이다.

만장萬章이 다시 공자孔子의 말씀을 인용하여 물은 것이다.

주해

- 향원(鄕原) : 마을에서 위선僞善을 저지르며 세상을 속이는 사람을 말한다. '향원鄕愿'과 같다.
  《논어論語·양화陽貨》에 나온다. "鄕原, 德之賊也."
- 근원(謹愿) : 근신勤愼하다. 성실하다.
  《송사宋史·잠거윤전昝居潤傳》에 나온다. "後唐長興中, 隸樞密院爲小吏, 以謹愿稱." 昝(성 잠)
- 친취(親就) : 친근하다. 친근하게 지내다.
  《한서漢書·장우전張禹傳》에 나온다. "後曲陽侯根及諸王子弟聞知禹言, 皆喜說, 遂親就禹."
- 憾(한할 감) 愨(성실할 각)

【備旨】

萬章이 復問曰 孔子ㅣ又嘗曰 人情이 不見親近 則憾易生하니 若過我門 而不入我室이라도 我全不憾焉者는

其惟鄕原之人乎인저 鄕原은 蓋德之賊也니 豈以親就로 爲幸哉아하시니 夫孔子於狂獧之士에 旣欲歸而裁之나 而於鄕原之人에 又如此痛絶之하시니 不知所以謂之鄕原者는 其實何如라야 而孔子ㅣ惡之若此也시니잇고

만장萬章이 다시 물어 가로되 "공자孔子께서 또 일찍이 말씀하시기를 '사람 마음이 친근하게 만나지 않으면 서운함이 생겨나기 쉽지만, 만약 내 집 앞을 지나면서 내 집에 들어오지 않더라도 내가 전혀 서운해 하지 않을 자는 그는 오직 향원鄕原일 것이다. 향원鄕原은 대개 덕德을 해치는 자이니 어찌 가까이 지내는 것을 다행으로 삼겠는가?'라고 하셨습니다. 무릇 공자孔子께서 광사狂士와 견사獧士에 대해서는 이미 돌아가 그들을 절제시키겠다고 하셨는데, 향원鄕原에 대해서는 또 이와 같이 통렬하게 끊으시니, 알지 못하겠습니다. 이른바 '향원鄕原'이라는 자는 그 실상이 어떤 사람이건대 공자孔子께서 이렇게 미워하시는 것입니까?"

曰 何以是嘐嘐也하여 言不顧行하며 行不顧言 則曰古之人古之人이여하며 行何爲踽踽涼涼이리오 生斯世也라 爲斯世也하여 善斯可矣라하여 閹然媚於世也者ㅣ是鄕原也니라

가라사대 "'광자狂者들은 어찌 저렇게 효효연嘐嘐然하여 말은 행실을 살피지 못하고 행실은 말을 따라가지 못하는가. 그러면서도 입만 열

면 「옛사람이여, 옛사람이여.」 라고 한다. 견자獧者들은 어찌 행실이 우우양양踽踽涼涼하는가? 이 세상에 태어났으면 이 세상에 맞춰 살면서 좋은 사람이라는 말이나 들으면 되지.' 라고 하면서 덮어놓고 세상에 아첨하는 자가 바로 향원鄕原이다."

踽踽는 獨行不進之貌라 涼涼은 薄也니 不見親厚於人也라 鄕原이 譏狂者曰 何用如此嘐嘐然하여 行不掩其言하고 而徒每事에 必稱古人邪아하며 又譏獧者曰 何必如此踽踽涼涼하여 無所親厚哉아 人旣生於此世면 則但當爲此世之人하여 使當世之人으로 皆以爲善則可矣라하니 此鄕原之志也라 閹은 如奄人之奄이니 閉藏之意也라 媚는 求悅於人也라 孟子言此深自閉藏하여 以求親媚於世하니 是鄕原之行也라하시니라

'우우踽踽'는 홀로 나아가지 못하는 모양이다. '양양涼涼'은 각박함이니, 남에게 친후親厚함을 보이지 않는 것이다.

향원鄕原이 광자狂者를 비난하여 말하기를 "어찌 이와 같이 효효연嘐嘐然히어 행실이 그 말을 따라가지 못하고, 공연히 매사에 반드시 '옛사람이여'를 말하는가?"라고 하며, 또 견자獧者를 비난하여 말하기를 "어찌 반드시 이처럼 우우량량踽踽涼涼하여 친후親厚하는 바가 없는가? 사람이 이미 이 세상에 태어났으면 다만 마땅히 이 세상 사람이 되어 당세의 사람들이 모두 선한 사람이라고 여기게 만들면 되지."라고 하니, 이것이 향원鄕原의 뜻이다.

'엄閹'은 '엄인奄人'의 엄奄과 같으니, 감춘다는 뜻이다. '미媚'는 남에게 기쁨을 구하는 것이다.

맹자께서 "이처럼 깊이 자신을 감추고 세상의 환심을 구하니, 이것이 향원鄕原의 행실이다."라고 말씀하셨다.

주해

- 우우량량(踽踽涼涼) : 홀로 가는 모습. '우우량량踽踽凉凉'과 같다. 踽(홀로 갈 우) 涼(서늘할 량)
  "踽踽是立己嚴峻. 凉凉是待人疏薄."(四書補註備旨)
  《시경詩經·당풍唐風·체두杕杜》에 나온다. "獨行踽踽." 이에 대해《모전毛傳》에 "踽踽, 無所親也."라고 풀이했다. 杕(홀로 서있을 체)
- 엄연(閹然) : 남에게 아첨하고 영합하는 모양. 閹(아첨할 엄)
- 경원보씨慶源輔氏가 말했다. "閹然, 媚於世. 此是鄕原之隱情匿志. 孟子說破其情狀."(大全註疏)

【備旨】

孟子曰 欲知鄕原之爲人인댄 盍自其志行觀之乎아 鄕原이 譏狂者曰 何用如此嘐嘐然하여 言不顧行하고 行不顧言하여 而徒每事에 必稱曰 古之人古之人耶아하며 又譏獧者曰 何必如此踽踽然而獨하고 涼涼然而薄하여 擧斯世之人이 一無所親厚哉리오 人旣生於斯世也면 則但當爲斯世之人也하여 使人皆稱爲善人이면 斯可矣라하니
觀其言 則志可知也라 故로 言必徇時하고 行必從俗하여 閹然深自癈藏하여 以求媚悅於世也者ㅣ是鄕原之行也라 鄕原之與狂獧이 往往相反如此하니 寧不爲夫子所惡乎아

맹자 가라사대 "향원鄕原의 사람됨을 알려고 하는데, 어찌 그 지행志行을 살펴보지 않겠는가? 향원鄕原은 광자狂者를 비난하며 '어찌 이와 같이 효효연嘐嘐然하여 말은 행실을 살피지 못하고 행실은 말을 따라가지 못하며, 공연히 매사에 반드시 「옛 사람이여, 옛 사람이여」라고 말하는가?'라고 말한다.

또 견자狷者를 비난하며 '어찌 반드시 이처럼 우우연踽踽然히 홀로 가고, 양양연涼涼然히 각박하며, 이 세상 모든 사람들에게 하나도 친후親厚하게 대하지 못하는가? 사람이 기왕에 이 세상에 태어났으면 다만 마땅히 이 세상 사람이 되어, 사람들에게 선인善人이라는 말만 들으면 되지.'라고 말한다.

그 말을 살피면 그 뜻을 알 수 있다. 그러므로 말은 반드시 시대를 좇고, 행실은 반드시 세속에 부합하며, 엄연閹然히 깊이 자신을 감추고 세상의 환심을 구하니, 이것이 바로 향원鄕原의 행실이다. 향원鄕原은 광자狂者나 견자獧者와 왕왕 이와 같이 상반되니, 어찌 부자夫子께서 싫어하지 않겠는가?"

萬章曰 一鄕이 皆稱原人焉이면 無所往而不爲原人이어늘 孔子ㅣ以爲德之賊은 何哉잇고

만장萬章이 가로되 "한 고을 사람들이 모두 원인原人이라 말하면, 가는 곳마다 원인原人이 되지 않을 리가 없거늘, 공자孔子께서 그런 사람을 '덕德을 해치는 자'라고 하신 것은 무엇 때문입니까?"

原은 亦謹厚之稱이어늘 而孔子ㅣ以爲德之賊이라 故로 萬章疑之하니라

'원原'은 또한 근후謹厚하다는 말이다. 그런데 공자孔子께서 '덕德을 해치는 자'라고 했기 때문에 만장萬章이 의아하게 여긴 것이다.

주해

- "賊是害德之義, 與原字正相反."(四書補註備旨)
- 근후(謹厚) : 근신독후謹慎篤厚.
  《묵자墨子·절용중節用中》에 나온다. "彼其愛民謹忠, 利民謹厚, 忠信相連, 又示之以利, 是以終身不饜, 歿世而不卷." 饜(물릴 염)

【備旨】

萬章이 又問曰 一鄕之人은 公論所出이라 今一鄕이 皆稱之爲原人焉이면 必其立身行己ㅣ無所往而不爲原人矣니 夫謹厚似亦無害於德也어늘 孔子ㅣ乃以爲德之賊은 何哉잇고

만장萬章이 또 물어 가로되 "한 고을 사람들은 공론公論이 나오는 곳입니다. 한 고을 사람들이 모두 '원인原人'이라고 칭한다면, 반드시 그의 입신행기立身行己가 어디를 가도 원인原人이 되지 않을 리가 없으니, 근후謹厚하여 또한 덕德에 해로움이 없을 것 같습니다. 그런데도 공자孔子께서 이에 '덕德을 해치는 자'라고 하신 것은 무엇 때문입니까?"

주해

- 입신행기(立身行己) : 몸을 보존하여 자립하고, 법도에 맞게 행동하다.
  《삼국지三國志·위지魏志·왕창전王昶傳》에 나온다. "欲使汝曹立身行己, 遵儒者之教, 履道家之言, 故以玄默沖虛爲名, 欲使汝曹顧名思義, 不敢違越也."

曰 非之無擧也요 刺之無刺也하여 同乎流俗하며 合乎汙世하여 居之似忠信하며 行之似廉潔하여 衆皆悅之어든 自以爲是 而不可與入堯舜之道니 故로 曰德之賊也라하시니라

가라사대 "그를 비난하려 해도 거론할 것이 없고, 지적하려 해도 지적할 것이 없으며, 세속의 흐름에 동화되고 더러운 세상에 영합하여, 그의 거심居心은 마치 충신忠信이 있는 듯하고 그의 덕행은 청렴결백한 듯하다. 그리하여 모든 사람들이 그를 좋아하면 스스로 옳다고 생각한다. 그러나 이런 자는 함께 요순堯舜의 道에 들어갈 수 없기 때문에 '덕德을 해치는 자'라고 하신 것이다."

呂侍講曰 言此等之人은 欲非之則無可擧요 欲刺之則無可刺也라하니라
流俗者는 風俗頹靡ㅣ如水之下流하여 衆莫不然也라 汙는 濁也라 非忠信而似忠信하고 非廉潔而似廉潔이라

여시강呂侍講[呂希哲]이 가로되 "이런 사람은 비난하려고 하면 거론할 것이 없고, 지적하려고 하면 지적할 것이 없다고 말한 것이다."

'유속流俗'은 풍속이 무너지는 것이 물이 아래로 흐르는 듯해서 그렇지 않은 사람이 없는 것이다. '오汚'는 혼탁함이다. 충신忠信을 하지 않으면서 충신忠信을 하는 척하고, 염결廉潔하지 않으면서 염결廉潔하는 척하는 것이다.

주해

- 거(居) : 거심居心. 존심存心. 곧 마음속에 품은 생각을 말한다.
  "居是存心."(四書補註備旨)
  《맹자孟子·이루하離婁下》에 나온다. "君子所以異於人者, 以其存心也." 이에 대해 조기趙岐의 註에 "存, 在也. 君子之在心者, 仁與禮也."라고 풀이했다.
- 행(行) : 제행制行. 곧 덕행을 말한다.
  "行是制行."(四書補註備旨)
  《예기禮記·표기表記》에 나온다. "聖人之制行也, 不制以己." 이에 대해 공영달孔穎達의 소疏에 "聖人之制法立行不造制以己之所能, 謂不將己之所能以爲法, 恐凡人不能行也."
- 경원보씨慶源輔氏가 말했다. "鄕原旣欲人以爲謹愿, 故同乎流俗而不敢自異. 合乎汚世而不能自拔, 故衆皆悅之. 自以爲是則又迷而不知反, 故不可與入堯舜大中至正眞實之道也."(大全註疏)
- 頹(무너질 퇴) 靡(쓰러질 미)

【備旨】

孟子曰 鄕原은 本當非也어늘 今欲正言以非之면 則廢藏之周 而無可擧也요 鄕原은 本當刺也어늘 今欲婉言以刺之면 則掩覆之密 而無可刺也라 惟其同乎下流之俗하여 不能以自拔하고 合乎汙濁之世하여 不能以自振하여

居之於心者ㅣ非忠信이나 而飾之有似乎忠信하며 行之於身者ㅣ非廉潔이나 而矯之有似乎廉潔하여 衆皆爲其所惑而悅之하여 稱之原人이어든 彼亦自以爲是 而終其身 不可與入堯舜中正之道니 是其似德而非德이라 不但自害요 且以害人 故로 曰德之賊也라하시니라

맹자께서 가라사대 "향원鄕原은 본디 마땅히 비난을 받아야 하거늘, 이제 바른 말로 그를 비난하려고 하면 주밀하게 감춰서 거론할 것이 없다. 향원鄕原은 본디 마땅히 지적을 해야 하거늘, 이제 완곡한 말로 지적하려고 하면 치밀하게 은폐해서 지적할 것이 없다.

오직 그 무너진 풍속에 동화되어 능히 스스로 벗어나지 못하고, 혼탁한 세상에 영합하여 능히 스스로 일어서지 못한다. 마음에 품은 생각이 충신忠信이 아닌데도 꾸며서 충신忠信인 척하며, 몸에 간직한 덕행이 청렴결백하지 않는데도 속여서 청렴결백한 척한다. 모든 사람들이 그에게 현혹되어 기뻐하며 '원인原人'이라 부르면, 본인도 또한 스스로 옳다고 여긴다.

그러나 이런 사람은 죽을 때까지 함께 요순堯舜의 중정中正의 道에 들어갈 수 없다. 이는 그 덕德이 있는 것 같지만 덕德이 있는 것이 아니어서, 다만 스스로를 해칠 뿐만 아니라 또한 남을 해치게 된다. 그러므로 공자孔子께서 '덕德을 해치는 자'라고 말씀하신 것이다."

주해

- 엄부(掩覆) : 뒤덮다. 은폐하다. 掩(가릴 엄) 覆(덮을 부) '엄개掩蓋' '엄식掩飾'과 같다.
  《삼국지三國志·위지魏志·조곤전曹袞傳》에 나온다. "其微過細故, 當掩覆之."
- 자발(自拔) : 스스로 고통이나 죄악에서 벗어나다.
  《송서宋書·노상전魯爽傳》에 나온다. "世祖鎭襄陽, 軌遣親人程整奉書, 規欲歸順, 自拔致誠."
- 자진(自振) : 스스로 진작振作해서 일어나다.
  당唐나라 사공도司空圖의 〈송초서승귀월送草書僧歸越〉에 나온다. "洎天下將亂, 則雖吾里, 其風亦變, 果偿荒之流民亦多矣. 儻或未化, 亦其益孤, 不能自振." 洎(미칠 계)

孔子曰 惡似而非者하노니 惡莠는 恐其亂苗也요 惡佞은 恐其亂義也요 惡利口는 恐其亂信也요 惡鄭聲은 恐其亂樂也요 惡紫는 恐其亂朱也요 惡鄕原은 恐其亂德也라하시니라

"공자孔子께서 말씀하시기를 '나는 사이비似而非를 미워하는데, 가라지를 싫어하는 것은 벼 싹을 어지럽힐까 두려워서요, 아첨하는 자를 싫어하는 것은 의義를 어지럽힐까 두려워서요, 말 잘하는 자를 싫어하는 것은 신信을 어지럽힐까 두려워서요, 정鄭나라 음악을 싫어하는 것은 정악正樂을 어지럽힐까 두려워서요, 자주색[間色]을 싫어하는 것은 붉은 색[正色]을 어지럽힐까 두려워서요, 향원鄕原을 미워하는 것은 덕德을 어지럽힐까 두려워서이다.' 라고 하셨다."

孟子ㅣ又引孔子之言以明之하시니라

莠는 似苗之草也라 佞은 才智之稱이니 其言이 似義而非義也라 利口는 多言而不實者也라 鄭聲은 淫樂也요 樂은 正樂也라 紫는 間色이요 朱는 正色也라

鄕原은 不狂不獧하여 人皆以爲善하니 有似乎中道而實非也라 故로 恐其亂德이라

맹자께서 다시 공자孔子의 말을 인용하여 밝히셨다.

'유莠'는 곡식의 싹과 같은 풀이다. '영佞'은 재주와 지혜의 칭호이니, 그 말이 의義로운 것 같으나 의義가 아니다. '이구利口'는 말이 많으나 실상이 없는 것이다. '정성鄭聲'은 음탕한 음악이요, '악樂'은 정악正樂이다. '자紫'는 중간색이요, '주朱'는 정색正色이다.

향원鄕原은 광자狂者도 아니고 견자獧者도 아니어서 사람들이 모두 선인善人이라고 여긴다. 중도지사中道之士인 것 같으나 실은 중도지사中道之士가 아니기 때문에 그 덕德을 어지럽힐까 두려워하신 것이다.

주해

- "似以迹言. 非以心言."(四書補註備旨)
- 경원보씨慶源輔氏가 말했다. "佞者有口才能辯說, 故以爲才智之稱. 惟其能言, 則其說多似美而實不然, 故以爲害義. 巧言之人徒尙口而初無誠實, 故以爲害信. 鄕原旣譏狂者, 故不狂. 又譏獧者, 故不獧. 衆皆悅之, 故人皆以爲善. 而不可與入堯舜之道, 故有似乎中道而實非. 此聖人所以恐其亂德而深惡之. 據論語所載, 亦與此不同. 雖有詳略, 然其惡似而非之意則一也."(大全註疏)
- 음악(淫樂) : 퇴폐적頹廢的이고 유약柔弱한 악곡. 곧 '미미지악靡靡之樂'을 말한다. 정통 아악雅樂과 다른 속악俗樂.
  《예기禮記·악기樂記》에 나온다. "凡奸聲感人, 而逆氣應之. 逆氣成象, 而淫樂興焉."
  《한비자韓非子·십과十過》에 나온다. "此師延之所作, 與紂爲靡靡之樂也."
- 정악(正樂) : 아정雅正한 음악.
  당唐나라 최일용崔日用의 〈봉화구월구일등자은사부도응제奉和九月九日登慈恩寺浮圖應制〉에 나온다. "咸英調正樂, 香梵徧秋空."
- 莠(가라지 유) 佞(아첨할 녕)

【備旨】

孔子ㅣ嘗言之矣曰 天下有眞是者하니 固爲盡善이요 有眞非者로되 亦不足惑人이라 惟似是而非者ㅣ最爲可惡하나니 惡其能亂眞耳라 卽如莠는 似苗而非苗니 惡莠는 恐其亂天下之眞苗也요 佞은 似義而非義니 惡佞은 恐其亂天下之眞義也요 利口는 似信而非信이니 惡

利口는 恐其亂天下之眞信也요 鄭聲은 似樂而非樂이니 惡鄭聲은 恐其亂天下之眞樂也요 紫는 似朱而非朱니 惡紫은 恐其亂天下之眞朱也요 至於鄕原이 不狂不獧하여는 似中道而實非中道니 惡鄕原은 恐其亂吾中行之德也라 此는 皆似是而非之可惡者니 吾安得不惡乎아하시니라 然則孔子以爲德之賊者는 正以其亂德之故也시니라

"공자孔子께서 일찍이 말씀하시기를 '천하에는 절대적으로 옳은 것이 있으니 진실로 진선盡善이 되고, 절대적으로 그른 것이 있지만 또한 사람을 현혹시킬 수는 없다. 오직 옳은 것 같으나 그릇된 것이 가장 가증스러우니, 그것이 능히 진眞을 어지럽힐까 미워할 뿐이다.

예를 들어 가라지는 곡식의 싹과 비슷하나 싹이 아니니, 가라지를 미워하는 것은 그것이 천하의 진묘眞苗를 어지럽힐까 두려워서이다. 아첨하는 것은 의義와 비슷하나 의義가 아니니, 아첨하는 자를 미워하는 것은 그가 천하의 진의眞義를 어지럽힐까 두려워서이다. 말 잘하는 것은 신信과 비슷하나 신信이 아니니, 말 잘하는 자를 미워하는 것은 그가 천하의 진신眞信을 어지럽힐까 두려워서이다. 정鄭나라 음악은 음악과 비슷하나 음악이 아니니, 정鄭나라 음악을 미워하는 것은 그것이 천하의 진악眞樂을 어지럽힐까 두려워서이다. 자색紫色은 주색朱色과 비슷하나 주색朱色이 아니니, 자색紫色을 미워하는 것은 그것이 천하의 참 주색朱色을 어지럽힐까 두려워서이다.

향원鄕原의 경우는 광자狂者도 아니요 견자獧者도 아니며, 중도中道와 비슷하나 실은 중도中道가 아니니, 향원鄕原을 미워하는 것은 그가 우리의 중행中行의 덕德을 어지럽힐까 두려워서이다. 이것들은 모두 사이비似而非여서 가히 미워할 자니, 내가 어찌 미워하지 않을 수 있겠는

가?'라고 하셨다.

그러므로 공자孔子께서 향원鄕原을 '덕德을 해치는 자'라고 한 것은 바로 그가 덕德을 어지럽히기 때문이다."

주해

- 진시(眞是) : 절대적으로 옳다.
  《장자莊子·지북유知北遊》에 나온다. "黃帝曰 '彼無爲謂眞是也.'"
  한漢나라 동방삭東方朔의 《칠간七諫·원세怨世》에 나온다. "誰使正其眞是兮, 雖有八師而不可爲."
- 진선(盡善) : 지극히 완미完美하다. '완선完善'과 같다.
  《논어論語·팔일八佾》에 나온다. "子謂《韶》'盡美矣, 又盡善也'. 謂《武》'盡美矣, 未盡善也'."
- 정성(鄭聲) : 춘추 전국시대 때 정鄭나라의 음악.
  《논어論語·위령공衛靈公》에 나온다. "放鄭聲, 遠佞人. 鄭聲淫, 佞人殆." 이에 대해 유보남劉寶楠의 《논어정의論語正義》에 "《五經異義·魯論》說鄭國之俗, 有溱洧之水, 男女聚會, 謳歌相感, 故云鄭聲淫."이라고 풀이했다.

君子ㅣ反經而已矣니 經正則庶民이 興하고 庶民이 興이면 斯無邪慝矣리라

"군자는 상도常道로 돌아갈 뿐이니, 상도常道가 바르게 서면 백성들이 선善에 흥기하고, 백성들이 선善에 흥기하면 이에 사특한 무리들이 없어질 것이다."

反은 復也라 經은 常也니 萬世不易之常道也라 興은 興起於善也라 邪慝은 如鄕原之屬이 是也라

世衰道微하여 大經不正이라 故로 人人得爲異說하여 以濟其私하며 而邪慝幷起하니 不可勝正이라 君子ㅣ於此에 亦復其常道而已니 常道旣復이면 則民興於善하여 而是非明白하여 無所回互하여 雖有邪慝이나 不足以惑之矣니라

尹氏曰 君子ㅣ取夫狂獧者는 蓋以狂者는 志大而可與進道오 獧者는 有所不爲 而可與有爲也라 所惡於鄕原 而欲痛絶之者는 爲其似是而非하여 惑人之深也니 絶之之術은 無他焉이라 亦曰反經而已矣니라

'반反'은 회복함이다. '경經'은 떳떳함이니, 만세萬世가 되도록 변하지 않는 상도常道이다. '흥興'은 선善에 흥기하는 것이다. '사특邪慝'은 향원鄕原과 같은 무리들이 이것이다.

세상이 쇠퇴하고 道가 쇠미해져서 대경大經이 바로 서지 못하자, 사람들이 이설異說을 내세워 사욕을 채우고 사특邪慝함이 함께 일어나니 바로잡을 수가 없었다. 군자는 이에 또한 그 상도常道를 회복할 뿐이다. 상도常道가 이미 회복되면 백성들이 선善에 흥기하여 시비是非가 명백해지고, 감출 수가 없어 비록 사특邪慝함이 있더라도 백성들을 미혹시킬 수가 없다.

윤씨尹氏[尹焞] 가로되 "군자가 광자狂者와 견자獧者를 취하는 것은 대개 광자狂者는 뜻이 원대하여 함께 道에 나아갈 수 있기 때문이며, 견자獧者는 불선不善을 행하지 않아서 함께 할 수가 있기 때문이다. 향원鄕原을 미워하여 통렬하게 끊으려고 하는 이유는 그가 옳은 것 같지만 그릇되어 사람을 미혹시키는 것이 심하기 때문이다. 그를 끊는 방법은 다른 것이 없으니, 또한 상도常道로 돌아갈 뿐이다."

주해

- 대경(大經) : 상도常道. 상규常規.
  《좌전左傳·소공15년昭公十五年》 條에 나온다. "禮, 王之大經也."
  《여씨춘추呂氏春秋·교자驕恣》에 나온다. "欲無壅塞必禮士, 欲位無危必得衆, 欲無召禍必完備. 三者, 人君之大經也." 이에 대해 고유高誘의 註에 "經, 道也."라고 풀이했다.
  《예기禮記·중용中庸》에 나온다. "惟天下至誠爲能經綸天下大經." 이에 대해 정현鄭玄의 註에 "至誠, 謂孔子. 大經, 謂六藝而指《春秋》也."라고 풀이했다.
- "君子有世道之責者."(四書補註備旨)
- "經與民源流合一. 故正與興氣息相關."(四書補註備旨)
- 경원보씨慶源輔氏가 말했다. "集註反經之說, 實辨異端息邪說之大權也."(大全註疏)
- 운봉호씨雲峯胡氏가 말했다. "此章言經正, 而下章則以聖人相傳之說繼之, 不無意也."(大全註疏)
- 회호(回互) : 비호庇護하다. 남의 잘못을 덮어주다. '회호回護'와 같다.
  당唐나라 육지陸贄의 〈봉천론소복장奉天論蕭復狀〉에 나온다. "從一等倘自迴互, 則蕭復不當受疑."
  송宋나라 나대경羅大經의 《학림옥로鶴林玉露》 권16에 나온다. "古人是則曰是, 非則曰非, 明白正直, 曾何回護."

【備旨】

然이나 鄕原之亂德은 由大經不正 而人心之眞 是未明耳니 君子有世道之責者ㅣ亦在反經而已矣라 躬行以率之於上하고 而又修明敎化以導之於下면 則大經旣正 而風化之行에 庶民이 皆興起於善하며 庶民興이면 則人人이 知反其本 而見善明이라 雖有邪慝如鄕原之似是而非者라도 亦不足以惑之요 且消鑠而至於無矣리니 尙何邪慝之足患哉리오

夫觀孔子之思狂獧에 可以見傳道之心이요 觀孔子之惡鄕原에 可以見衛道之志니 其惓惓一念이 無非爲斯道計焉耳시니라

그러나 향원鄕原이 덕德을 어지럽히는 것은 대경大經이 바로서지 못하여 인심人心의 진덕眞德이 밝아지지 않았기 때문이니, 세도世道의 책무가 있는 군자는 또한 상도常道로 돌아갈 뿐이다.

위에서 몸소 행하여 솔선率先하고, 또한 아래에서 교화教化를 밝게 드러내 인도하면, 대경大經이 이미 바로서고 풍화風化가 시행되어, 백성들이 모두 선善에 흥기하게 된다. 백성들이 선善에 흥기하면 사람들이 모두 그 근본으로 돌아갈 줄을 알아서 선善을 보는 것이 밝아질 것이다. 비록 향원鄕原과 같이 옳은 것 같지만 그릇된 자가 있더라도, 또한 미혹시킬 수가 없고 장차 줄어들어 마침내 사라지고 말 것이니, 오히려 어찌 사특邪慝함을 근심하겠는가?

무릇 공자孔子께서 광자狂者와 견자獧者를 생각하시는 것을 보면 道를 전하려는 마음을 알 수 있고, 공자孔子께서 향원鄕原을 미워하시는 것을 보면 道를 지키려는 뜻을 알 수 있으니, 그 간절하신 일념一念이 모두 우리 道를 위한 방도이시다.

주해

- 수명(修明) : 천명闡明하다. 밝게 드러내다.
  《후한서後漢書·종리의전鍾離意傳》에 나온다. "伏惟陛下躬行孝道, 修明經術, 郊祀天地, 畏敬鬼神, 憂恤黎元, 勞心不怠."
- 풍화(風化) : 풍속교화風俗敎化. '풍교風教'와 같다.
  《시경詩經·빈풍豳風·칠월서七月序》에 나온다. "周公遭變, 故陳後稷先公風化之所由."
- 소삭(消鑠) : 감소하다. 사라지다. '소삭消爍'과 같다. 鑠(녹일 삭) 爍(꺼질 삭)
  《경씨역전京氏易傳·비괘否卦》에 나온다. "陰陽升降, 陽道消鑠, 陰氣凝結."

● 권권(惓惓) : 간절하게 생각하다. 간절한 모양. 惓(정성스러울 권)
송宋나라 왕안석王安石의 〈봉수허승권奉酬許承權〉시에 나온다. "三秋不見每惓惓, 握手山林復悵然."
초楚나라 송옥宋玉의 〈신녀부〉에 나온다. "褰餘幬而請禦兮, 願盡心之惓惓."
褰(들어올릴 건) 幬(휘장 주)

[14·38]

孟子曰 由堯舜至於湯이 五百有餘歲니 若禹皐陶則見而知之하시고 若湯則聞而知之하시니라

맹자 가라사대 "요순堯舜으로부터 탕왕湯王에 이르기까지 오백 여년이니, 우왕禹王과 고요皐陶는 직접 보고 아셨고, 탕왕湯王은 들어서 아셨다."

趙氏曰 五百歲而聖人出은 天道之常이라 然이나 亦有遲速하여 不能正五百年이라 故로 言有餘也라
尹氏曰 知는 謂知其道也니라

조씨趙氏[趙岐] 가로되 "오백년에 성인聖人이 출현하는 것은 천도天道의 떳떳함이다. 그러나 또한 빠르고 늦음이 있어 반드시 오백년이 될 수는 없다. 그러므로 '有餘'라고 말한 것이다."

윤씨尹氏[尹焞] 가로되 "지知는 그 道를 안다는 말이다."

주해

- "由自也. 五百有餘歲, 以常數大槪言."(四書補註備旨)
- "知是親領其傳."(四書補註備旨)
- "聞知是傳聞於後而知."(四書補註備旨)
- 경원보씨慶源輔氏가 말했다. "天道固有常矣. 然亦不能截然整齊, 須有先後遲速."(大全註疏)

【備旨】

> 孟子ㅣ歷敍道統之傳 而自寓任道之意也曰 斯道之統이 必待人而後傳하니 自精一執中이 發於堯舜으로 而道統之傳이 始於此矣라 由堯舜至於湯이 計其時인댄 五百有餘歲니 堯舜之道를 湯承之矣나 湯非能親受於堯舜也라 當堯舜之時하여 有若禹焉하며 有若皐陶焉하여 親承夫精一執中之訓하니 盖見而知其道也요 若湯 則聞其道而知之니 是湯之得統於堯舜者는 以禹皐陶爲之先也시니라

맹자께서 도통道統의 전함을 낱낱이 서술하여 스스로 중임重任을 맡은 뜻을 기탁하여 가라사대 "우리 道의 법통法統은 반드시 사람을 기다린 이후에 전한다. '유정유일惟精惟一과 윤집궐중允執厥中'이 요순堯舜에게서 발명된 후로 도통道統의 전수가 여기에서 비롯되었다.

요순堯舜으로부터 탕왕湯王에 이르기까지 그 시일을 계산해보면 오백여 년이니, 요순堯舜의 道를 탕왕湯王이 계승하였다. 그러나 탕왕湯王은 요순堯舜에게 친히 전수받을 수가 없었다. 요순堯舜의 시대에 우왕禹王과 같은 이도 있고, 고요皐陶와 같은 이도 있어서, '정일집중精一執中'의 가르침을 친히 계승하였으니, 대개 직접 보고서 그 道를 안 것이다.

탕왕湯王과 같은 경우는 그 道를 전해 듣고 안 것이니, 이는 탕왕湯王이 전해 받은 요순堯舜의 도통道統을 우왕禹王과 고요皐陶가 먼저 전해 받았기 때문이다."

주해

- 임도(任道) : 중임重任을 맡은 인인仁人과 지사志士.
  《초사楚辭·구장九章·귤송橘頌》에 나온다. "青黃雜糅, 文章爛兮. 精色內白, 類任道兮." 이에 대해 마무원馬茂元의 註에 "任道, 任道的人. 橘不但有鮮明的外表, 而且有甘美的內容, 正如表裏通達的君子一樣, 可以擔負重任, 所以拿來相比擬."
- 정일(精一) : 유정유일惟精惟一. 마음을 정밀精密하게 하고 전일專一하게 하다.
  《서경書經·대우모大禹謨》에 나온다. "人心惟危, 道心惟微, 惟精惟一, 允執厥中." 이에 대해 공전孔傳에 "危則難安, 微則難明, 故戒以精一, 信執其中."이라고 했다.
- 집중(執中) : 중도中道를 잡다. 곧 중용中庸의 道를 잡고 과불급過不及이 없는 상태를 유지하는 것을 말함.
  조기趙岐의 註에 "執中和近聖人之道."라고 했다.
  주희朱熹의 〈중용장구서中庸章句序〉에 "君子時中, 則執中之謂也."라고 했다.
  채침蔡沈의 〈서경집전서書經集傳序〉에서는 "精一執中, 堯舜禹相授之心法也. 建中建極, 商湯周武相傳之心法也."라고 했다.

由湯至於文王이 五百有餘歲니 若伊尹萊朱則見而知之하고 若文王則聞而知之하시니라

"탕왕湯王으로부터 문왕文王에 이르기까지 오백여 년이니, 이윤伊尹과 내주萊朱는 탕왕湯王의 道를 직접 보고 알았고, 문왕文王은 들어서 아셨다."

趙氏曰 萊朱는 湯賢臣이라 或曰 卽仲虺也라하니 爲湯左相이라

조씨趙氏[趙岐] 가로되 "'내주萊朱'는 탕왕湯王의 어진 신하이다. 혹자는 '바로 중훼中虺이다'라고 말하니, 탕왕湯王의 좌상左相이다."

주해

- "文王之聞知, 則於緝熙敬止之學見之也."(四書補註備旨)
- 萊(명아주 래) 虺(살무사 훼)

【備旨】

由湯至於文王이 計其時인댄 亦五百有餘歲니 湯之道를 文王承之矣나 文王 非能親受於湯也니 當湯之時하여 有若伊尹焉하며 有若萊朱焉하여 躬逢夫聖敬日躋之隆하니 蓋見而知其道也요 若文王則聞其道而知之니 是文王之得統於湯者는 以伊尹萊朱爲之先也시니라

탕왕湯王으로부터 문왕文王에 이르기까지 그 시일을 계산해보면 또한 오백여 년이니, 탕왕湯王의 道를 문왕文王이 계승하였다. 그러나 문왕文王은 탕왕湯王에게서 친히 전수받을 수가 없었다.

탕왕湯王의 때에 이윤伊尹과 같은 이가 있었고, 내주萊朱와 같은 이가 있어서, 몸소 성경일제聖敬日躋의 융성함을 맞이하였으니, 대개 그 道를 보고 안 것이다. 문왕文王과 같은 경우는 그 道를 들어서 안 것이니, 이는 문왕文王이 전해 받은 탕왕의 도통道統을 伊尹과 내주萊朱가 먼저 전해 받았기 때문이다.

주해

- 궁봉(躬逢) : 직접 만나다.
  당唐나라 왕발王勃의 〈등왕각서滕王閣序〉에 나온다. "童子何知, 躬逢勝餞."
- 성경일제(聖敬日躋) : 성스러움과 공경함이 날로 더하다. 躋(오를 제)
  《시경詩經·상송商頌·장발長發》에 나온다. "帝命不違, 至于湯齊, 湯降不遲, 聖敬日躋, 昭假遲遲, 上帝是祗, 帝命式于九圍."

由文王至於孔子ㅣ五百有餘歲니 若太公望散宜生則見而知之하고 若孔子則聞而知之하시니라

"문왕文王으로부터 공자孔子에 이르기까지 오백여 년이니, 태공망太公望과 산의생散宜生은 문왕文王의 道를 보고 알았고, 공자孔子는 들어서 아셨다."

散은 氏요 宜生은 名이니 文王賢臣也라
子貢曰 文武之道ㅣ未墜於地하여 在人이라 賢者는 識其大者하고 不賢者는 識其小者하여 莫不有文武之道焉하니 夫子ㅣ焉不學이시리오하니 此所謂聞而知之也니라

'산散'은 씨氏요 '의생宜生'은 이름이니, 문왕文王의 어진 신하이다.
자공子貢이 가로되 "문왕文王과 무왕武王의 道가 아직 땅에 떨어지지 않아 사람에게 남아 있으니, 어진 자는 그 큰 道를 알고 어질지 못한 자는 그 작은 道를 알고 있어, 문왕文王과 무왕武王의 道가 있지 않음이 없으니 부자夫子께서 어찌 배우지 않았겠는가?"라고 하였으니, 이것이

이른바 들어서 알았다는 것이다.

주해

- "孔子之聞知, 則於識大識小之學見之也."(四書補註備旨)
- 산의생(散宜生) : 주周나라 문왕文王과 무왕武王 때의 신하. 문왕사우文王四友 중의 한 명이다.

【備旨】

由文王至於孔子ㅣ計其時인댄 亦五百有餘歲니 文王之道를 孔子承之矣나 孔子ㅣ非能親受於文王也라 當文王之時하여 有若太公望焉하며 有若散宜生焉하여 躬逢夫敬止緝熙之盛하니 蓋見而知其道也요 若孔子則聞其道而知之니 是孔子之得統於文王者는 以太公望散宜生爲之先也시니라

문왕文王으로부터 공자孔子에 이르기까지 그 시일을 계산해보면 또한 오백여 년이니, 문왕文王의 道를 공자孔子가 계승하였다. 그러나 공자孔子는 문왕文王에게서 친히 전수받을 수가 없었다.

문왕文王의 때에 태공망太公望과 같은 이가 있었고, 산의생散宜生과 같은 이가 있어서, 몸소 경지집희敬止緝熙의 성함을 맞이하였으니, 대개 그 道를 듣고 안 것이다. 공자孔子와 같은 경우는 그 道를 들어서 안 것이니, 이는 공자孔子가 전해 받은 문왕文王의 도통道統을 태공망太公望과 산의생散宜生이 먼저 전해 받았기 때문이다.

주해

- 경지집희(敬止緝熙) : 문왕文王의 덕을 칭송한 말로, 계속해서 밝히고 삼가

다는 뜻이다. '집희緝熙'는 광명光明·광희光熙의 뜻이다.
《시경詩經·대아大雅·문왕文王》 편에 나온다. "穆穆文王, 於緝熙敬止." 이에 대해 모전毛傳에 "緝熙, 光明也."라고 풀이했다.
《주송周頌·경지敬之》에 "日就月將, 學有緝熙於光明."이라 했는데, 이에 대해 정현鄭玄의 전箋에 "緝熙, 光明也."라고 풀이했다.

由孔子而來로 至於今이 百有餘歲니 去聖人之世ㅣ若此其未遠也며 近聖人之居ㅣ若此其甚也로되 然而無有乎爾하니 則亦無有乎爾로다

"공자孔子로부터 지금에 이르기까지 백여 년이니, 성인聖人 시대와의 거리가 이처럼 멀지 않고, 성인聖人이 사셨던 곳과도 이처럼 가까운데, 그런데도 공자孔子의 道를 직접 보고 안 사람이 아무도 없으니, 그렇다면 앞으로도 공자孔子의 道를 듣고 안 사람이 아무도 없겠구나."

林氏曰 孟子言孔子至今時未遠하고 鄒魯相去ㅣ又近이라 然而已無有見而知之者矣하니 則五百餘歲之後에 又豈復有聞而知之者乎리오하시니라 愚按此言은 雖若不敢自謂已得其傳하여 而憂後世遂失其傳이라 然이나 乃所以自見其有不得辭者요 而又以見夫天理民彝不可泯滅하니 百世之下에 必將有神會而心得之者耳라 故로 於篇終에 歷序群聖之統하시고 而終之以此하시니 所以明其傳之有在요 而又以俟後聖於無窮也시니 其指深哉로다

임씨林氏[林之奇] 가로되 "맹자께서 말씀하시기를 '공자孔子로부터 지금

에 이르기까지 시간이 멀지 않고, 추鄒나라와 노魯나라의 거리도 가깝다. 그러나 이미 공자孔子를 보고 아는 자가 없으니, 오백여 년 뒤에 또한 어찌 다시 공자孔子를 듣고 아는 자가 있겠는가?'라고 하셨다. 내가 살피건대 이 말씀은 비록 감히 스스로 이미 그 전한 것을 얻었다고 말하지는 않았으나, 후세에 그 전함을 잃을까 염려하신 듯하다. 그러나 이에 스스로 성인聖人의 道를 전하는 일을 사양할 수 없다는 뜻을 드러냈고, 또한 천리天理와 민이民彝는 민멸泯滅될 수 없으니 백세후에 반드시 장차 성인聖人의 道를 깨달아 마음으로 체득한 자가 있을 것임을 드러냈다. 그러므로 이 편의 끝에 여러 성인聖人들의 도통道統을 차례로 서술하였고, 이 장으로 끝을 맺은 것이다. 그래서 그 도통道統이 전수되고 또한 무궁하게 후세의 성인聖人을 기다리는 뜻을 밝히셨으니, 그 뜻이 깊도다."

有宋元豐八年에 河南程顥伯淳이 卒한대 潞公文彥博이 題其墓曰 明道先生이라하니 而其弟頤正叔이 序之曰 周公歿에 聖人之道ㅣ不行하고 孟軻ㅣ死에 聖人之學이 不傳하니 道不行이라 百世無善治하고 學不傳이라 千載無眞儒하니 無善治라도 士猶得以明夫善治之道하여 以淑諸人하여 以傳諸後어니와 無眞儒면 則天下貿貿焉莫知所之하여 人欲肆而天理滅矣라 先生이 生乎千四百年之後하여 得不傳之學於遺經하여 以興起斯文爲己任하사 辨異端하고 闢邪說하여 使聖人之道로 渙然復明於世하시니 蓋自孟子之後로 一人而已라 然이나 學者ㅣ於道에 不知所向이면 則孰知斯人之爲功이며 不知所至면 則孰知斯名之稱情也哉리오

송宋나라 원풍元豐 8년(1085)에 하남河南의 정호程顥[백순伯淳]이 죽자,

노공潞公 문언박文彦博이 그 묘비에 제題를 써서 '명도선생明道先生'이라 했고, 그 아우 이頤[정숙正叔]이 다음과 같이 서문을 썼다.

"주공周公이 세상을 떠나자 성인聖人의 道가 행해지지 않았고, 맹가孟軻가 돌아가시자 성인聖人의 학學이 전해지지 않았다. 道가 행해지지 않으니 백세토록 선치善治가 없었고, 學이 전해지지 않으니 천년토록 진유眞儒가 없었다. 선치善治는 없어도 선비가 오히려 선치善治의 道를 밝혀 앞사람에게 사숙私淑하여 후세에 전할 수 있지만, 진유眞儒가 없으면 천하 사람들이 어지러이 갈 바를 알지 못하며, 인욕人欲이 방자해지고 천리天理가 사라진다. 선생은 1,400년 뒤에 태어나 남아 있는 경서經書를 통해 전해지지 않던 학문을 터득하여, 사문斯文을 흥기하는 것으로써 자기의 임무를 삼았다. 그리고 이단異端을 분별하고 사설邪說을 막아 성인聖人의 道가 다시 환연히 세상을 밝히도록 하였다. 대개 맹자의 뒤로 진유眞儒는 이 한 분일뿐이다. 그러나 배우는 자가 道에 있어서 그 지향할 바를 알지 못한다면 누가 이 분의 공功을 알 것이며, 이 분의 학문이 도달한 바를 알지 못한다면 누가 명도明道라는 이 명칭이 실정에 걸맞음을 알겠는가?"

주해

- 민이(民彝) : 인륜人倫을 말한다. 彝(떳떳할 이)
  《서경書經·강고康誥》에 나온다. "天惟與我民彝大泯亂."
- 무무(貿貿) : 어지러운 모양. 貿(어지러울 무)
  《예기禮記·단궁하檀弓下》에 나온다. "有餓者蒙袂輯屨貿貿然來." 이에 대해 정현鄭玄의 註에 "貿貿, 目不明之貌."라고 풀이했다.
  당唐나라 한유韓愈의 《금조琴操·의란조猗蘭操》에도 나온다. "雪霜貿貿, 薺麥之茂。"
- 사문(斯文) : 유사儒士나 문인文人을 말한다.
  《논어論語·자한子罕》 편에 나온다. "天之將喪斯文也, 後死者不得與於斯文也."

《한서漢書·서전하敍傳下》에도 나온다. "武功既抗, 亦迪斯文, 憲章六學, 統壹聖眞."

● 운봉호씨雲峯胡氏가 말했다. "論先後, 則不有見之者, 而孰有聞之者. 是則見而知之者爲先. 論難易, 則見而知之者, 聚精會神於一時之頃. 而聞而知之者, 心融神會於異世之遙, 是則聞而知之者爲難也."(大全註疏)

【備旨】

由群聖相承之統 而觀之컨대 必有見知者以開其先然後에 有聞知者以繼其後하여 道統所以相繼而不絶也라 由孔子以來로 至於今이 論其世인댄 不過百有餘歲耳니 去聖人之世ㅣ若此其未遠也니 非若時不相及而不得見也며
論其居인댄 不過鄒·魯相望耳니 近聖人之居ㅣ若此其甚也니 非若地不相接而不可見也니 宜其有得於見知者矣라
然而當今之世하여 於孔子之道에 已無有見而知之를 若禹皐之於堯舜과 伊萊之於湯과 望散之於文王矣니 則五百餘歲之後에 豈復有聞而知之를 若湯之於堯舜과 文王之於湯과 孔子之於文王者哉리오 斯道之傳이 蓋深有可憂者矣로다
由斯言之컨대 見知孔子之道者ㅣ微孟子면 其誰與歸리오

여러 성인聖人들이 서로 계승한 도통道統으로 말미암아 살피건대, 반드시 보고 아는 자가 있어 그 앞을 열어준 후에야 듣고 아는 자가 있

어 그 뒤를 이어주니, 이는 도통道統이 서로 이어져 끊어지지 않은 이유이다.

공자孔子 이후로 지금에 이르기까지 그 시대를 논하건대, 백여 년에 지나지 않을 뿐이다. 성인聖人이 살았던 시대와 이처럼 멀지 않으니, 시대가 서로 미치지 못하여 직접 만날 수 없었던 경우와 같지 않다. 그 사는 곳을 논하건대, 추鄒나라와 노魯나라처럼 서로 바라볼 정도로 가까울 뿐이다. 성인聖人이 살았던 곳과의 거리가 이처럼 크게 가까우니, 지역이 서로 인접하지 않아 만나 볼 수 없었던 경우와 같지 않다.

그러니 당연히 그 보고 알 수가 있는 자가 있어야 한다. 그러나 지금 시대에 공자孔子의 道에 대해 이미 보고 아는 자가 없는 것이 마치 우왕禹王과 고요皐陶가 요순堯舜에 대해, 이윤伊尹과 내주萊朱가 탕왕湯王에 대해, 태공망太公望과 산의생散宜生이 문왕文王에 대해서 보고 아는 것이 없는 것과 같다.

그렇다면 오백여 년 뒤에 어찌 다시 탕왕湯王이 요순堯舜에 대해, 문왕文王이 탕왕湯王에 대해, 공자孔子가 문왕文王에 대해 듣고 아는 자가 나오겠는가? 그러므로 이 道를 전하는 데 대개 심히 우려스러운 점이 있다.

이로 말미암아 말하건대, 공자孔子의 道를 보고 아는 자가 맹자가 아니라면 그 누구에게 의귀依歸할 수 있겠는가!

索 引

ㅅ

ㅇ